中國学術思想研究輯刊

三二編

林慶彰 主編

第11冊

中國古代儒家「友」觀念研究

王淑琴 著

花木蘭文化事業有限公司

國家圖書館出版品預行編目資料

中國古代儒家「友」觀念研究／王淑琴 著 -- 初版 -- 新北市：
花木蘭文化事業有限公司，2020〔民 109〕
目 4+168 面；19×26 公分
（中國學術思想研究輯刊 三二編；第 11 冊）
ISBN 978-986-518-283-0（精裝）
1. 儒家 2. 社會倫理
030.8   109011244

ISBN-978-986-518-283-0

9 789865 182830

中國學術思想研究輯刊
三二編 第十一冊   ISBN：978-986-518-283-0

中國古代儒家「友」觀念研究

作　　　者	王淑琴
主　　　編	林慶彰
總 編 輯	杜潔祥
副總編輯	楊嘉樂
編　　　輯	許郁翎、張雅淋　美術編輯　陳逸婷
出　　　版	花木蘭文化事業有限公司
發 行 人	高小娟
聯絡地址	235 新北市中和區中安街七二號十三樓
	電話：02-2923-1455／傳真：02-2923-1452
網　　　址	http://www.huamulan.tw 信箱 hml810518@gmail.com
印　　　刷	普羅文化出版廣告事業
封面設計	劉開工作室
初　　　版	2020 年 9 月
全書字數	159253 字
定　　　價	三二編 24 冊（精裝）新台幣 60,000 元　　版權所有·請勿翻印

中國古代儒家「友」觀念研究

王淑琴 著

作者簡介

王淑琴，女，山東中華文化學院教師，哲學博士，畢業於山東大學儒學高等研究院。主要研究方向為儒家哲學、中國古代思想史。已發表論文《「友，君臣之道」：郭店楚簡與孟子友朋觀互證》、《「君臣友朋，相為表裏」：何心隱友朋思想論析》等。已參與、完成國家社會科學基金項目「中華文化元典基本概念研究」。

提　要

　　在甲骨文中，「友」為二手相依，我們推測它的本義應是互相幫助。基於這個本義，「友」所涉及的內容相當廣泛，它的範圍包括兄弟相友、君臣相友、朋友相助，因而「友」觀念指的不僅僅是現代人所說的交友之道，當然交友之道也是儒家友朋思想的重要內容之一。

　　先秦時期的「友」與君臣聯繫更為緊密。「善兄弟為友」指的是兄弟之間的友愛，而「君臣相友」則反映了「友」為君臣之道，甚至可以說師友為君臣之道。儒家學者對「君臣相友」的內容談論較多，從《郭店楚簡》到孟子、荀子，從荀子到《白虎通義》與二程。在君臣志於道的基礎上，除了在禮節上講求君臣有序，君與臣還是相友關係，「友者，所以相有也」。在「友」的內涵下，友為君臣之道是本文論述的主要內容之一，而且令人欣喜的是，這項內容幾乎是歷代思想家著述的重要內容，從先秦到明清，「君臣相友」的思想從未間斷，它不僅贏得了繼承，並且時而散發出更加綻新的活力。

　　「君為臣綱」認定了君臣有序，「君臣相友」則是志於道下的君臣以義相合，二者緊密配合，缺一不可。若有人問起幾千年來中華民族的文明碩果，「君臣相友」與君臣有序相結合的治道便是其中之一。在這個理想的治政原則下，「君臣相友」衍生出君使臣以禮、君臣以敬為主等規則，「君為臣綱」派生出人臣不顯諫、臣事君以忠等規範，眾多君臣之禮也由然而生。

　　自《郭店楚簡》提出「友，君臣之道」、「君臣義生言」的觀點之後，繼而孟子有「師、友、事」的看法，《白虎通義》則主張「君之與臣，無適無莫，義之與比」，到了宋代，程頤說君臣「同治天下」、君臣以敬為主，而黃宗羲稱臣「以天下為事，則君之師友」，以上主張皆可以歸納為「友」觀念在君臣一倫中的體現。何心隱曾高度讚揚「君臣相師，君臣相友」的歷史現象，但他認為三代以後已難重現「君臣相師，君臣相友」的理想局面，他說「春秋以道統統於仲尼」，三代以後天下已統於友朋，因而他提出了「君臣友朋，相為表裏」的思想，可謂深諳儒家旨要。

　　在兄弟一倫中，「友」觀念體現為「善兄弟為友」，若加以詳細分析，它可闡釋為兄友弟敬或兄友弟悌。在人們常說的朋友一倫中，交友之道的內容則更加豐富了。

　　在第一章中，作者對「友」字的本義及其內涵作了簡要分析。「友」的本義為兩手相助，有互助義。在這個原始含義下，「友」可應用於兄弟、朋友之間。作為倫理規範講，在家庭內「友」是兄弟之間的相處規範。若具體到兄與弟，「友」則包含了兄「友」與弟「悌」。「悌」的內容比較特殊，且具有重要的社會價值。在社會中，尊賢良被闡釋為友行，顯示了「友」在師友、君臣之間所蘊藏的內涵。作者指出中國歷史上的友朋關係還具有兩個顯著特色，一是存在患難相死的朋友之道，俠義之風暢行不衰。二是在儒者的生活中，「同悅而交，以德者」與「尚友」的理想是他們不約而同的精神追求。

第二章著重分析了志同道合的交友觀。孔子的「友」觀念奠定了儒家朋友一倫的基本內涵。「友直、友諒、友多聞」等品質是朋友的道德品格，「切切偲偲」、「言而有信」是朋友間的相處規範，「以友輔仁」則是友朋之道的歸宿。孟子承繼《郭店楚簡》「同悅而交，以德者」的觀點，提出了「友其德」和「尚友」的主張。荀子說「取友善人，不可不慎，是德之基」，荀子認為選擇朋友要以道為原則，應十分慎重，「隆師而親友」也是荀子友朋觀的顯著特徵。在交友方面，《白虎通》提出了「近則正之，遠則稱之，樂則思之，患則死之」的實踐主張。程頤將朋友講習看作天下最值得喜悅的事情，程子說「朋友講習，更莫如相觀而善工夫多。」朋友間主敬也是其顯著特徵。李贄認為以利交接之人算不得朋友，「言友則師在其中」的說法應是李贄首次提出，李贄認為師友是統一的。

　　第三章主要分析了「君臣相友」思想。「友，君臣之道」是《郭店楚簡》友朋觀的突出體現。孟子指出君臣之間可由「友」擴展為三種關係：師、友、事。荀子贊同「從道不從君」的古訓，他說諫爭輔拂之人是社稷之臣、國君之寶。《白虎通》提出了「君為臣綱」的君臣思想，但《白虎通》又說：「君之與臣，無適無莫，義之與比」，可見它也繼承並發展了「友，君臣之道」的主張。二程認為君臣合力為天下之天下，在這個前提下，二程猶為重視君臣之義，他們認為君臣各有其職責。何心隱的友朋觀具有社會實踐意義，他期望以師友關係集聚力量，發揮以下致上的作用，從而實現友朋之道。他提出的「交盡於友」、「君臣友朋，相為表裏」等觀點是之前的儒家學者鮮有提及的。在遵循孟子王道思想的同時，黃宗羲明確指出了君臣當以天下萬民為事，以天下為事，則臣為「君之師友」。

　　在第四章中，作者嘗試探尋友悌的現代價值。君道本於天、民是儒家的思想傳統，君臣同治天下是君臣相友的前提，而同治天下則以保民、利民為本。在家庭內，慈孝友悌維繫著家族的和睦興衰；在社會中，「悌」還具有重要的社會價值，人際關係的和諧也離不開人與人之間的友愛與尊重。重道義是歷代儒家學者提倡的交友之道，好的朋友是成就德行的基礎。

目

次

緒　論

一、學術史回顧與評判

　　這篇論文嘗試解決幾個問題，城市化的進程迫使許多人離開故土，「父母在，不遠遊，遊必有方」〔註1〕，如果「有方」指的是人們為了追求更好的物質以及精神生活來到異鄉，那麼在眾多異鄉人聚集的城市中，人際關係主要存在於朋友之間，當然這裡所說的朋友涵蓋的範圍很大，接近亞里士多德研究的城邦生活下的朋友，現代人的生活幾乎離不開朋友，古人又如何看待朋友呢？帶著這個問題，筆者對古人的「友」觀念產生了一些好奇，限於篇幅文章僅以儒家思想中的「友」觀念作為主要內容。也許古代聖賢會告訴我們一些真理性的啟示，以此有益於我們的人生。

　　上述問題若能解決，自然會有接下來的問題出現，即儒家「友」觀念在不同的時代有無繼承、發展，從而呈現出更加嶄新的內容？站在史學的角度，儒家的「友」觀念對士階層的言行、交友產生了怎樣的影響，在時勢中他們又是如何思考與作為的，中國士人的交友之道是否存在獨特的方式與特徵，以區別於其他文化下的朋友觀念。《中國古代儒家「友」觀念研究》主要研究的是儒家思想中「友」的概念以及儒家所談論的朋友之道，它所涉及的問題比較多，個案的學術論文研究也比較豐富，已經有較多豐碩的成果。

（一）關於「友」或「朋友」的研究

　　目前學術界對「友」這個範疇研究的專著不是很多，有關論著多集中在

〔註1〕　程樹德：《論語集釋》，中華書局1990年點校本，第272頁。

—1—

對先秦時期「友」或「朋友」含義的探討上。呂思勉在《呂思勉讀史劄記‧君臣朋友》（上海古籍出版社，1982）一文引用了諸多文獻中出現的「友」或「朋友」來論證觀點，如《唐書‧吐蕃列傳》、《曲禮》、《論語‧里仁》等，「《毛傳》曰：『朋友，群臣也。』此古義也」〔註2〕，他認為「朋友」的古義是群臣，在《史記‧廉頗藺相如列傳》中也有記載：趙宦者令繆賢曰：「臣嘗從大王與燕王會境上，燕王私握臣手，曰：『願結友』。」〔註3〕呂思勉認為君臣關係近似於朋友。

童書業先生在《春秋左傳研究‧校訂本》（中華書局，2006）中認為朋友的古義為族人或同僚。朱鳳瀚在《商周家族形態研究‧「朋友」考》（天津古籍出版社，1990）中解讀西周青銅器的銘文並比照《左傳》等書，得出西周時期「友」或「朋友」指稱同一家族的親屬，由於「西周器銘未見朋友、兄弟並稱者，當是親兄弟亦包含在朋友之稱中」〔註4〕。

在查昌國《先秦「孝」、「友」觀念研究——兼漢宋儒學探索》（安徽大學出版社，2006）一書中，《友與兩周社會的變遷》和《友與兩周君臣關係的演變》兩篇論文談到了「友」範疇，作者指出在兩周時期「友」有三變，起初「友」的古義為族人；後來，「友」突破了血緣關係，變成了規範志同道合之人，其中也包含了君臣之義；春秋之際，君臣之倫從「友」義中獨立出去，五倫之一的朋友一倫最終形成。

在胡發貴《儒家朋友倫理研究》（光明日報出版社，2008）一書中，作者將「朋友」一詞進行了溯源，並分九章對儒家的朋友倫理進行了研究。他認為「朋」側重客觀的關係，「友」則重在精神層面，「朋友」起初用來指稱血緣間的兄弟情誼，最晚到孟子，「朋友」演變為一種非親的社會關係了。此外他還具體分析了朋友相處的原則，指出了歷史上出現的一些交友規範。梁韋弦的《儒家倫理學說研究》（吉林人民出版社，1994）中有一節為《悌與友》，作者認為友道既是人們相友善的最寬泛的規範，也是兄弟關係的規範之一。

有關論文集中在論述「友」的含義的演變，如查昌國《友與兩周社會的變遷》（載《安慶師院社會科學學報》1995第4期）和《友與兩周君臣關係的演變》（載《歷史研究》1998第3期）、王利華《周秦社會變遷與「友」

〔註2〕　呂思勉：《呂思勉讀史劄記》，上海古籍出版社2005年版，第241頁。
〔註3〕　〔漢〕司馬遷：《史記》，中華書局2014年點校本，第2957～2958頁。
〔註4〕　朱鳳瀚：《商周家族形態研究》，天津古籍出版社1990年版，第311頁。

的衍化》（載《江西社會科學》2004 第 10 期）、吳崢嶸《「朋」與「友」的
詞義發展》（載《信陽師範學院學報（哲學社會科學版）》2005 第 2 期）。一
些論文研究了先秦、兩漢時期的朋友關係或交友之道，探討了孔子、孟子、
墨子的交友觀，如孫鍵《義利觀影響下的朋友關係》（載《寧夏社會科學》
2007 第 6 期）、郭守信《「士有朋友」──古代社會人際關係初探（上）》（載
《文化學刊》2007 第 3 期）和《「士有朋友」──古代社會人際關係初探（下）》
（載《文化學刊》2007 第 4 期）、侯步雲《論孔子的交友之道》（載《西北
大學學報（哲學社會科學版）2008 第 3 期）、趙新、梁衛華《「友道」的精
神呈現──孟子「知人論世」說的新探討》（載《殷都學刊》2009 第 4 期）、
呂娜《簡論孔孟的交友觀及其比較》（載《西南農業大學學報（社會科學版）》
2011 第 8 期）、葉平《墨家學派的「朋友」倫理》（載《社會科學家》2010
第 8 期）、劉厚琴《論儒學與兩漢的交友之道》（載《山東師範大學學報（社
會科學版）》1993 第 4 期）、馬婷婷《論漢代交友之禮》（載《管子學刊》2007
第 3 期）。一些論文以跨文化倫理的視角比較了儒學與西方哲學中出現的朋
友關係，如周玄毅《跨文化倫理研究視域中的朋友關係──以先秦儒家和古
希臘哲學為例》（載《武漢大學學報（人文科學版）》2012 第 3 期）、孫學功：
《孔子的「友誼」思想和亞里士多德的「友愛論」比較》（載《西安交通大
學學報（社會科學版）》2006 第 4 期）。還有一些論文以宏觀的視野來分析
五倫之一的朋友倫理，如汪文學《論中國古代人倫中的朋友倫理》（載《江
漢論壇》2007 第 12 期）、邵郁、方翔：《朋友倫理與中古社會風尚探析》（載
《牡丹江師範學院學報（哲社版）》2012 第 2 期）、黃人傑《中國傳統人倫
思想與五倫的道德觀》（載《河北學刊》2005 第 2 期）。

　　另外，一些學位論文對此論題也有涉及，如聶希《夫婦與朋友》（西北大
學 2010 學位論文），這些研究成果極大地開拓了筆者的視野，並給本文的寫
作提供了許多借鑒。

　　相關論文的主要觀點列舉如下：

　　《友與兩周君臣關係的演變》（載《歷史研究》1998 第 5 期）指出西周
的「友」可指君臣，「信」為當時君臣關係的基本規範，至孔墨之世，朋友
由西周的族人演變為以士為基本成員的社會群體。周玄毅《跨文化倫理研究
視域中的朋友關係──以先秦儒家和古希臘哲學為例》（載《武漢大學學報
（人文科學版）》2012 第 5 期）指出中國傳統文化中的「友」，關注的是如

何以「誼（義）」為核心採取適宜的人際交際準則；而古希臘哲學所理解的「友」則是以「愛」作為出發點，強調的是因為對方本身的德性所產生的一種仰慕之情。黃人傑《中國傳統人倫思想與五倫的道德觀》（載《河北學刊》2005 第 2 期）指出五倫中的父子、兄弟、夫婦三種倫常關係，是以情感的維繫為重；君臣關係是一種義理關係為主；朋友關係則是義理與情感兼而有之。朋友一倫，是社會上相互交往關係的規範，同輩中志同道合者為朋友，朋友的倫理準則即是信。

郭守信《「士有朋友」──古代社會人際關係初探（上）》（載《文化學刊》2007 第 3 期）指出「朋友」和「隸子弟」是同一概念或同一類人，作者認為「朋友」為「群臣」的解釋是比較恰當的，「士有朋友」出現在「士有隸子弟」之後。在古代社會，朋友的出現並非是個別的或特殊家庭才有的現象，而是普遍的社會存在，朋友也不是社會上的一個獨立階級或階層，而是服務於人、依附於人，即從屬或隸屬於他人──這是朋友的根本屬性。他還認為「友」與「多」有相同的涵義。郭守信《「士有朋友」──古代社會人際關係初探（下）》（載《文化學刊》2007 第 4 期）指出「士有朋友」這種人際關係，不僅是主從性質的人身依附關係，而且也具有君臣性質的隸屬關係。春秋戰國時期朋友關係也從主人的私屬家人轉變為門客──進而轉變為活躍於社會上的遊士。秦漢以後，朋友關係的性質已發生了根本的改變，但朋友重義氣的內涵，對社會卻極有影響。

（二）對本論題的寫作思路具有較大啟發的論著

在儒家倫理方面，學界已有豐富的研究成果，如張岱年《中國古典哲學中若干基本概念的起源與演變》（載《哲學研究》1957 第 2 期）、龐樸《本來樣子的三綱──漫說郭店楚簡之五》（載《尋根》1999 第 5 期）、吳克峰《〈周易〉與儒家倫理的思維方式》（載《道德與文明》2006 第 2 期）、高建立《從易經、易傳看先秦儒家倫理道德思想的衍生──以孔子倫理道德思想為中心》（載《江西師範大學學報》2006 第 2 期）、陳學凱《孔子倫理思想的體系與結構》（載《西安交通大學學報（社會科學版）》2003 第 2 期）、馬國華《孔子與董仲舒倫理思想比較研究》（福建師範大學 2008 學位論文）、黃釗《董仲舒以「獨尊儒術」為特徵的道德教化思想探析》（載《河南大學學報（社會科學版）》2004 第 4 期）、張濤《〈白虎通義〉與易學》（載《周易研究》2004 第 6 期）、景海峰《五倫觀念的再認識》（載《哲學研究》2008 第 5 期），張岱年

《中國哲學大綱》（中國社會科學出版社，1982）、《中國倫理思想研究》（上海人民出版社，1989）、蔡元培《中國倫理學史》（商務印書館，1999）、傅永聚《中華倫理範疇叢書・第一函》（中國社會科學出版社，2006）、梁韋弦《儒家倫理學說研究》（吉林人民出版社，1994）、季乃禮《三綱六紀與社會整合——由〈白虎通〉看漢代社會人倫關係》（中國人民大學出版社，2004）、陳來《古代宗教與倫理——儒家思想的根源》（生活・讀書・新知三聯書店，2009）、陳少峰《中國倫理學史》（北京大學出版社，1996）、〔日〕鈴木喜一《五倫の成立：中國古代倫理》（明德出版社，2002）等，其中一些也涉及到朋友倫理的內容。

張岱年《中國古典哲學中若干基本概念的起源與演變》（載《哲學研究》1957 第 2 期）一文集中反映了他在五十年代中期對中國哲學範疇的研究水平。這篇論文主要考察了中國古代哲學宇宙觀中的一些基本範疇，如氣、太虛、天、道、太極、理、神、體用、質用、本體、實體等。張岱年《中國哲學大綱》（中國社會科學出版社，1982）一書探索了中國哲學的基本範疇與中國哲學的特點。張岱年先生辨析不同哲學家賦予同一範疇的不同涵義，是在追蹤每一個範疇的發展源流中展開的，他認為中國哲學基本範疇的內容都經歷了一個生生滅滅的演進過程，有些涵義在演進中消失了、分解了；有些則產生了、融合了。

蔡元培《中國倫理學史》（商務印書館，1928）一書將各家學說進行了全面的梳理和分析，列舉了歷代思想家各具代表性的倫理範疇，如孔子的「仁」、「孝」，子思的「誠」等，他還具體分析了不同思想家對同一個範疇的闡釋，如子思的「誠」為性之實體、宇宙之主動力，周敦頤的「誠」超越善惡、為性之本質、并與太極同體，陸九淵的「誠」偏重實踐。作者在每章的結論處總結了學者思想的承繼之處，例如談到程顥時，作者指出他的學說「其大端本於孟子，而以其所心得者補正而發揮之。其言善惡也，取中節不中節之義，與王荊公同。」〔註5〕

傅永聚《中華倫理範疇叢書・第一函》（中國社會科學出版社，2006）從中華民族傳統倫理道德中選取六十餘個重要德目，並對每個德目自甲骨金文以至現代的發展演變，進行了系統的研究。其中《中華倫理範疇・義》分十章探討了「義」思想，它分別對「義」範疇的產生、先秦諸子的義思想、漢

〔註5〕　蔡元培：《中國倫理學史》，貴州人民出版社 2014 年版，第 109 頁。

代至近代的義思想做了全面的分析，每個思想家對「義」的闡發都有各自鮮明的特點，例如孟子「根於人性、養氣辨利之仁義」、朱熹的「義者，人之性」、王陽明「心得其宜謂之義」等思想，作者都進行了深入研究，使讀者對「義」思想發展、演變的脈絡有了比較清晰的認識。此書也對與「義」相關的「時」、「中」觀念做了比較研究。該書的觀點和結構對本文的寫作思路有較大的啟發。

二、選題意義與寫作思路

「友」既是一種特定的人稱，又用於表達一種倫理規則，在今天看來，它指的是朋友或朋友間的倫理規範，但在先秦的早些時候，「友」的內涵與現在的含義有所不同。友，從二又（手），構形不明，甲骨文中用作人名之組成部分時為借音字。單獨分析甲骨文中的「又」，其象右手之形，甲骨文用作侑祭之侑時為借音字，對先王和自然神進行又祭，是為了求得福祐和好年成。有些學者認為「友」的古義為同族的人，在一些文獻中「友」與君臣之道聯繫密切。在《爾雅・釋訓》中，友即「善兄弟為友」，在這個解釋中，友指的是兄弟間的倫理規範，《孟子》一書則將朋友列在了家庭關係之外。由此看來，在歷史發展的不同時期，「友」有多種解釋，本文嘗試對「友」的含義進行比較全面的梳理。

對「友」這個範疇的研究，文獻資料除了對某一時期或單個思想家的「友」觀念進行探討外，很少對「友」的起源、演變做全面的考察。本文將按歷史發展的順序對儒家「友」觀念進行較為系統、細緻的分析，以發現它在各個時期的內涵和特點。

三、創新點

文章的創新點主要體現在以下三個方面，第一，以往學界多依據傳世文獻著手研究儒家「友」觀念，較少涉及出土文獻。本文採用傳世文獻和出土文獻相結合的研究方法，重點比較了《郭店楚簡》與孟子的友朋觀。第二，本文詳細闡述了「友」的本義及其內涵，明確指出「樂其友而信其道」是中國傳統的交友之道。文章全面分析了古代儒家論述的交友之道，並對現代人的交友提出了合理的指導建議。第三，本文系統分析了古代儒家的「君臣相友」思想。《郭店楚簡》稱「友，君臣之道」，繼而孟子闡明了君臣之間的政治平等，而「君臣相友」與君臣有序共同組成了儒家理想的治政之道。

四、研究方法

在現有研究的基礎上，綜合歷史學、文字學、文獻學等學科方法對史料進行搜集、甄別和分析，力求系統把握儒學史上「友」範疇的起源、演變，在微觀研究的基礎上進行宏觀把握。

第一章　「友」觀念的起源及其內涵

第一節　兩手相助為「友」

「創造和使用文字，是人類的一種特殊能力。文字作為文化的主要載體和社會交往的主要媒介，既是文化發展的歷史成果，又隨著社會變遷而不斷演變。」[註1] 就「友」字而言，從字面看來，人們會說這是「朋友」的「友」，或是「友誼」的「友」，說法當然很對，但不夠全面，不全面的原因在於我們無暇去探其源、尋其流。在沒有考察「友」字源流之前，筆者也僅是粗略的理解它，接觸到更多資料之後，才逐漸發現「友」的天地是一個不斷拓展的世界，它反映了人類歷史的某些變遷，也許它是中國思想史領域的重要理念之一。

從已有資料來看，「友」既是特定的人稱，也用於表達倫理規則，現代人一般將「友」認定為朋友或朋友間的倫理規範。在先秦的早些時候，「友」的內涵與現今的含義有所差別。有些學者認為「友」的古義為同族的人、僚屬或同僚，在一些文獻中，「友」與君臣之道聯繫密切。在《爾雅·釋訓》中，友即「善兄弟為友」[註2]，在這個解釋中，友可指稱兄弟間的相處規範。上述不同的解釋不禁使人們感到好奇，看似簡單的一個「友」怎會產生如此較多的內涵呢？難道與「友」的造字及原始含義有關？下文的內容能否揭開「友」字的奧妙呢？

〔註1〕 王利華：《周秦社會變遷與「友」的衍化》，《江西社會科學》2004 年第 10 期。
〔註2〕 〔晉〕郭璞注，〔宋〕邢昺疏：《爾雅注疏》，上海古籍出版社 2010 年版，第 200 頁。

在甲骨文中，友，寫作，從二又（手），構形不明，用作人名之組成部分時為借音字。從「友」的字形：兩手相依，似兩人在共同做事，我們可以簡單推斷它有互助的含義，代表了親密的人際關係。一些學者就「善兄弟為友」來說明「友」指手足兄弟，但兄弟一說很可能是後起的引申義。單獨分析甲骨文中的「又」（手），其象右手之形，羅振玉指出「卜辭中左右之右，福祐之祐，有亡之有，皆同字。」〔註3〕「又」字，甲骨文用作侑祭之侑時為借音字，對先王和自然神進行又祭，是為了求得福祐和好年成。殷代卜辭常見「受又」一詞，意思是說受到神靈的祐助，若借用羅振玉等人的考證，「友」為二又（手）連列，可解釋為相互幫助。

《說文解字》釋「又」為「手」。「又」是「右」之初文，王力先生認為助人以手，右的本義應是以手相助。「友」從二又（手），「友」的本義則是兩手相助。「友」作「幫助」之義，在《孟子》、《荀子》等文本中可見，如《孟子·滕文公章句上》：「鄉田同井，出入相友。」〔註4〕

「友」可用作官名、人名，如「中友父」；或作為對人的尊稱，「友邦君」、「友邦家君」。從友的本義出發，「『友』引申出『親愛、友好』義（多用於兄弟之間）和『志趣相投的人』義，在此基礎上，『親愛、友好』義又引申出『和順』義，『志趣相投的人』義又引申出『交友』義。」〔註5〕「友」的「親愛、友好」義常見於兄弟之間，兄弟間更離不開互相幫助。

東漢許慎在《說文解字》中說：「同志為友，從二又相交」，「周禮注曰：同師曰朋，同志曰友。」〔註6〕可見「同志為友」為當時學者所採納，「友」為擁有共同志向的人群。清代段玉裁注解說：「二又、二人也。善兄弟曰友。亦取二人而如左右手也。」段玉裁認為「友」為以善對待兄弟，有「友愛」義。許慎與段玉裁對「友」的解釋已接近「友」的現代含義。

由上述內容，我們已經瞭解到「友」的本義為兩手相助，作「幫助」講，那麼它的其他含義在文獻中有哪些表現？又出現了怎樣的變化呢？

〔註3〕 于省吾：《甲骨文字詁林·第一冊》，中華書局 1996 年版，第 877 頁。

〔註4〕 〔清〕焦循：《孟子正義》，中華書局 1987 年點校本，第 359 頁。

〔註5〕 吳崢嶸：《「朋」與「友」的詞義發展》，《信陽師範學院學報（哲學社會科學版）》2005 年第 2 期。

〔註6〕 〔漢〕許慎撰，〔清〕段玉裁注：《說文解字注》，上海古籍出版社 1988 年版，第 116 頁。

第二節 「友」由原始義向社會關係名稱的轉變

一、「族人」與「僚屬或同僚」之稱

童書業先生解釋「士有隸子弟」與「士有朋友」時說，士一般無家臣，以子弟為僕隸，類似於臣。但他也說「隸」可能為親族隸屬之義。朋友應是士之宗族成員，朋友即「隸子弟」。他舉銅器銘文作例證時說朋友為族人。「朋」字有比、類、黨等含義，「『善兄弟為友』，則『朋友』古義為族人⋯⋯《毛公鼎銘》『以乃族干吾王身』⋯⋯作『以乃友干吾王身』，二器同時，可證『朋友』古義為族人。」〔註7〕

魯莊公二十二年，陳國公子完（卒諡敬仲）逃亡到齊國，齊桓公想讓敬仲做卿，敬仲以詩辭謝說：「翹翹車乘，招我以弓。豈不欲往，畏我友朋。」〔註8〕於是敬仲做了一個小官工正（管理工匠的官）。童書業先生認為此處「友朋」是族人之義，指陳國的同族。為什麼說「友朋」是敬仲的族人，童書業先生並未作出詳細解釋。如果我們留心一下詩中的「畏」字，一個「畏」字已足夠說明敬仲的友朋可以指謫他的言行，友朋有責善之職，否則因何生畏呢？當然敬仲心中已有不做卿的決斷，引詩作答是他委婉謝絕齊侯的言語方式。

孔子說：「不學詩，無以言」〔註9〕，孔子也說過：「誦詩三百，授之以政，不達；使於四方，不能專對；雖多，亦奚以為？」〔註10〕對孔子的這兩句話我們該如何理解？結合敬仲對詩的巧妙運用，我們可知詩是古人在重要場合交流的一種方式。詩中已含人情禮儀、治國安民之道，善於用詩的人可以恰當表達自己的意見而不致於招辱，能夠避免對方的不愉快甚至忿怒。難怪孔子希望學生在理解詩的內涵的基礎上，出使四方時能做到以詩專對。通過對傳統文化的學習，我們很容易感到古人言語的方式比現代人更委婉一些，在孔子的時代及其以前，有以詩作答的傳統，《荀子》一書大量引用詩歌是十分明顯的。

除了提到「朋友」的古義為族人，童書業先生又指出「『友』如非指族人，

〔註7〕 童書業：《春秋左傳研究》，中華書局 2006 年版，第 111 頁。
〔註8〕 楊伯峻：《春秋左傳注》，中華書局 1981 年版，第 220 頁。
〔註9〕 程樹德：《論語集釋》，中華書局 1990 年點校本，第 1168 頁。
〔註10〕 程樹德：《論語集釋》，中華書局 1990 年點校本，第 900 頁。

即指僚屬或同僚」〔註11〕。從童書業先生的論述中我們不難看出，早期「朋友」的含義不容易確定，但大體可以歸為「族人」和「僚屬」兩類。

二、「兄弟」之稱

先秦之前，「友」曾指稱兄弟間的親屬關係，這一看法在一些學者的論述中經常出現。在西周的青銅器銘文中，有一類與器主關係較密切的人——「友」（或「朋友」）。朱鳳瀚先生解讀西周青銅器銘文並比照《左傳》等書，得出西周時期「友」或「朋友」指同一家族的親屬，親兄弟也在朋友一稱中，由於「西周器銘未見朋友、兄弟並稱者，當是親兄弟亦包含在朋友之稱中」〔註12〕。

錢宗範先生則認為「朋友」當不包含親兄弟，他說「我們今日所用『朋友』一詞的原始意義，在古代是指同族內的弟兄。」〔註13〕他進一步解釋說，朋友的親屬關係遠於親兄弟而近於絕族之人（族人者謂絕族者），應視為同宗之弟兄。對「朋友」的原始意義作過闡釋後，錢宗範先生認為先秦文獻中作現代意義解釋的「朋友」並非本義，宗族制度解體、不同宗族之間的人頻繁接觸，才是此類「朋友」含義出現的原因。

王利華教授說西周銘文提到的人稱，除了「友」與「朋友」，還有父母祖先、子孫，有時提到同僚（如卿事、師尹）和姻親，都屬於關係親密的人，這些人群「要麼是同姓親屬，要麼是異姓親戚」〔註14〕，他把「友」歸到了同姓親屬與異姓親戚中。《廣雅·釋詁》釋「友」為「親」，如今「親」這一稱呼被應用於朋友間，甚至陌生人之間，頗有一番趣味。

三、「群臣」之義

同樣是探討「友」的涵義，學者們的意見卻並不一致，究竟哪一種解釋更接近客觀史實呢？接下來我們不妨找尋一些相關證據。童書業先生曾以銘文解釋「友」的含義，認為「友」與「族」含義接近。「《毛公鼎銘》『以乃族干吾王身』……作『以乃友干吾王身』，二器同時」，由此可見，「友」與

〔註11〕童書業：《春秋左傳研究》，中華書局 2006 年版，第 111 頁。
〔註12〕朱鳳瀚：《商周家族形態研究》，天津古籍出版社 1990 年版，第 311 頁。
〔註13〕錢宗範：《「朋友」考（上）》，載朱東潤《中華文史論叢·第八輯》，上海古籍出版社 1978 年版，第 272 頁。
〔註14〕王利華：《周秦社會變遷與「友」的衍化》，《江西社會科學》2004 年第 10 期。

「族」的地位比較重要，雖然兩器同時存在，但以此推斷「友」與「族」為同一含義是不是有些勉強？若想歸納「友」的具體含義，需要從青銅器銘文讀起。《兩周金文辭大系考釋》記載：

> 克盨：唯用獻於師尹、朋友、婚媾，克其用朝夕享於皇族考。

> 許子鍾：用樂喜賓大夫，及我朋友。

> 乖伯簋：用好宗廟，享夙夕，好朋友與百諸婚媾。

> 王孫遺者鍾：用樂嘉賓父兄，及我朋友。

這幾則銘文將朋友列於師尹或大夫之後、婚媾之前，筆者推測「朋友」也可能為職位名稱。王孫鍾銘記：「用樂嘉賓父兄，及我朋友」，在此處父兄與朋友同時出現，表明「朋友」並不指稱兄弟關係。「友」和「朋友」在春秋之前究竟指哪一類人群，就研究者的說法來看，似都有漏洞，惟童書業先生說「『友』如非指族人，即指僚屬或同僚」一說，較為中肯。結合「友」的本義分析，我們暫作猜測：「友」指稱的是較親密的人群，它可指兄弟間的親密關係，也有「僚屬或同僚」的含義，「孝」「友」二字連用，當取「友」的延伸義「友愛、撫助」講。如果這個論斷成立，《詩經》、《左傳》、《郭店楚簡》等文獻所涉及的友朋內容，方能順利解釋。

在《詩經》的篇章裏看不出「友」有同族親屬的含義，有時它與「兄弟」次第出現，如《沔水》所述「嗟我兄弟，邦人諸友」〔註15〕。詩經談到的「友」是脫離血親關係的一類人。自天子以及庶人，未有不須友以成，「相彼鳥矣，猶求友聲。矧伊人矣，不求友生。」〔註16〕朋友有規勸之責，「朋友攸攝，攝以威儀」〔註17〕，《沔水》的作者勸告朋友要警惕和提防讒言興起，他說「我友敬矣，讒言其興」。在《詩經》中，「友」還有「善兄弟為友」的含義，「張仲孝友」〔註18〕中的「友」可解釋為友愛，《皇矣》稱讚王季對兄友愛，詩人說「維此王季，因心則友。則友其兄」〔註19〕。

西周青銅器銘文已出現了「諸兄」等詞語，「兄弟」與「朋友」同出的情況見於春秋早期的「販叔多父盤銘」，銘文將「朋友」列在「師尹」之後、

〔註15〕〔清〕方玉潤：《詩經原始》，中華書局1986年點校本，第374頁。
〔註16〕〔清〕方玉潤：《詩經原始》，中華書局1986年點校本，第335頁。
〔註17〕〔清〕方玉潤：《詩經原始》，中華書局1986年點校本，第511頁。
〔註18〕〔清〕方玉潤：《詩經原始》，中華書局1986年點校本，第361頁。
〔註19〕〔清〕方玉潤：《詩經原始》，中華書局1986年點校本，第489頁。

「兄弟」之前。這裡的「朋友」顯然與親屬無關，只是地位略次於「師尹」的一類人，銘文的內容倒與「天子有公，諸侯有卿，卿置側室，大夫有貳宗，士有朋友」〔註20〕的順序相符，而且在詩經裏「朋友」作為臣屬之義出現的次數較多。《詩·假樂》：「燕及朋友」〔註21〕，《毛傳》稱「朋友」為群臣。《六月》：「飲御諸友」，陣奐謂：「諸友，處內諸臣也」(《詩毛氏傳疏》)。

呂思勉先生認為「朋友」的古義是群臣，君臣的關係近似於朋友。他說「《毛傳》曰：『朋友，群臣也。』此古義也」〔註22〕。《史記·廉頗藺相如列傳》記載：趙國宦官令繆賢說：「我曾經跟隨大王與燕王在邊境上會盟，燕王私下與我握手，說『願結友。』」此處的「友」即互助的朋友。

魯桓公二年，師服曰：「天子建國，諸侯立家，卿置側室，大夫有貳宗，士有隸子弟」〔註23〕，楊伯峻稱：「『士』自以其子弟為隸役。『士』自是『宗子』(家長)」。在周代，「士」是貴族等級制度中最低的一個等級，以子弟為僕隸。隨著時代的變遷，「朋友」成員取代了「隸子弟」。魯襄公十四年，師曠曰：「天子有公，諸侯有卿，卿置側室，大夫有貳宗，士有朋友」，我們將兩則史料對比來看，不難發現「士有隸子弟」與「士有朋友」表達的是相近的意思，「隸子弟」與「朋友」都有輔助士的職責。

楊伯峻先生在《春秋左傳注》「士有朋友」下指出：「桓二年《傳》云『士有隸子弟』，似此『朋友』即指『隸子弟』。以桓二年《傳》『各有分親』及此下文『皆有親暱』推之，朋友一詞，非今朋友之義，或其同宗，或其同出師門。」〔註24〕王志在《〈左傳〉『士有隸子弟』獻疑》中說「士有隸子弟」的「隸子弟」也指前來依附於「士」的其他家族的子弟(不排除自家子弟)。郭守信指出「朋友不是今天意義上之朋友，同樣，隸子弟也絕不是限於血緣關係的子和弟，而是古代社會特有的概念，反映的是一個特定的歷史階段發生的人際關係。」〔註25〕《大戴禮記·曾子制言》稱：「父母之仇，不與同生；兄弟之仇，不與聚國；朋友之仇，不與聚鄉；族人之仇，不與聚鄰。」

〔註20〕楊伯峻：《春秋左傳注》，中華書局1981年版，第1016～1017頁。

〔註21〕〔清〕王先謙：《詩三家義集疏》，中華書局1987年點校本，第897頁。

〔註22〕呂思勉：《呂思勉讀史箚記》，上海古籍出版社2005年版，第241頁。

〔註23〕楊伯峻：《春秋左傳注》，中華書局1981年版，第94頁。

〔註24〕楊伯峻：《春秋左傳注》，中華書局1981年版，第1017頁。

〔註25〕郭守信：《「士有朋友」——古代社會人際關係初探(上)》，《文化學刊》2007年第3期。

〔註 26〕這句話將朋友列在兄弟之後、族人之前，表明朋友比族人更親近一些，由於「士」的職業、身份不一，不排除它指稱同一師門的弟子。

四、志趣相投之友

春秋以後，見於文獻的「友」主要指志趣相投、聯繫密切的人群。《莊子》記載了這樣一個故事：老聃病終，秦失前去弔唁，哭了幾聲就出來了。弟子問：您的弔唁這樣簡單，難道老聃不是您的朋友嗎？秦失說：他是我的朋友。來到人世時，老聃應時而生；離開人世時，他順理而去。「安時而處順，哀樂不能入」〔註 27〕，這是我和老聃對生命共有的認識，因此我可以這樣弔唁。《莊子‧內篇‧大宗師》記載：子祀、子輿、子犁、子來聚到一起談論說：誰能把無當成頭，把生當作脊樑，把死當作尾骨，誰能認識到死生存亡是一體的，我們就和他交朋友。說完他們相視而笑、彼此心意相通，於是結為朋友。這樣的事例在古代文獻裏並不鮮見，其涉及的朋友之道在其他章節將展開具體的闡述。

綜上所述，作為特定人稱的「友」或朋友，其字義經歷了一定變化。由典籍可證，「友」最初可指互助、共事的一類人，或指兄弟間的親屬關係，隨著周代社會的歷史變遷，「友」或「朋友」進一步指稱同僚或僚屬，士友關係逐漸瓦解時，「友」的當代義浮現，即它過渡到有共同志向的人群上來。

第三節 「友」與「悌」的倫理涵義

一、「友」與「悌」的涵義

「友」作倫理規範講，常與孝並稱，為「友愛」義，或特指兄弟間的友愛幫助（有時「友」也專指兄對弟的關愛），如「唯辟孝友」（出自《牆盤銘》，「辟」為君王）、「張仲孝友」等說法。

蔡元培在《中國倫理學史》一書指出「倫理界之通例，非先有學說以為實行道德之標準，實倫理之現象，早流行於社會，而後有學者觀察之、研究之、組織之，以成為學說也。在我國唐虞三代間，實踐之道德，漸歸納為理想。」〔註 28〕「友」這一道德便是存在於社會中，而後被有識之士提煉，逐

〔註 26〕〔清〕王聘珍：《大戴禮記解詁》，中華書局 1983 年點校本，第 91 頁。

〔註 27〕陳鼓應：《莊子今注今譯》，商務印書館 2012 年版，第 124 頁。

〔註 28〕蔡元培：《中國倫理學史》，貴州人民出版社 2014 年版，第 3 頁。

步成為通行於傳統社會中的德行規範。

「孝」、「友」是西周時期的處世法則，《尚書‧康誥》記載：罪大惡極的人是「不孝不友」〔註 29〕的人。做弟弟的不念及天性，不恭敬地對待兄長；兄長也不為弟弟缺乏教養而哀痛，「大不友于弟」。上天賜予我們的人倫法則遭到了破壞，此時應立即按照文王制定的法規對「不孝不友」的人嚴加懲罰。「友」的精神要求兄弟間友愛、互助，但由於長幼雙方的地位不同，兄友弟恭、兄友弟悌、兄愛弟敬等說法便出現了。在《荀子‧君道》裏有「請問為人兄？曰：慈愛而見友。」〔註 30〕其中「友」是長兄的道德規範，有友愛、撫助的含義。

「悌」字出現較晚，由「弟」發展而來。弟，韋束之次弟，束物之皮革為韋，輾轉環繞，有如螺旋。螺旋狀束之，則必有先後次弟，次弟先後之義由此而生。後來，「弟」引申為兄弟之弟，此時弟仍有順序的含義，也有了順從的道德內涵，所以古人把善事兄長稱為「弟」，又作悌，以表示人們心中牢記先後次弟。堯舜之道，孝悌二字必在其中。

《尚書‧康誥》把「不孝不友」看成「元惡大憝」〔註 31〕，若基本的自然情感都實現不了，確實是人之大惡。滅商後第二年武王病逝，年幼的成王繼位，周公攝政。管叔說周公將廢成王取而代之（鄭玄認為管叔、蔡叔與霍叔為「三監」，居邶、鄘、衛三地以監控殷族），謀劃作亂，史稱「管蔡以武庚叛」。周公於是率軍東征，他指出「三監」的罪狀即「不孝不友」。孝、友的德行倍受儒家重視，《周禮‧春官‧大司樂》記有「中、和、祗、庸、孝、友。」〔註 32〕《儀禮‧士冠禮》稱：「孝友時格，永乃保之。」《周禮‧地官》記載六行有：「孝、友、睦、姻、任、恤」〔註 33〕。

「友」是兄弟之間的道德規範，若加以區分，則兄愛弟稱「友」、弟敬兄稱「悌」。值得注意的是，彷彿儒家對「悌」更加重視一些。因「弟」包含在「友」的道德內涵中，且它的地位比較重要，所以我們嘗試對「悌」作一下分析。先秦的古籍多寫作「弟」，從心，弟聲，含義為尊敬、愛戴兄長，弟對兄當恭順。「悌」也泛指敬重長上，「悌」在「長幼有序」的意義上應用

〔註 29〕 〔清〕孫星衍：《尚書今古文注疏》，中華書局 1986 年點校本，第 367 頁。
〔註 30〕 〔清〕王先謙：《荀子集解》，中華書局 2013 年點校本，第 275 頁。
〔註 31〕 〔清〕孫星衍：《尚書今古文注疏》，中華書局 1986 年點校本，第 367 頁。
〔註 32〕 〔清〕孫詒讓：《周禮正義》，中華書局 1987 年點校本，第 1723 頁。
〔註 33〕 〔清〕孫詒讓：《周禮正義》，中華書局 1987 年點校本，第 756 頁。

較廣。

「悌」，屬於儒家的倫理範疇，儒家非常重視「孝悌」，把它看作為仁之根本。《論語‧學而》記載有：「其為人也孝悌，而好犯上者，鮮矣；不好犯上，而好作亂者，未之有也。君子務本，本立而道生。孝悌也者，其為仁之本與！」〔註 34〕孔子曰：「弟子入則孝，出則弟」〔註 35〕，則道出了「弟」作為一種行為準則，有處理人際關係的作用。《論語‧為政》指出孝、友可「施於有政，是亦為政」〔註 36〕。《左傳》記載的一些史實充分說明了孝、友即是為政，不孝不友的人作亂於國，容易導致社會動盪。

二、儒家「悌」觀念的形成與發展

在《論語》中，孔子對「弟」作出了兩種闡釋：敬兄與敬長。一是視「孝悌」為「仁之本」，在孔子看來，家門內孝悌之人不容易犯上、作亂，有利於社會秩序的穩定。二是孔子認為「弟」的規範可運用在門外，在鄉黨、社會中人們依年齡或地位尊敬他人。

孟子把愛親、敬兄看作良能良知，從「愛其親」和「敬其兄」中，孟子進一步歸納出親親與敬長兩類道德，並將它們分別認定為仁與義。他說「親親，仁也；敬長，義也」〔註 37〕，仁、義可「達之天下」。孟子把「事親」看作「仁之實」，將「從兄」視為「義之實」，他說：「仁之實，事親是也；義之實，從兄是也」〔註 38〕，智、禮、樂則圍繞仁義展開。

子貢詢問怎樣的人可稱作「士」呢？孔子列舉了三類行為特徵，首先提出了「行己有恥，使於四方，不辱君命」，次一等為「孝悌」，再次一等為「言必信，行必果」。孔子說「宗族稱孝焉，鄉黨稱弟焉」〔註 39〕，可見通行於鄉黨間的「弟」屬於「士」的品行。由於門外之「弟」有益於和諧的人際關係，在多次論述中，我們讀出了儒家對「出則弟」的重視。司馬牛曾憂慮地說：「人皆有兄弟，我獨亡。」子夏勸勉他說：「君子敬而無失，與人恭而有禮。四海之內，皆兄弟也。」〔註 40〕怎樣做到「出則弟」呢？「恭而有禮」、

〔註 34〕程樹德：《論語集釋》，中華書局 1990 年點校本，第 10～13 頁。
〔註 35〕程樹德：《論語集釋》，中華書局 1990 年點校本，第 27 頁。
〔註 36〕程樹德：《論語集釋》，中華書局 1990 年點校本，第 121 頁。
〔註 37〕〔清〕焦循：《孟子正義》，中華書局 1987 年點校本，第 899 頁。
〔註 38〕〔清〕焦循：《孟子正義》，中華書局 1987 年點校本，第 532 頁。
〔註 39〕程樹德：《論語集釋》，中華書局 1990 年點校本，第 927 頁。
〔註 40〕程樹德：《論語集釋》，中華書局 1990 年點校本，第 830 頁。

「敬而無失」就是完美的行為準則。子夏認為只要遵從了上述準則，天下之人猶如兄弟。

孟子把孔子的孝悌思想作了深入闡發。他重視「悌」在家庭外部的意義，主張以兄弟間的相處方式來處理長幼關係，這種處理的結果就是「長幼有序」。因此，《孟子》談到兄弟一倫時，不講「兄弟有敘」，而是講「長幼有敘」〔註41〕。「敘」通「序」，為次序之意，也指「序齒」，即按年齡論高低尊卑。在家庭與鄉黨中，人們都以年齡論尊卑。孟子主張孝悌之義，與孔子有所差異的是，在家庭內敬老愛幼的基礎上，孟子提出了推恩之法。推恩以人的自然情感為出發點，以人的社會情感為歸宿。孟子贊同「善推其所為」〔註42〕，他說「老吾老，以及人之老；幼吾幼，以及人之幼」〔註43〕。同理可知，敬兄便可推恩至尊敬年長的人。

《郭店楚簡》則稱「長悌，親道也」〔註44〕，並且「長弟」也是「孝之方」〔註45〕。「孝悌」也具備上下、先後之義，「父子，至上下也。兄弟，至先後也」〔註46〕，因此孝悌是聖明君主教導民眾的重要內容。君主親身示範，以親事祖廟教導人們孝順父母。在太學中，天子以「親齒」〔註47〕教化百姓尊敬長輩。《禮記·祭義》記載「天子設四學，當入學而大子齒。」〔註48〕太子與同學也以年齡序尊卑。

荀子很重視孝悌之道，他說「君臣、父子、兄弟、夫婦，始則終，終則始，與天地同理，與萬世同久，夫是之謂大本。」〔註49〕在荀子看來，即使時間推移、社會變遷，凡有人類繁衍生息，君臣、父子、兄弟、夫妻之間的倫理關係便始終存在，此四倫是人世間的大本。他認為守孝悌是好少年的標準，是百姓豐衣足食、免受刑罰殺戮的基礎。在《修身》篇中荀子描繪了善少者、惡少者、不詳少者的行為特徵，「順弟」是善少者的德行，不祥少者則不順不弟。從學習儒學開始，我開始關注到周圍人真實的生活，缺乏儒家文

〔註41〕〔清〕焦循：《孟子正義》，中華書局1987年點校本，第386頁。
〔註42〕〔清〕焦循：《孟子正義》，中華書局1987年點校本，第87頁。
〔註43〕〔清〕焦循：《孟子正義》，中華書局1987年點校本，第86頁。
〔註44〕劉釗：《郭店楚簡校釋》，福建人民出版社2005年版，第182頁。
〔註45〕劉釗：《郭店楚簡校釋》，福建人民出版社2005年版，第208頁。
〔註46〕劉釗：《郭店楚簡校釋》，福建人民出版社2005年版，第182頁。
〔註47〕劉釗：《郭店楚簡校釋》，福建人民出版社2005年版，第148頁。
〔註48〕〔清〕孫希旦：《禮記集解》，中華書局1989年點校本，第1232頁。
〔註49〕〔清〕王先謙：《荀子集解》，中華書局2013年點校本，第193頁。

化的薰陶，再加之社會崇尚奢侈、盲目攀比的不良風氣，一些大人和孩子迷失在無道中，夫婦無序、孩子不順已不是偶然現象，不順不弟之人終將面臨禍患，難以收穫美好的人生。

荀子主張的孝悌之義包括事兄與尊敬長者。荀子認為兄應「慈愛而見友」，弟應「敬詘而不苟」〔註50〕。在社會交往中，人們還須做到「遇鄉則修長幼之義，遇長則修子弟之義」〔註51〕，如此做便是愛敬、不爭。禮能規範孝悌的行為，在《樂論》篇中荀子描繪了鄉中飲酒的禮儀，在禮儀中荀子看到了人們對年長者和年輕人的尊重，他認為長幼有序有利於端正身心、安定國家。實現「悌」道，除了遵禮，人的內心還應具有怎樣的認識呢？荀子指出：「有兄不能敬，有弟而求其聽令，非恕也。」〔註52〕以自己的欲求為中心，不去敬兄卻要求弟弟順從自己，此非恕道。明白了兄弟之間的「恕」，君子才能端正身心，從而實現「悌」的規範。

「悌」的意義和運用在《禮記》中則有更加詳細的解釋。禮可體現兄弟間的倫理關係，「君臣上下，父子兄弟，非禮不定」〔註53〕。與其他著述不同的是，在《禮記》中「悌」被看作先王治天下的原則。虞、夏、殷、周皆「尚齒」，「年之貴乎天下久矣」〔註54〕，僅次於事親。「弟」可達於朝廷、道路、州巷、搜狩、軍旅。在朝廷內，同爵則尚齒，「七十杖於朝，君問則席，八十不俟朝，君問則就之」〔註55〕。在道路上，「行，肩而不併，不錯則隨。見老者則車、徒辟，斑白者不以其任行乎道路」〔註56〕。「悌」廣泛實現於社會的各個領域，有助於長幼秩序的形成，「眾以義死之」〔註57〕，由此則天下大治。兄弟和睦為「家之肥」〔註58〕，是家庭的福分，孝悌忠順之行立，而後可以為人、治人。

燕飲時，國君與族人依長幼之序排列位次，國君敬順自己的長輩能夠教民順從。在公族中，即使有人地位尊貴，也要按長幼排列位次。在大學，天

〔註50〕〔清〕王先謙：《荀子集解》，中華書局 2013 年點校本，第 275 頁。
〔註51〕〔清〕王先謙：《荀子集解》，中華書局 2013 年點校本，第 117 頁。
〔註52〕〔清〕王先謙：《荀子集解》，中華書局 2013 年點校本，第 634 頁。
〔註53〕〔清〕孫希旦：《禮記集解》，中華書局 1989 年點校本，第 8 頁。
〔註54〕〔清〕孫希旦：《禮記集解》，中華書局 1989 年點校本，第 1229 頁。
〔註55〕〔清〕孫希旦：《禮記集解》，中華書局 1989 年點校本，第 1229 頁。
〔註56〕〔清〕孫希旦：《禮記集解》，中華書局 1989 年點校本，第 1230 頁。
〔註57〕〔清〕孫希旦：《禮記集解》，中華書局 1989 年點校本，第 1231 頁。
〔註58〕〔清〕孫希旦：《禮記集解》，中華書局 1989 年點校本，第 620 頁。

子「袒而割牲，執醬而饋，執爵而酳，冕而摠干」〔註59〕，以「食三老、五更」來教導諸侯之「弟」，從而利於社會形成良好的秩序：「老窮不遺，強不犯弱，眾不暴寡」。

綜上所述，「悌」一般包含兩種內涵，一為敬兄，二為尚齒，敬兄是本，由敬兄可推恩到「尚齒」，「尚齒」則具有普遍的社會價值。在現代，家庭與社會良好秩序的建立仍舊離不開長幼有序，「悌」道在現代社會依然能展現出它旺盛的生機與活力。作為兄弟間的道德規範，「友」與「弟」存有內在關聯，通過對「弟」的內涵的深入瞭解，我們看到「悌」還具有更加廣泛的社會意義。那麼「友」在規範兄弟關係的同時，還包含著什麼樣的內容呢？

第四節　「友」在倫理內涵上的變遷

一、「尊賢良」

「友」作為兄弟間的倫理規範，其含義在古代未曾改變。由於「友」作為特定人稱的字義發生了變遷，因而「友」又增加了新的道德涵義，《周禮·地官·師氏》記載：「教三行……二曰友行，以尊賢良」〔註60〕，在這句話中，「尊賢良」已納入「友」的內涵，顯示了「友」在輔助關係中的運用。「友」字內涵的這一變化可謂中國思想史上的濃重一筆，「友」的倫理內容也成為了師友、甚至君臣間的道德規範。

二、「相有」

《郭店楚簡》記有這樣一句話：「友，君臣之道也」〔註61〕，它對友道的論述，在古代乃至現代都有重要的社會意義。此處的「友」可解釋為相互保有，有「幫助」的含義，「相有」、互助才是君臣之道。孟子說：「鄉田同井，出入相友」，這裡的「友」也有幫助的含義。荀子說：「友者，所以相有也」〔註62〕，有與友同義，「相有」為相保有，不使彼此喪亡。我們再細看一下「友者，所以相有」的上下文，在《大略》篇中，荀子說：「君人者不

〔註59〕〔清〕孫希旦：《禮記集解》，中華書局 1989 年點校本，第 1231 頁。

〔註60〕〔清〕孫詒讓：《周禮正義》，中華書局 1987 年點校本，第 997 頁。

〔註61〕劉釗：《郭店楚簡校釋》，福建人民出版社 2005 年版，第 208 頁。

〔註62〕〔清〕王先謙：《荀子集解》，中華書局 2013 年點校本，第 607 頁。

可以不慎取臣，匹夫不可以不慎取友……道不同，何以相有也？」〔註63〕
君擇臣、匹夫交友，都需要建立在同道的基礎上，只有同道，才能互相輔助。

　　二程說「上下之交不誠而以偽也，其能久相有乎？」〔註64〕這裡的上下
之交指的是君臣之交，二程認為君臣宜以誠相交，不誠則難以相有。此處的
「相有」也有相互幫助的含義。《白虎通》記有：「師長，君臣之紀也，以其
皆成己也。」〔註65〕師者教人做君子，長者教之成人、做長者，皆有成己之
功。君臣有「成己」一說可理解為君對臣有「成己」之功，而臣對君有輔助
之功，在此我們可以將它與「友，君臣之道」放在一起理解，總體看來，君
臣關係更似朋友。若細分起來，君對於臣、臣對於君又有著各自的特點與規
範。關於君對臣有成己之力，程頤發表過類似的論述，臣能建功立業，依靠
的是君的勢位和人民對君的擁戴，由此可說君有成己之功。

　　在閱讀的過程中，我們還應注意到文獻中存在著一類人際關係：士與友。
在《郭店楚簡》中，人們可以讀到一些士與友的內容。士與友有唇齒相依的
關係，「士無友不可」。士有謀友，言談辯論就很有自信。荀子說「天子之喪
動四海，屬諸侯；諸侯之喪動通國，屬大夫；大夫之喪動一國，屬修士；修
士之喪動一鄉，屬朋友」〔註66〕，從中我們也不難看出「朋友」與「士」
的密切關係。《禮記・曾子問》有朋友為士的喪事設奠的記載，「天子諸侯之
喪，斬衰者奠，大夫齊衰者奠，士則朋友奠」〔註67〕，《左傳》也有「士有
朋友」的記錄，從「士有朋友」可以看出士與朋友間的「親昵」、「輔佐」關
係。

三、歷史上友朋關係的特徵

　　當士與朋友這一人際關係逐步退出歷史影像，朋友便因志同道合而交友，
翻閱歷史要籍，涉及朋友間友情的交友典故與事例就不勝枚舉了。除了「友，
君臣之道」顯現在歷代儒者的理想世界中，中國歷史上的友朋關係還有兩個
顯著的特色。

　　其一存在患難相死的朋友之道，俠義之風暢行不衰。在某些歷史時期曾

〔註63〕〔清〕王先謙：《荀子集解》，中華書局 2013 年點校本，第 607 頁。
〔註64〕〔宋〕程顥、程頤：《二程集》，中華書局 2004 年點校本，第 1244 頁。
〔註65〕〔清〕陳立：《白虎通疏證》，中華書局 1994 年點校本，第 358 頁。
〔註66〕〔清〕王先謙：《荀子集解》，中華書局 2013 年點校本，第 426 頁。
〔註67〕〔清〕孫希旦：《禮記集解》，中華書局 1989 年點校本，第 515 頁。

出現為友復仇、甚至「以軀借友復仇」的風俗。何類特徵與氣質的人可稱「俠」呢？西漢司馬遷在《史記·遊俠列傳》中作出了一些解釋：「其言必信，其行必果，己諾必誠，不愛其軀，赴士之厄困，既已存亡死生，而不矜其能，羞伐其德」〔註68〕雖然孟子說過：「大人者，言不必信，行不必果」〔註69〕，一些儒者並沒有將俠氣看作一無是處。言行講求誠信是普遍原則而不能絕對化，才是儒家真正要主張的。東漢士人重承諾，較接近「俠」的道德。至於復仇之事，宋代程頤則持斥責態度。

　　《禮記》記載了一些有關朋友的規範和禮儀，如《禮記·曲禮上》：「不許友以死」〔註70〕。父母在世，不可作同生共死的承諾。呂思勉寫道：「『父母存，不許友以死。』則許友以死者多矣……古人有罪不逃刑，此乃許君以死，而又守信，使之然也。」〔註71〕在這段話中，呂思勉先生可能把許友以死與委質策死當作同一件事了。在事實上此二者並不為一。當晉惠公的車馬陷入泥濘時，慶鄭因晉惠公不聽勸諫沒有親自去救他，他招呼其他人因解救晉惠公而貽誤了戰機，晉惠公反被俘獲。晉惠公回國後，蛾析對慶鄭說：「你怎麼不逃走呢？」慶鄭回答說：「陷君於敗，敗而不死，又使失刑，非人臣也。臣而不臣，行將焉入？」〔註72〕於是慶鄭被晉惠公殺害。在我們看來，慶鄭有逃走的機會，但他認為自己陷君於敗，理應受死，若再逃走，更是「臣而不臣」。聽完慶鄭的回答，慶鄭因沒有盡到臣的職責受刑，至於他是否曾「許君以死」還有待考證。

　　《國語·晉語九》記有夙沙釐之言：「委質為臣，無有二心。委質而策死，古之法也。」〔註73〕質為贄，《白虎通》有對見君之贄的詳細記載。臣事君以義合，因「得親供養」，贄有「質己之誠，副己之意」〔註74〕的作用。士以雉為贄，取雉「不可誘之以食，懾之以威，必死不可生畜」之義。雉，野雞，為耿介之鳥，以雉相見，象徵士行耿介，守節死義，不當有所轉移。從《白虎通》的論述中，我們得知「守節死義」〔註75〕是士的品格特徵，

〔註68〕〔漢〕司馬遷：《史記》，中華書局2014年點校本，第3865頁。

〔註69〕〔清〕焦循：《孟子正義》，中華書局1987年點校本，第555頁。

〔註70〕〔清〕孫希旦：《禮記集解》，中華書局1989年點校本，第22頁。

〔註71〕呂思勉：《呂思勉讀史箚記》，上海古籍出版社2005年版，第242頁。

〔註72〕楊伯峻：《春秋左傳注》，中華書局1981年版，第367頁。

〔註73〕徐元誥：《國語集解》，中華書局2002年點校本，第445頁。

〔註74〕〔清〕陳立：《白虎通疏證》，中華書局1994年點校本，第359頁。

〔註75〕〔清〕陳立：《白虎通疏證》，中華書局1994年點校本，第356頁。

士可「死義」、不失其節而並非事君以死。《呂氏春秋‧士節》記載：「士之為人，當理不避其難，臨患忘利，遺生行義，視死如歸。」〔註76〕慶鄭的言行也印證了他守節死義的信念。

委質、策名之事在《左傳》上有一段記載，晉懷公繼位後，命狐突之子狐毛、狐偃不要再跟隨逃亡在外的重耳。狐毛、狐偃不歸，於是晉懷公以狐突性命威脅他們，他對狐突說：你的兒子回來就免你死罪。狐突說：古制為「子之能仕，父教之忠」〔註77〕，策名、委質後，若有貳心便是罪過。臣之子，名在重耳已有數年，我若將他們召回，就是「父教子貳」，父教子貳，以何事君？狐突沒有遵從晉懷公的命令，即將赴死前，他說了一些警醒晉懷公的話：「刑之不濫」為君之明、臣之願，若濫用刑罰以逞私意，有誰能免罪呢？於是晉懷公殺了狐突。從上述史實可以看出，委質、策名是入仕的禮儀，委質、策名的用意則在於示君以忠。狐突寧死不肯教子貳心，是因為他認為不忠則無以事君。至於「委質而策死」，應是古時習俗，隨著社會變遷，此類風俗既有保留也有變化。

秦穆公與奄息、仲行等三位賢臣的事例倒與許君以死的風俗有關。「《唐書‧吐蕃列傳》曰：『其君臣自為友，五六人曰共命。』秦穆公之於三良也，飲酒樂。公曰：生共此樂，死共此哀。三良許諾。公薨，遂皆自殺以殉。此所謂共命者也。可見古時中國之風俗，與四夷相類者頗多。」〔註78〕秦穆公與奄息、仲行等三位賢臣飲酒時說：「願同生共死。」三人應允，秦穆公死後，他們因信守承諾自殺殉葬。《詩經‧秦風‧黃鳥》記載此事時說：「彼蒼者天，殲我良人！」〔註79〕

呂思勉認為許友以死是古人的一類風俗，這樣的事情比較多，才會有《曲禮》講的「不許友以死」〔註80〕之事。就有關史實分析，委質策死的真正含義為朋友們為了共同的志向終生奮鬥、追隨，並非為了報仇而不惜生命。「父母存，不許友以死」，當指父母在世，不作同生共死的承諾。

在「不許友以死」的注解中，學者多認為其含義為不可許友報仇。「親存須供養，則孝子不可死也」〔註81〕，許友報仇怨而死，則視為忘親。至

〔註76〕許維遹：《呂氏春秋集釋》，中華書局2009年版，第262頁。
〔註77〕楊伯峻：《春秋左傳注》，中華書局1981年版，第402～403頁。
〔註78〕呂思勉：《呂思勉讀史箚記》，上海古籍出版社2005年版，第241～242頁。
〔註79〕〔清〕方玉潤：《詩經原始》，中華書局1986年點校本，第275頁。
〔註80〕〔清〕孫希旦：《禮記集解》，中華書局1989年點校本，第22頁。
〔註81〕〔清〕孫希旦：《禮記集解》，中華書局1989年點校本，第22頁。

於親亡可否為友報仇，我們暫時不作探討。關於「許友以死」，宋代程頤認為它的合理解釋是患難相死之意，他說兩人同行，途遇危難，固可相死。例如兩人捕虎，一人力盡，另一人自當用力。又如執干戈、衛社稷，當朋友危急之時，要竭力救護。為養親，出遠門時須結伴同去，便有患難相死之道。程頤指出「父母存，不許友以死」之言，人們可以靈活掌握。「可許友以死，如二人同行之類是也。不可許友以死，如戰國遊俠，為親不在，乃為人復仇」〔註82〕。

《國語‧晉語八》記：「三世事家，君之；再世以下，主之。事君以死，事主以勤。」〔註83〕由此看來古時「事君以死」的事實確實存在，僅就《國語》中的記載分析，三世事家（大夫）以大夫為君，三世時間久、恩義極重，因而「事君以死」。三世「事君以死」的含義為終生事君，不有貳心。三世事家能事君以死，根本原因在於恩情厚重。晉人豫讓不顧性命為智伯報仇，也因智伯恩義深重，豫讓說「國士遇我，我故國士報之。」〔註84〕豫讓的故事有「委質」的記載，豫讓曾事奉過范、中行氏，智伯滅此二人後，豫讓又委質臣於智伯。智伯被滅後，豫讓說：「士為知己者死」〔註85〕，刺殺趙襄子未遂被釋放後，又謀劃再次行刺，這時他的朋友告訴他：趙襄子惜才，何不委質臣事襄子以見機行刺？豫讓的回答給我們解釋了「委質」的意義，他說「委質臣事人，而求殺之，是懷貳心以事其君」〔註86〕，按你說的辦法去做，我將愧對天下後世。

「委質」的禮儀有示君以誠、不懷貳心的含義。以史實為據，我們應將「許友以死」、委質策死與為君主、朋友報仇之事分別看待。嚴格來講，「委質而策死」是在家門外與友人將共同的志向約定為彼此奮鬥終生的事業，與委質事君有關，但委質也不必策死。「委質而策死」與委質不策死，可能存在於不同的歷史時期。而《禮記》中「不許友以死」表達的是作者不希望人們與朋友為了一個同生共死的諾言而輕易放棄生命，《詩經‧秦風‧黃鳥》傳遞的感慨與此相通。程頤對「不許友以死」的理解則出現了偏差。清代趙翼的誤解與程頤類似，同時他對「以軀借友報仇」之事持批評態度。

〔註82〕〔宋〕程顥、程頤：《二程集》，中華書局2004年點校本，第210頁。
〔註83〕徐元誥：《國語集解》，中華書局2002年點校本，第421～422頁。
〔註84〕〔漢〕司馬遷：《史記》，中華書局2014年點校本，第3060頁。
〔註85〕〔漢〕司馬遷：《史記》，中華書局2014年點校本，第3058頁。
〔註86〕〔漢〕司馬遷：《史記》，中華書局2014年點校本，第3059頁。

　　對於復仇一事，儒者多持否定意見。而對於復仇的情感，《禮記》記載說：「父之仇弗與共戴天，兄弟之仇不反兵，交遊之仇不同國」〔註87〕，可見此文的作者主張仇恨情感的適度宣洩，他認為交遊之仇應做到不同國。《周禮》稱：「主友之仇眂從父兄弟」〔註88〕。在《禮記・檀弓》中，子夏問孔子：「居父母之仇如之何？」夫子曰：「寢苫枕干，不仕，弗與共天下也。遇諸市朝，不反兵而鬬。」子夏接著問：「居昆弟之仇如之何？」曰：「仕弗與共國，銜君命而使，雖遇之不鬬。」子夏又問：「居從父昆弟之仇如之何？」曰：「不為魁，主人能，則執兵而陪其後。」〔註89〕就此我們可以把上述資料作一下對比分析，依照禮制，作者對恰當的復仇行為是予以承認的，我們不得不說，復仇與現代人的理念已相差較遠，由於復仇使仇恨情感得到了抒發與宣洩，雖時隔千年，卻依然能夠得到人們的同情與理解。父母之仇不共戴天，不共天下即不與仇人並生，交遊之仇有不同國的規定，朋友之仇有不同市朝的說法，主友之仇則有類似「不為魁，主人能，則執兵而陪其後」的詳細規範。由已知資料來看，復仇與委質策死並非同一類事情，將許友以死理解成為朋友報仇是不合適的，假如作者的本意是不允許為朋友報仇，他完全可以寫得更清楚一些，如同記父母之仇、朋友之仇那樣。

　　古代士人十分看重朋友間的情義，羊角哀與左伯桃的交友顯然有患難相死之道。左伯桃在困厄中為朋友犧牲的精神詮釋了患難相助的朋友之道，有人曾賦詩：「長途苦雪寒，何況囊無米？並糧一人生，同行兩人死；兩死誠何益？一生尚有恃。賢哉左伯桃！殞命成人美。」〔註90〕我們不清楚羊角哀有沒有「許友以死」，至少羊角哀不欲獨生的情感足以打動我們的內心。

　　《白虎通・諫諍》稱：「朋友之道有四焉，通財不在其中。近則正之，遠則稱之，樂則思之，患則死之。」〔註91〕朋友應互相責善、彼此仰慕、榮辱與共。灌夫被捕時，患難之交竇嬰「終不令灌仲孺獨死，嬰獨生」〔註92〕，竭盡全力營救灌夫，不幸的是，自己也獲罪，兩人均遇害。像竇嬰和灌夫這樣的患難之交，在現代社會是鮮見了。

〔註87〕〔清〕孫希旦：《禮記集解》，中華書局1989年點校本，第87頁。
〔註88〕〔清〕孫詒讓：《周禮正義》，中華書局1987年點校本，第1026頁。
〔註89〕〔清〕孫希旦：《禮記集解》，中華書局1989年點校本，第200頁。
〔註90〕〔明〕馮夢龍：《喻世明言》，天津古籍出版社2004年版，第82頁。
〔註91〕〔清〕陳立：《白虎通疏證》，中華書局1994年點校本，第241頁。
〔註92〕〔漢〕司馬遷：《史記》，中華書局2014年點校本，第3448頁。

余英時先生指出晚明社會有一特色：出現了大量「儒而俠」的人物。顏鈞與朋友的交往可謂俠義之舉，「山農遊俠，好急人之難。趙大洲赴貶所，山農偕之行，大洲感之次骨。波石戰沒沅江府，山農尋其骸骨歸葬。頗欲有為於世，以寄民胞物與之志。」〔註93〕顏鈞入獄後，他的學生羅近溪為了營救他「盡鬻田產」、「不赴廷試」，待顏鈞出獄後，親身侍奉左右。雖然有人斥責顏鈞、何心隱借講學而為豪俠之舉，而何心隱卻另有對「俠」的看法，他說「戰國諸公之意之氣，相與以成俠者也，其所落也小。孔門師弟之意之氣，相與以成道者也，其所落也大。」〔註94〕這段話清楚地表明了何心隱對孔門師弟之意氣的仰慕，因而何心隱志在求道便不論自明了。

古代朋友關係的另一特徵即在儒者的生活中，「同悅而交，以德者」與「尚友」（與古聖賢為友）的理想是他們不約而同的精神追求。「同悅而交，以德者」是《郭店楚簡》提出的交友之道，在交往中，子思之儒看重的是朋友的德行，因品德高尚而實現彼此同心而悅，才是交友的真境界。錢穆先生曾說：「日常交友非友道」〔註95〕，依他的說法，則士人的友道為因德而交、以道相輔。難怪今人相交滿天下，卻終無一友。「德」在楚簡的思想中地位很高，「德，天道也」〔註96〕，「德之行五，和謂之德」〔註97〕，仁、義、禮、智、聖構成了德的內涵。以德交往是《郭店楚簡》對交友的至高期許，以德交即以天道交。「德」與「悅」有著內在關聯，無「悅」必無「德」，「無中心〔之悅則〕不安，不安則不樂，不樂則無德。」〔註98〕

孟子承繼了《郭店楚簡》「同悅而交，以德者」的思想，提出了「友其德」的主張，「友其德」是交友的前提和基礎，即使在君臣之間，也要因對方的德行而交往，德行是交友的本質，交友的目的在於弘道。朱熹交友較廣，他與陳亮、葉適、辛棄疾、呂祖謙、張栻等人的交往事蹟更是傳為一代佳話。朱熹是陳亮的辯友，他們雖在學問上有較大爭論，但彼此仍保持良好的友誼，這是因為「責善，朋友之道也」。真正的朋友在治學等方面是可以相互批評的，卻不會因此疏遠彼此的友情。陳亮稱朱熹為人中之龍，兩人書信往來頻

〔註93〕容肇祖：《容肇祖集》，齊魯書社 1989 年版，第 379 頁。
〔註94〕容肇祖整理：《何心隱集》，中華書局 1960 年版，第 54 頁。
〔註95〕錢穆：《晚學盲言》，生活・讀書・新知三聯書店 2010 年版，第 365 頁。
〔註96〕劉釗：《郭店楚簡校釋》，福建人民出版社 2005 年版，第 69 頁。
〔註97〕劉釗：《郭店楚簡校釋》，福建人民出版社 2005 年版，第 69 頁。
〔註98〕劉釗：《郭店楚簡校釋》，福建人民出版社 2005 年版，第 69 頁。

繁，討論了有關學術、土地、地方官員等各類問題。

　　「友」的含義經歷了一個漫長的演變過程才過渡到當代的意義上來，朋友是人際關係的重要組成部分，是儒家五倫之一。隨著城市化進程和物質生產的發展，更多的人遠離家鄉來到陌生的城市中，如今人與人之間的交往已面臨極大的挑戰，縱觀歷史，面對儒家的交友思想與以往的交友事蹟，我們所要思考的問題是：古人的交友思想能否為今日眾人的交友行為作指導？哪些精神有益於朋友間的交往？我們又如何選擇朋友、怎樣與朋友相處呢？帶著上述問題，我們先從孔子的「友」觀念談起。

第二章　志同道合的交友觀

第一節　孔子的友朋觀

　　孔子的「友」觀念奠定了儒家朋友一倫的基本內涵，「友直、友諒、友多聞」等品質是朋友的道德品格，「切切偲偲」、「言而有信」是朋友間的相處規範，「以友輔仁」則是友朋之道的歸宿。孔子的「友」觀念對後世儒家友朋觀的形成影響深遠，《郭店楚簡》「君子之友也有向，其惡有方」與孟子「友其德」的主張繼承並發展了孔子的相關思想。

　　《論語》一書有不少富有開創性的思想，其中士的精神影響了後代士階層精神品格的塑造，「以友輔仁」則奠定了中國傳統文化中朋友一倫的基本內涵，朋友切磋互益，使彼此漸入仁道。「仁」為孔子學說的核心思想，孟子說「仁也者，人也。合而言之，道也」〔註1〕。「以友輔仁」，則此處的「友」便不尋常，它定有優良的品性與「仁」相襯。

　　每讀一次《論語》，便對孔子的學說多一些瞭解，時隔孔子所處的時代已有幾千年，物質世界變幻較大，人性變化極少。孔子對人性、人際關係參悟良多，因而其論述被人們奉為至道。「欲仁，斯仁至」〔註2〕強調了我的主體性和求仁的志向，禪宗講「心即佛」、「自性」、「自悟」、「莫向外求」，強調的也是人的主觀領悟，禪宗既希望人們樂觀地投身於現實生活，又教人脫離死生悲痛，孔子之學與禪宗的共通之處就在於它們借助人自身的力量去解

〔註1〕　〔清〕焦循：《孟子正義》，中華書局 1987 年點校本，第 977 頁。
〔註2〕　程樹德：《論語集釋》，中華書局 1990 年點校本，第 495 頁。

決現實問題。禪宗的「無所住而生其心」與《論語》「子絕四：毋意，毋必，毋固，毋我」﹝註3﹞棄絕私欲以得道的追求有些相仿，但根本上還是不同的，關於孔子之學與禪宗的不同之處，二程有所論述。提到「毋意必」時，陸澄問王陽明：「孔子的弟子談志向，子路、冉求想從政，公西赤想從事禮樂，多少實用些。唯曾皙所說像是耍著玩的，孔子卻贊許他，為什麼呢？」王陽明說：「三子是有意必，有意必便偏著一邊」﹝註4﹞，曾點無意必，無意必的人便「無入而不自得」，有「不器」意。子路、冉求、公西赤的說法皆有不足，多少含了些固執。曾點遊玩的願望純樸，最符合無所依賴的「誠」，並且他在童子面前實現了「悅」的自然情感，在人際交往中這種狀態是很難得的。

　　孔子學說涉及了「仁」、「禮」的問題，因而孔子對交友的看法不同於西方（如亞里士多德）的「友愛」論。「泛愛眾，而親仁」﹝註5﹞這句話給人較大的啟示，「泛愛眾」談到了對待眾人的態度，它是實現「仁」的階梯。司馬牛憂慮的說：「人人都有兄弟，唯獨我失去了。」子夏說：「君子敬而無失，待人恭而有禮，四海之內皆兄弟」，子夏的對答恰當的詮釋了儒者處世的態度。孔子的交友之道關聯了諸多內容，最初我的設想是看一看在交友問題上，孔子會給出怎樣的建議，如人所願，孔子提出了一些中肯的意見。我們注意到《論語》通篇幾乎都在講人事，「未能事人，焉能事鬼？」﹝註6﹞無論談「仁」、還是論「禮」，其實說了一個共同的主題：人與人如何更好的相處。

　　《論語》一書對朋友多有論述，有學者分析：「『友』出現的次數最多，有27次；『朋』次之，有9次；『朋友』連用有8次。」﹝註7﹞孔門弟子之間互稱「友」，如子游講：「吾友張也」，「友」指朋友子張，在《論語》中「友」有時也作「幫助」講。《論語》中的「朋友」有時與「士有朋友」中「朋友」的含義相同，但不影響我們對孔子友朋觀的理解。「朋友之饋，雖車馬，非

﹝註3﹞　程樹德：《論語集釋》，中華書局1990年點校本，第573頁。

﹝註4﹞　〔明〕王陽明原著，〔明〕施邦曜輯評：《陽明先生集要》，中華書局2008年點校本，第50頁。

﹝註5﹞　程樹德：《論語集釋》，中華書局1990年點校本，第27頁。

﹝註6﹞　程樹德：《論語集釋》，中華書局1990年點校本，第760頁。

﹝註7﹞　候步雲：《論孔子的交友之道》，《西北大學學報（哲學社會科學版）》2008年第3期。

祭肉不拜」〔註8〕，可見古時朋友有通財之義，白虎通記有「朋友之際，五常之道，有通財之義，振窮救急之意，中心好之，欲飲食之，故財幣者，所以副至意焉。禮士相見經曰：『上大夫相見以雁，士冬以雉，夏以腒』也。」〔註9〕在《論語・鄉黨》中，孔子說「朋友死，無所歸，曰：『於我殯。』」〔註10〕這看似普通的行為卻體現出孔子對朋友的「仁至而義盡」。

以《論語・學而》：「有朋自遠方來，不亦樂乎」為例，毛奇齡曰：「同門曰朋。」〔註11〕他認為「朋」可能是同在某貴族門下或同一師門的人。朱熹注為：「朋，同類也。自遠方來，則近者可知。程子曰：『以善及人，而信從者眾，故可樂。』」〔註12〕朱熹將「朋」注解為「同類」，他也認為「以善及人」是「信從者眾」的原因之一。清代劉寶楠解釋說：「弟子至自遠方，即『有朋自遠方來』也。『朋』即指弟子」〔註13〕。楊伯峻以「志同道合的人」解釋「朋」。錢穆與朱熹、楊伯峻的注解類似：「朋，同類也。志同道合者，知慕於我，自遠來也。」〔註14〕無論從考據入手，還是著眼於義理，因「朋」指示的人群與孔子有交流的共通點，故精神「可樂」。

一、「益者三友，損者三友」

先看朋友的品格，「益者三友，損者三友」裏的「友」為「輔助」義，我們把「直」、「諒」、「多聞」理解為益友的標準也是合適的。直，正直；諒，「信」，即守信；多聞，見聞廣博。孔子說有三類品質對人有幫助，有三類品行則於人有損。有益的三類品質分別為：直、諒、多聞；而有害的三類品行是便辟、善柔、便佞。

（一）「直」

「直」在《論語》中有多處論述，「直」一共出現 22 次，多有正直之意。《論語》中有最具初始義的「人之生也直」〔註15〕，有表達人格品質的「質

〔註8〕 程樹德：《論語集釋》，中華書局 1990 年點校本，第 722 頁。
〔註9〕 〔清〕陳立：《白虎通疏證》，中華書局 1994 年版，第 358 頁。
〔註10〕 程樹德：《論語集釋》，中華書局 1990 年點校本，第 721 頁。
〔註11〕 程樹德：《論語集釋》，中華書局 1990 年點校本，第 6 頁。
〔註12〕 〔宋〕朱熹：《四書章句集注》，中華書局 2012 年第 2 版，第 47 頁。
〔註13〕 〔清〕劉寶楠：《論語正義》，中華書局 1990 年版，第 4 頁。
〔註14〕 錢穆：《論語新解》，生活・讀書・新知三聯書店 2005 年第 2 版，第 4 頁。
〔註15〕 程樹德：《論語集釋》，中華書局 1990 年點校本，第 401 頁。

直」，也有處世意義的「以直報怨」和「直道而事人」。「直」反映了人性的本質特徵，馮友蘭稱：「孔子注重人之有真性情，惡虛偽，尚質直；故《論語》中屢言直。」〔註16〕

包含真實、直率、坦誠品格的「直」，是「仁」的基本要求，也是儒家提倡的德性之一。「直者，誠也。誠者內不自以欺，外不以欺人。中庸云：『天地之道，可一言而盡也。其為物不二，則其生物不測』。不二者，誠也，即直也。天地以至誠生物，故繫辭傳言乾之大生，靜專動直。專直皆誠也。不誠則無物，故誠為生物之本。人能存誠，則行主忠信，而天且助順，人且助信，故能生也。若夫罔者，專務自欺以欺人，所謂自作孽不可活者。非有上罰，必有天殃，其能免此者幸爾。」〔註17〕劉氏正義將「直」解釋為「誠」，友「直」即是友「誠」。《郭店楚簡》稱「凡人偽為可惡」〔註18〕，虛偽會貪吝，貪吝會算計，算計之人就不要與之交往了。

「直」與「誠」是孔子看重的「益友」的特徵。孔子回答子張「達」義時說：「質直而好義，察言而觀色，慮以下人」〔註19〕，與之相反的「聞」則「色取仁而行違，居之不疑」〔註20〕，邦家有聞的人「巧言令色足恭」、「鮮矣仁」。孔子贊許三代「直道而行」，反對便辟、善柔、便佞的惡行，他說我若對人有所讚譽，一定是見證了他的作為，不隨便毀譽別人。

此外「直」還有哪些表現呢？《禮記》記載君子「於有喪者之側，不能賻焉，則不問其所費；於有病者之側，不能饋焉，則不問其所欲；有客不能館，則不問其所舍」〔註21〕。君子誠以待人，不以巧言與人交接。

「直」、「諒」、「多聞」等優秀品質是「賢友」所具備的。孔子很看重友之「賢」，他提到的「益者三樂」就包括了「樂多賢友」，因而我們就不難理解「有朋自遠方來，不亦樂乎」這句話的深意了。朋友相互切磋、「見賢思齊」，學問、道德從中得以進步和提高。

（二）「多聞」

「多聞」、擇其善從之，是孔子認為的一等「知」。多見而識，是「知之

〔註16〕 馮友蘭：《中國哲學史》，華東師範大學出版社 2000 年版，第 38 頁。
〔註17〕 程樹德：《論語集釋》，中華書局 1990 年點校本，第 403 頁。
〔註18〕 李零：《郭店楚簡校讀記》，中國人民大學出版社 2007 年版，第 138 頁。
〔註19〕 程樹德：《論語集釋》，中華書局 1990 年點校本，第 868 頁。
〔註20〕 程樹德：《論語集釋》，中華書局 1990 年點校本，第 869 頁。
〔註21〕 〔清〕孫希旦：《禮記集解》，中華書局 1989 年點校本，第 1316 頁。

次」，多聞、明察、慎言有助於避免過失，是出仕的行為方法。「多聞闕疑，慎言其餘，則寡尤；多見闕殆，慎行其餘，則寡悔。」〔註22〕「多聞」包括向古人的思想學習，孔子「信而好古」，「我非生而知之者，好古」〔註23〕，「好古」與孟子「尚友」的思想一致。萬章曰：「以友天下之善士為未足，又尚論古之人。頌其詩，讀其書，不知其人，可乎？是以論其世也。是尚友也。」〔註24〕「尚」通「上」，在孟子看來，「尚友」即與古聖賢為友。

　　當然僅「多聞」並不夠，還需博學、審問、慎思、明辨，子貢問「貧而無諂，富而無驕」時，孔子給出了「未若貧而樂，富而好禮」〔註25〕的答案，接著子貢說「如切如磋，如琢如磨」，孔子贊許他說：「賜也，始可與言詩已矣，告諸往而知來者。」〔註26〕「如切如磋，如琢如磨」正是治學的正確態度，學者須不拘泥於已得、已知，應「告諸往而知來者」，避免「學而不思則罔」。雖然子貢比較用功，但還是不及顏回，連孔子也說自己不如顏回。王陽明說：「子貢多學而識，在聞見上用功，顏子在心地上用功」〔註27〕，因而子貢「聞一以知二」，而顏回「聞一以知十」。

（三）「無友不如己」

　　孔子說「無友不如己者」〔註28〕，「如」即「似」，這句話在講不要和不似己的人交友。朋友是志同道合之人，而孔子認可的志同道合的人是「就有道而正」〔註29〕者，他說「道不同，不相為謀」〔註30〕。《郭店楚簡》主張「君子之友也有向」、「同悅而交，以德者」〔註31〕，更是充分證實了論語的交友之道，朋友間的「同悅」是「理義之悅我心」的「悅」，不是隨意與一個路人交往所能達到的，因而孔子說：顏回「於吾言無所不說」〔註32〕。

〔註22〕程樹德：《論語集釋》，中華書局 1990 年點校本，第 115 頁。
〔註23〕程樹德：《論語集釋》，中華書局 1990 年點校本，第 480 頁。
〔註24〕〔清〕焦循：《孟子正義》，中華書局 1987 年點校本，第 726 頁。
〔註25〕程樹德：《論語集釋》，中華書局 1990 年點校本，第 54 頁。
〔註26〕程樹德：《論語集釋》，中華書局 1990 年點校本，第 56 頁。
〔註27〕〔明〕王陽明原著，〔明〕施邦曜輯評：《陽明先生集要》，中華書局 2008 年點校本，第 84 頁。
〔註28〕程樹德：《論語集釋》，中華書局 1990 年點校本，第 34 頁。
〔註29〕程樹德：《論語集釋》，中華書局 1990 年點校本，第 52 頁。
〔註30〕程樹德：《論語集釋》，中華書局 1990 年點校本，第 1126 頁。
〔註31〕劉釗：《郭店楚簡校釋》，福建人民出版社 2005 年版，第 91 頁。
〔註32〕程樹德：《論語集釋》，中華書局 1990 年點校本，第 746 頁。

　　「無友不如己」，簡單的五個字，引來了眾多學者的圍觀和辨析，若一句經典的含義不容易把握，我們不妨嘗試從它所處的文本或相近時代的思想家的論述中找到佐證。《論語》記：「樊遲請學稼。子曰：『吾不如老農。』請學為圃。曰：『吾不如老圃。』」〔註33〕芸芸眾生，職業不同，各有所專，孔子「志於學」的學問則在於人道。孔子之學多論人之情性，孔子並不擅長稼、圃之學，因而他希望樊遲求教於懂得此業的人。子夏說「雖小道，必有可觀者焉；致遠恐泥」〔註34〕，小道恐不能致遠，因而君子不為。只有理解了「如」的字義，「無友不如己」的含義才算真正瞭解。擇友如擇師，君子要與以「道」為追求的賢德之人交往，學問才能日見精進。恕道在交友中也起到了積極作用，孔子指出了具體的實踐方法。他說，我希望朋友怎樣對我，我就先那樣對待朋友，努力實踐日常的德行，盡力謹慎平時的言語，做到言行一致。人們須在交往中「反求諸己」，知己然後知人。

　　由於「誠者，君子之所守」、「獨行而不捨」，故「君子和而不同」〔註35〕、「周而不比」、「易事而難說」〔註36〕。士的精神決定了友的取捨，理解了士的品格，也就明白了儒家的友朋之道和志士仁人的交友事蹟。似是孔子奠定了「士」的基本品格，如「士志於道」、「士而懷居，不足以為士」、「行己有恥，使於四方，不辱君命」、「志士仁人，無求生以害仁，有殺身以成仁」，「知有不該求生時，自知有不避殺身時。殺身成仁，亦不惜死枉生」〔註37〕，也有關於自身修養的，如「言忠信，行篤敬」、「不怨天，不尤人」、「躬自厚而薄責於人」。

　　顏淵問為邦，孔子說「放鄭聲，遠佞人」，鄭聲淫亂，佞人危險，因而須遠離。孔子說臧文仲似偷竊官位的人，私心獨據，「知柳下惠之賢而不與立」，這樣的人也是孔子厭惡的。君子有惡，「惡稱人之惡者。惡居下流而訕上者……惡訐以為直者」〔註38〕，《郭店楚簡》記載「唯君子能好其匹，小人豈能好其匹。故君子之友也有向，其惡有方。此以邇者不惑，而遠者不疑。

〔註33〕程樹德：《論語集釋》，中華書局1990年點校本，第896頁。

〔註34〕程樹德：《論語集釋》，中華書局1990年點校本，第1307頁。

〔註35〕程樹德：《論語集釋》，中華書局1990年點校本，第935頁。

〔註36〕程樹德：《論語集釋》，中華書局1990年點校本，第937頁。

〔註37〕錢穆：《論語新解》，生活·讀書·新知三聯書店2005年第2版，第402～403頁。

〔註38〕程樹德：《論語集釋》，中華書局1990年點校本，第1242～1243頁。

《詩》云：『君子好逑。』」〔註39〕「匹」的含義為同道朋友，孔子說只有君子能喜歡他的朋友，所以君子同誰交友是有準則的，厭惡誰也是有道理的。君子不與小人交往，王良說「我不貫與小人乘」、「羞與射者比」。迎合小人的心意，無疑「枉道而從」。

　　子曰：「巧言令色足恭，左丘明恥之，丘亦恥之。匿怨而友其人，左丘明恥之，丘亦恥之。」〔註40〕花言巧語、偽善的容貌、十足的恭順，孔子認為是可恥的。「便辟」、「善柔」、「便佞」的朋友同「巧言令色足恭」的人，都是「鮮仁」之人，不是孔子認可的交往對象。內心隱藏對他人的怨恨，表面上卻與人友好，是非常可恥的。子曰：「巧言令色，鮮矣仁！」〔註41〕孔子希望弟子遠離「巧言令色」的一類人，因為他們不是志士仁人，鄭聲可亂雅樂，與他們交往是有害的，巧言足以亂德，利口足以傾覆國家。孔子說：「鄉原，德之賊」，鄉愿是個什麼樣的人呢，孟子說：「閹然媚於世也者……非之無舉也，刺之無刺也，同乎流俗，合乎污世，居之似忠信，行之似廉絜，眾皆悅之，自以為是，而不可與入堯舜之道」〔註42〕，此人八面玲瓏、四處討巧，看似近於中道，卻是媚世附和、不分是非。「枉道而事人」〔註43〕無以立，孔子最厭惡就是這類巧言令色的人。

　　柳下惠「直道而事人」〔註44〕，因而孔子稱讚他。「不得中行而與之，必也狂狷」〔註45〕，狂者進取，狷者有所不為，而鄉愿即不得中道，又毫無原則，實屬亂朱之紫，遭人唾棄，與其得到眾人喜好，不如鄉人之善者好之，不善者惡之。孟子與戴不勝曾有一段對話，孟子提到：「在於王所者，長幼尊卑皆薛居州也，王誰與為不善？」〔註46〕無論君主還是志士仁人，身處的人群對其道德的持養會產生潛移默化的影響，因而交友不可不慎。

　　子夏門人曾問「交」於子張。子張曰：「子夏云何？」對曰：「子夏曰：『可者與之，其不可者拒之。』」子張曰：「異乎吾所聞。君子尊賢而容眾，嘉善而矜不能。我之大賢與，於人何所不容？我之不賢與，人將拒我，如之

〔註39〕劉釗：《郭店楚簡校釋》，福建人民出版社 2005 年版，第 51 頁。
〔註40〕程樹德：《論語集釋》，中華書局 1990 年點校本，第 348 頁。
〔註41〕程樹德：《論語集釋》，中華書局 1990 年點校本，第 16 頁。
〔註42〕〔清〕焦循：《孟子正義》，中華書局 1987 年點校本，第 1029～1031 頁。
〔註43〕程樹德：《論語集釋》，中華書局 1990 年點校本，第 1254 頁。
〔註44〕程樹德：《論語集釋》，中華書局 1990 年點校本，第 1254 頁。
〔註45〕程樹德：《論語集釋》，中華書局 1990 年點校本，第 931 頁。
〔註46〕〔清〕焦循：《孟子正義》，中華書局 1987 年點校本，第 439 頁。

何其拒人也？」〔註47〕談到這句話時，蔡邕《正交論》解釋說：「子夏之門人問交於子張，而二子各有所聞乎夫子。然則其以交誨也，商也寬，故告之以拒人；師也褊，故告之以容眾。各從其行而矯之。」〔註48〕蔡邕的注釋關注的是孔子教學的變通性，即針對不同性格的弟子採取不同的教誨。實際上，子張談論的君子已是「明君子」了，近於聖人，「於人何所不容？」「昔者舜之治天下也，不以事詔而萬物成。」〔註49〕聖人胸懷寬廣，「養一之微，榮矣而未知。」〔註50〕

在《顏淵》篇中，子張向孔子問「明」，孔子說：「浸潤之譖，膚受之訴，不行焉，可謂明」〔註51〕，「心猶鏡也。聖人心如明鏡，常人心如昏鏡。」〔註52〕心如明鏡，則毀人之語、訴冤之言，不為所動，只待己察，便是「明」了。《荀子》中有這樣的記載，子路入，子曰：「由，知者若何？仁者若何？」子路對曰：「知者使人知己，仁者使人愛己。」子曰：「可謂士矣。」子貢入，子曰：「賜，知者若何？仁者若何？」子貢對曰：「知者知人，仁者愛人。」子曰：「可謂士君子矣。」顏淵入，子曰：「回，知者若何？仁者若何？」顏淵對曰：「知者自知，仁者自愛。」〔註53〕子曰：「可謂明君子矣。」荀子把子路、子貢、顏回分別歸為士、士君子和明君子，他們的知仁觀不同，對友的看法也是不同的。孔子說：「不患人之不己知，患不知人」〔註54〕，他希望人們盡可能的去瞭解別人，這也是他堅持提倡的恕道，做到踐行忠恕的人可謂士君子了，但「知己所以知人」，「竊反諸己而可以知人」〔註55〕，因而明君子更瞭解他人的情性。子夏提出的交友方法是針對平常人的交友，平常之人是「近朱者赤，近墨者黑」，易受益友之益，也容易受損友之蔽，所以對平常人來講，交友要慎重。

《說苑·雜言》記載：子夏喜好同比自己賢能的人交朋友，而子貢喜歡

〔註47〕 程樹德：《論語集釋》，中華書局 1990 年點校本，第 1302 頁。
〔註48〕 程樹德：《論語集釋》，中華書局 1990 年點校本，第 1303 頁。
〔註49〕 〔清〕王先謙：《荀子集解》，中華書局 2013 年點校本，第 472 頁。
〔註50〕 〔清〕王先謙：《荀子集解》，中華書局 2013 年點校本，第 472 頁。
〔註51〕 程樹德：《論語集釋》，中華書局 1990 年點校本，第 833 頁。
〔註52〕 〔明〕王陽明原著，〔明〕施邦曜輯評：《陽明先生集要》，中華書局 2008 年點校本，第 61 頁。
〔註53〕 〔清〕王先謙：《荀子集解》，中華書局 2013 年點校本，第 629 頁。
〔註54〕 程樹德：《論語集釋》，中華書局 1990 年點校本，第 58 頁。
〔註55〕 李零：《郭店楚簡校讀記》，中國人民大學出版社 2007 年版，第 158 頁。

與不如自己的人來往，難怪孔子談「為仁」時，對子貢講「事其大夫之賢者，友其士之仁者」〔註56〕。「好與賢己者處」是子夏為人的特點之一，與比自己賢能的人交朋友，在無形中可以提升自己，孔子預計子夏會不斷進步的原因就在於此。孔子認為子賤可稱的上君子了，「魯無君子者，斯焉取斯」，君子身邊必有賢者，才能「擇其善者而從之」。

二、「切切偲偲」與「言而有信」

具備了「直」、「諒」、「多聞」等品質的朋友在實際交往中應做些什麼呢？《論語》論朋友，有時與「君」、「兄弟」同舉，例如「事君數，斯辱矣。朋友數，斯疏矣」〔註57〕、「朋友切切偲偲，兄弟怡怡」。「君」、「朋友」放在一起講，可見此兩倫較為接近，「古稱此兩倫以人合」〔註58〕，對待朋友與事君有相似之處，就在於這兩類人際關係的聯結比較疏鬆，且以「道」相合。《郭店楚簡》開門見山的提出「友，君臣之道」，將此兩倫最終關聯到了一處。

（一）「責善」與「不可則止」

與朋友交往要有度，處事不可過於瑣屑，見朋友有過錯，規勸太多只會彼此疏遠。為了更加親近朋友，屢次誇耀自己的功勞和長處也是不合適的，「處朋友務相下，則得益，相上則損。」〔註59〕子貢問「友」於孔子，子曰：「忠告而善道之，不可則止，毋自辱焉。」〔註60〕事君也是一樣，子曰：「所謂大臣者，以道事君，不可則止。」〔註61〕兄弟與朋友不同，把「朋友」與「兄弟」放在一起討論可更好的突出各自的特徵。子路問「士」於孔子，子曰：「切切偲偲，怡怡如也，可謂士矣。朋友切切偲偲，兄弟怡怡。」〔註62〕孔子認為朋友應互相批評，兄弟之間應和順相處。朋友以義處，既需相互責善，又要把持有度，「不可則止」；兄弟以恩處，則需彼此親愛、和睦，即處朋友以切磋，處兄弟以和悅。

〔註56〕程樹德：《論語集釋》，中華書局 1990 年點校本，第 1075 頁。

〔註57〕程樹德：《論語集釋》，中華書局 1990 年點校本，第 281 頁。

〔註58〕錢穆：《論語新解》，生活・讀書・新知三聯書店 2005 年第 2 版，第 107 頁。

〔註59〕〔明〕王陽明原著，〔明〕施邦曜輯評：《陽明先生集要》，中華書局 2008 年點校本，第 46 頁。

〔註60〕程樹德：《論語集釋》，中華書局 1990 年點校本，第 877 頁。

〔註61〕程樹德：《論語集釋》，中華書局 1990 年點校本，第 792 頁。

〔註62〕程樹德：《論語集釋》，中華書局 1990 年點校本，第 941 頁。

孔門弟子雖在同一師門，觀點卻並不一致，即使有爭辯，也不影響同門的友誼，他們正是「朋友切切偲偲」的典型。身為吳國人的子游，在孔子周遊列國期間拜孔子為師；子夏是衛國人，與子游年紀相仿，他們的才能難分伯仲，有爭辯也是在所難免。一天，子游批評子夏說：「子夏之門人，小子當灑掃應對進退，則可矣，抑末也。本之則無，如之何？」子夏反駁說：「言游過矣！君子之道，孰先傳焉，孰後倦焉？譬諸草木，區以別矣。君子之道，焉可誣也？有始有卒者，其惟聖人乎？」〔註63〕可見，子游與子夏在教育弟子方面是有分歧的，子夏這個人比較保守，性格較內向，所以他主張從小事做起、循序漸進；而子游是個不拘小節的人，自然對只做些禮節小事的行為持批評的態度。子游和曾子在喪禮的認識上也有分歧，曾子在喪禮方面主張認真細緻地對待，而子游認為喪葬的儀式，能表現適當的悲哀就足夠了，不必過於講求瑣碎的儀式。

（二）「朋友信之」

孔子談到自己的志向時說，願「朋友信之」，可見「信」在朋友交往中非常重要。曾子也特別看重「信」的修養，把它作為每日克己省察的內容之一。他說：「吾日三省吾身：為人謀而不忠乎？與朋友交而不信乎？傳不習乎？」〔註64〕

首先，「信」是交友的原則。「信」字在《論語》中出現了38次，「信」即守信，說出的話真實无妄，能夠做到人己不欺，言行一致。孔子提出做人要「主忠信」，他要求學生「入則孝，出則弟，謹而信，泛愛眾而親仁」〔註65〕，他期望通過孝、悌、信等德性品質逐漸接近「仁」的境界。對古人「言之不出，恥躬之不逮」的重「信」作風，孔子十分重視。「人而無信，不知其可」〔註66〕，無「信」約束的人，如同「無輗」的車一樣。

「獲乎上有道，不信乎朋友，不獲乎上矣；信乎朋友有道，不順乎親，不信乎朋友矣」〔註67〕，《中庸》將「朋友之交」作為「天下之達道」的內容，認為「信乎朋友」才能「獲乎上」，才可治民，而做到使朋友信任，必先孝順

〔註63〕程樹德：《論語集釋》，中華書局1990年點校本，第1320頁。

〔註64〕程樹德：《論語集釋》，中華書局1990年點校本，第18頁。

〔註65〕程樹德：《論語集釋》，中華書局1990年點校本，第27頁。

〔註66〕程樹德：《論語集釋》，中華書局1990年點校本，第126頁。

〔註67〕〔宋〕朱熹：《四書章句集注》，中華書局2012年第2版，第31頁。

父母、友愛兄弟。孟子也提「朋友有信」，《大學》講「為人君，止於仁；為人臣，止於敬；為人子，止於孝；為人父，止於慈；與國人交，止於信。」〔註68〕可見「信」是先秦儒家論述朋友之道的共同準則。

《呂氏春秋》說「交友不信，則離散鬱怨，不能相親。」〔註69〕歷史上以信交友的事例俯拾皆是，如《後漢書‧獨行列傳》記載了范式守信的故事。范式與汝南人張劭是好朋友，兩人曾一同在太學讀書。後來范式須離開太學回到自己的家鄉，臨走時范式對張劭說：「後二年當還，將過拜尊親，見孺子焉。」「乃共剋期日。後期方至，元伯具以白母，請設饌以候之。母曰：『二年之別，千里結言，爾何相信之審邪？』」張劭說：「巨卿信士，必不乖違。」張劭的母親說：「若然，當為爾釀酒。」〔註70〕到了約好的那天，范式「果到，升堂拜飲，盡歡而別」。這件事發生在東漢初年，可見東漢之士極重承諾。范式以「山陽死友」聞名於當世，奉行「厚施而薄望」，受到士人們的稱讚。

孟子非常重視「朋友有信」，他認為對朋友言而有信是得到君主信任的前提。「悅親」才能「信於友」，「信於友」才能「獲於上」。孟子曰：「獲於上有道，不信於友，弗獲於上矣。信於友有道，事親弗悅，弗信於友矣」〔註71〕。《中庸》講「獲乎上有道：不信乎朋友，不獲乎上矣。信乎朋友有道：不順乎親，不信乎朋友矣」〔註72〕，同樣認為使朋友信任的前提是孝順父母。

其次，「言而有信」是為學的內容之一。「與朋友交，言而有信。雖曰未學，吾必謂之學矣。」〔註73〕從子夏為學的態度，可見《論語》主張的為學是知行合一的。子夏的為學還包括「賢賢易色；事父母，能竭其力；事君，能致其身」〔註74〕。孔子的「好學」包括「食無求飽，居無求安，敏於事而慎於言」〔註75〕，上述的舉止滲透著對人世的清醒認識，做到了「就有道而正」，真實的踐行了知行合一，能夠堅持這樣做的人才是真正的好學者。「顏

〔註68〕〔宋〕朱熹：《四書章句集注》，中華書局 2012 年第 2 版，第 5 頁。
〔註69〕許維遹：《呂氏春秋集釋》，中華書局 2009 年版，第 536 頁。
〔註70〕〔宋〕范曄撰，〔唐〕李賢等注：《後漢書》，中華書局 1965 年版，第 2677 頁。
〔註71〕〔清〕焦循：《孟子正義》，中華書局 1987 年點校本，第 508 頁。
〔註72〕〔宋〕朱熹：《四書章句集注》，中華書局 2012 年第 2 版，第 31 頁。
〔註73〕程樹德：《論語集釋》，中華書局 1990 年點校本，第 30 頁。
〔註74〕程樹德：《論語集釋》，中華書局 1990 年點校本，第 30 頁。
〔註75〕程樹德：《論語集釋》，中華書局 1990 年點校本，第 52 頁。

回者好學，不遷怒，不貳過」〔註 76〕，從這句話可以看出「好學」的內容還包括「不遷怒，不貳過」，顏回的好學境界已非常高，顏回「退而省其私，亦足以發」，「不遷怒」已經做到了「毋意，毋必，毋固，毋我」，「不貳過」也符合「改之為貴」的行為精神。

孔子說君子「主忠信」〔註 77〕，「忠」也是對親的態度，「孝慈，則忠」〔註 78〕，「信」則是與朋友相處的規範。孝慈二字雖簡易，但它們卻是儒家一對對立統一的倫理規範，分別是子、父的行為原則。人以群分，君子的修養也有幾類境界，「忠信如丘者」不如好學之孔丘，反映了忠信是良好修養的組成部分，好學則高一層次。

（三）「信近於義」

「中庸不僅是儒家學派的倫理學說，更是他們對待整個世界的一種看法，是他們處理事物的基本原則或方法論。」〔註 79〕「中庸之為德也，其至矣乎」〔註 80〕，儒家的學說體系既以中庸的理論建構，如果僅談「信」，不免流於偏執。有子曰：「信近於義，言可復也」，意思是說與人有約，做到求信近「義」時，才易執行。子貢問：「何如斯可謂之士？」孔子最後回答了：「言必信，行必果，硜硜然小人！抑亦可以為次矣。」〔註 81〕。在《孟子》中，「大人者，言不必信，行不必果，惟義所在。」〔註 82〕可見「義」是「信」的指導原則，靈活把握「義」的所在，是「大人」的能力。「義」的存在是為了調節「必信」的極端，孔子反省時說：「吾有知乎哉？無知也……空空如也。我叩其兩端而竭」〔註 83〕。孔子此說揭示了他的思想方法即中庸之道，叩其兩端進而發現「義」的處所，即可得到「至德」。

此外，子曰：「可與共學，未可與適道；可與適道，未可與立；可與立，未可與權。」〔註 84〕錢穆說此「告人以進學之階程」〔註 85〕，「權」的原則

〔註 76〕程樹德：《論語集釋》，中華書局 1990 年點校本，第 365 頁。

〔註 77〕程樹德：《論語集釋》，中華書局 1990 年點校本，第 34 頁。

〔註 78〕程樹德：《論語集釋》，中華書局 1990 年點校本，第 119 頁。

〔註 79〕龐樸：《中庸平議》，《中國社會科學》1980 年第 1 期。

〔註 80〕程樹德：《論語集釋》，中華書局 1990 年點校本，第 425 頁。

〔註 81〕程樹德：《論語集釋》，中華書局 1990 年點校本，第 927 頁。

〔註 82〕〔清〕焦循：《孟子正義》，中華書局 1987 年點校本，第 555 頁。

〔註 83〕程樹德：《論語集釋》，中華書局 1990 年點校本，第 585 頁。

〔註 84〕程樹德：《論語集釋》，中華書局 1990 年點校本，第 626 頁。

〔註 85〕錢穆：《論語新解》，生活‧讀書‧新知三聯書店 2005 年第 2 版，第 246 頁。

在孔子論說中地位較重，「權」的本義是物之錘，掌握了「權」也就把握了「義」。孟子說：「男女授受不親，禮也。嫂溺援之以手者，權也。」〔註86〕他說：「執中無權，猶執一也。所惡執一者，為其賊道也，舉一而廢百也。」〔註87〕，荀子說：「與時屈伸……以義應變」〔註88〕。

　　子曰：「君子貞而不諒。」〔註89〕貞釋為真誠，「諒」本義為信，在這裡「諒」可解釋為「不擇是非而必於信。」「不諒」的存在是為了調節「貞」這一道德。子貢曰：「管仲非仁者與？桓公殺公子糾，不能死，又相之。子曰：管仲相桓公，霸諸侯，一匡天下，民到於今受其賜。微管仲，吾其被髮左衽矣。豈若匹夫匹婦之為諒也，自經於溝瀆而莫之知也？」〔註90〕荀子說「從道不從君」，孔子說「志於道」，真正的儒者可以看透宇宙、時間的輪迴，能夠把握生命的意義與價值。士、士君子、明君子的知仁觀、對交友的看法有異，「大人者」與小人對「信」的理解也不同。以「中道」來看待「信」，方不辜負孔子對「信」的指認。「信」的理解和實行在人，因人的境界不同，對「信」的運用便不同，這一特徵也是君子（大人）與小人的區別之一。

　　「信」為人類交往的美德和原則，而「必信」則需「義」去調節，「信，義之期也」〔註91〕，如能這樣理解便做到了對「信」的正確認識。

三、「以友輔仁」

（一）輔仁之功

　　曾子曰：「君子以文會友，以友輔仁。」〔註92〕朱熹注：「講學以會友，則道益明。」〔註93〕朱熹把「文」解釋為「講學」，錢穆注：「文者，禮樂文章。君子以講習文章會友。」〔註94〕荀子說「貴本之謂文，親用之謂理，兩者合而成文，以歸大一」〔註95〕，荀子談的第一個「文」顯然不指文章，第

〔註86〕〔清〕焦循：《孟子正義》，中華書局1987年點校本，第521頁。
〔註87〕〔清〕焦循：《孟子正義》，中華書局1987年點校本，第918～919頁。
〔註88〕〔清〕王先謙：《荀子集解》，中華書局2013年點校本，第48頁。
〔註89〕程樹德：《論語集釋》，中華書局1990年點校本，第1124頁。
〔註90〕程樹德：《論語集釋》，中華書局1990年點校本，第988～992頁。
〔註91〕劉釗：《郭店楚簡校釋》，福建人民出版社2005年版，第161頁。
〔註92〕程樹德：《論語集釋》，中華書局1990年點校本，第878頁。
〔註93〕〔宋〕朱熹：《四書章句集注》，中華書局2012年第2版，第141頁。
〔註94〕錢穆：《論語新解》，生活・讀書・新知三聯書店2005年第2版，第326頁。
〔註95〕〔清〕王先謙：《荀子集解》，中華書局2013年點校本，第416頁。

二個「文」則指禮儀。作「禮儀」講的「文」也出現在《荀子・禮論》「凡禮，始乎挩，成乎文」〔註96〕等語句中，「以文會友」的「文」可理解為「貴本」或禮儀之義。「周監於二代，郁郁乎文哉」〔註97〕，因禮在孔子思想體系中的地位較重，君子以恰當的禮儀與朋友交遊自是常理，「人有是，士君子也；外是，民也」〔註98〕。《詩經》曰：「禮儀卒度，笑語卒獲」〔註99〕，說的是君子所行的禮儀都在禮的範圍內，說笑等情性也恰當的釋放了。「以友輔仁」的說法雖是曾子所提，鑒於孔子的交友思想與這一主張密切相關，因此筆者也將它視為孔子友朋觀的內容之一。

因益友具有「仁」的品質，所以能夠輔我之「仁」。「友其士之仁者」是「為仁」的途徑，孔子提到的「益者三友」、「無友不如己者」也是為「輔仁」做準備的。在子游心目中，他的同門子羽就是「輔仁」之友。子游做武城宰時，有一次孔子問他：「你在這裡得到什麼人才沒有？」子游回答說：「有澹臺滅明者，行不由徑，非公事，未嘗至於偃之室也。」〔註100〕

友道何以輔「仁」？儒家將朋友列為五倫之一，是否與「以友輔仁」的提法有關，暫不得而知。朋友一倫事關人道，得到了後世儒者的一致認可。《中庸》稱「天下之達道五，所以行之者三：曰君臣也，父子也，夫婦也，昆弟也，朋友之交」〔註101〕，《孟子》說「朋友有信」，朋友之間沒有血緣關係，彼此以志同道合、以信相維繫。此類人際關係相對疏鬆，非自然情感融匯之處，因而在交往中彼此須持有誠敬之心、恭敬之貌，承擔起「切切偲偲」與「責善」的職責。友道實承載了「仁」的重要內涵，如「直」、「誠」、「忠信」、「恭敬」等德性，所謂友可輔「仁」便是此義。

（二）與墨子友朋觀之同異

孟子說：「楊墨之道不息，孔子之道不著，是邪說誣民，充塞仁義」〔註102〕，又說「墨氏兼愛，是無父也」〔註103〕，韓非也評論說：「孔子、墨子

〔註96〕〔清〕王先謙：《荀子集解》，中華書局2013年點校本，第419頁。
〔註97〕程樹德：《論語集釋》，中華書局1990年點校本，第182頁。
〔註98〕〔清〕王先謙：《荀子集解》，中華書局2013年點校本，第423頁。
〔註99〕〔清〕方玉潤：《詩經原始》，中華書局1986年點校本，第430頁。
〔註100〕程樹德：《論語集釋》，中華書局1990年點校本，第391頁。
〔註101〕〔宋〕朱熹：《四書章句集注》，中華書局2012年第2版，第29頁。
〔註102〕〔清〕焦循：《孟子正義》，中華書局1987年點校本，第456～457頁。
〔註103〕〔清〕焦循：《孟子正義》，中華書局1987年點校本，第456頁。

俱道堯、舜，而取捨不同」〔註104〕，孔墨的主張確實存在不同之處，但「儒墨兩派相互攻訐的背後，隱伏的卻是共時性文化背景下儒墨兩家的相通與相融。」〔註105〕既然兩家學說同中有異、異中有同，那麼孔子與墨子的「友」觀念有何同異呢？以這個小問題作為切入點，能否得出些有益的啟示呢？

　　先分析彼此的共同點，第一，「無友不如己」與「必擇所堪，必謹所堪」〔註106〕。孔子主張朋友要有共同的志向，此志向是居於「仁」的。我們來看一下曾子朋友的日常言行，「以能問於不能，以多問於寡，有若無，實若虛，犯而不校」〔註107〕，「犯而不校」類似於「待我以橫逆，則君子必自反」〔註108〕，錢穆說曾子之友依舊說為顏回。孔子把「直」、「諒」、「多聞」看作有益的品質，厭惡「便辟」、「善柔」、「便佞」的表現，從《論語》來看，孔子是愛惡分明的。子羔為費宰時，子路說：「有民人焉，有社稷焉，何必讀書，然後為學？」〔註109〕孔子說：你如此說是我厭惡「便佞」之人的原因。孔子希望學生學有所成，可以從政然後從政，若勉強為政，恐是害人。

　　墨子重擇友，他目睹了染絲的過程後，感歎地說：「染不可不慎」〔註110〕。他提出了一些擇友的標準，士之友須「好仁義，淳謹畏令」〔註111〕，好的朋友可使「家日益、身日安、名日榮」〔註112〕，做官也能得理。「據財不能以分人者，不足與友」〔註113〕，「守道不篤，徧物不博，辯是非不察者」不值得交往。孔子說：「君子周而不比，小人比而不周」〔註114〕，驕傲誇耀、「創作比周」的朋友，會使「家日損、身日危、名日辱」，做官不得其理。

　　第二，「親仁」與「相愛相利」。對待民眾時，孔子提倡「泛愛眾，而親仁」，孔子談到自己的志向時說：「老者安之，朋友信之，少者懷之」〔註115〕，他期許的是和諧的社會情景：人與人安適的生活，彼此各有所得。子路的志

〔註104〕〔清〕王先慎：《韓非子集解》，中華書局2013年點校本，第500頁。
〔註105〕曾振宇：《論孔墨之相通》，《湖南社會科學》2008年第3期。
〔註106〕〔清〕孫詒讓：《墨子閒詁》，中華書局2001年點校本，第19～20頁。
〔註107〕程樹德：《論語集釋》，中華書局1990年點校本，第523頁。
〔註108〕〔清〕焦循：《孟子正義》，中華書局1987年點校本，第596頁。
〔註109〕程樹德：《論語集釋》，中華書局1990年點校本，第795頁。
〔註110〕〔清〕孫詒讓：《墨子閒詁》，中華書局2001年點校本，第12頁。
〔註111〕〔清〕孫詒讓：《墨子閒詁》，中華書局2001年點校本，第18頁。
〔註112〕〔清〕孫詒讓：《墨子閒詁》，中華書局2001年點校本，第19頁。
〔註113〕〔清〕孫詒讓：《墨子閒詁》，中華書局2001年點校本，第10頁。
〔註114〕程樹德：《論語集釋》，中華書局1990年點校本，第100頁。
〔註115〕程樹德：《論語集釋》，中華書局1990年點校本，第353～354頁。

向是車馬輕裘「與朋友共敝之而無憾」〔註 116〕，子路與朋友共用之意也是近「仁」的，顏淵「無伐善，無施勞」〔註 117〕的志向比子路更高遠些，唯有孔子的心願漸入仁境。墨子希望人與人相愛相利，不要相惡相賊，「相愛相利」的道理是「度於天」的。當然「相愛相利」還有一個大的前提即「近者不親，無務來遠；親戚不附，無務外交」〔註 118〕，我們不能忽略掉。孔子雖未明確提出相愛相利，但他「親仁」的思想與墨子存有共通性。

兼相愛、交相利是墨子的重要思想之一，兼相愛、交相利也適用於朋友之間，為什麼墨子會提出這類學說呢？欲治天下當察「亂何自起」，「起不相愛」〔註 119〕。父子、兄弟、君臣皆自愛而不愛對方，盜、賊皆愛其室、其身而不愛異室和他人，大夫、諸侯皆愛其家、其國而不愛異家、異國，以上各類現象便是天下混亂的原因。既然找到了天下病亂的原因，墨子便對症下藥，提出了他的攻疾秘方：「勸愛人」〔註 120〕，愛人若愛己，則孝、慈生，盜、賊無有，家國安寧。

有人提出疑問說：兼則善，恐怕難於實行吧？墨子不以為然，他認為愛人、利人，人必愛之、利之，若上以為政、士以為行便容易實現。墨子以愛人、利人為身體力行的方法，其期待便是人從而愛之、利之，進而實現「兼相愛、交相利」〔註 121〕。「所求乎朋友先施之，未能也」〔註 122〕，孔子說我希望朋友怎樣對我，我就先那樣對待朋友，努力實踐日常的德行，盡力謹慎平時的言語，做到言行一致。孔子提倡推己及人，因而主張先做善事。孟子說：「仁者愛人……愛人者人恒愛之，敬人者人恒敬之」〔註 123〕。墨子在實踐方面認為愛人者人必愛之，愛人是兼相愛的前提，「兼相愛、交相利」則「仁」必成。如此看來，墨子主張的「兼相愛」與孔孟的「仁」、「恕」等學說並不衝突。

那麼「兼相愛」如何適用於朋友之間？墨子說若視友身不如吾身，視友親不如吾親，則饑不食、寒不衣，疾病、死喪皆不顧，不愛朋友的人有誰願

〔註 116〕程樹德：《論語集釋》，中華書局 1990 年點校本，第 353 頁。

〔註 117〕程樹德：《論語集釋》，中華書局 1990 年點校本，第 353 頁。

〔註 118〕〔清〕孫詒讓：《墨子閒詁》，中華書局 2001 年點校本，第 8 頁。

〔註 119〕〔清〕孫詒讓：《墨子閒詁》，中華書局 2001 年點校本，第 98 頁。

〔註 120〕〔清〕孫詒讓：《墨子閒詁》，中華書局 2001 年點校本，第 100 頁。

〔註 121〕〔清〕孫詒讓：《墨子閒詁》，中華書局 2001 年點校本，第 102 頁。

〔註 122〕〔宋〕朱熹：《四書章句集注》，中華書局 2012 年第 2 版，第 23 頁。

〔註 123〕〔清〕焦循：《孟子正義》，中華書局 1987 年點校本，第 595 頁。

意與他來往呢？必「相愛相利」〔註124〕，人與人才能互為朋友。往戰之將與出使之臣生死未卜、前程未測，託家室於兼愛之友，必不肯託家室於以「別」為正的人。託家室於兼愛之友，知他必愛己親如其親，請信實之友照顧妻、子，也必知他言而有信，不負所託。《孟子》中有此類記載，若託妻、子於友，而凍餒其妻、子，則失信於友，朋友便做不成了。

君臣不惠忠、父子不慈孝、兄弟不和調、家邦不安定是墨子痛心疾首的心事，為此他孜孜不倦的思考，終於找到了破解這一難題的鑰匙：「兼相愛、交相利」，墨子的友朋觀也建築在這一基礎之上。君子「莫若審兼而務行之」〔註125〕，愛朋友然後朋友愛之，以至「相愛相利」，若要指出孔子、墨子「友」觀念的不同之處，此是一處，與《論語》的有關內容相比，墨子的「友」觀念論述的並不詳細。

（三）與亞里士多德「友愛」論之比較

孔子與亞里士多德同為歷史上著名的思想家，在對朋友的認識問題上他們各有論述，那麼他們的友朋觀有著怎樣的不同與共通之處呢？仔細辨別後我們會逐漸發現，他們的友朋觀之間的差異實是代表了東西方兩種不同的思維方式和文化特徵。

他們的不同點集中在哪幾個方面呢？第一，朋友的範圍不同。《論語》有「朋」、「友」、「朋友」三個概念，前文對這三者的含義已有所分析。《論語》把朋友區分在血親和姻親關係（如父子、兄弟、夫婦）之外，《尼各馬科倫理學》中朋友的範圍則寬泛許多，它幾乎包括所有的人際關係，除了城邦中共同生活的朋友，父母與子女、男子與婦女、領袖與屬民等人群也可以建立友愛。

第二，維繫朋友關係的紐帶不同。孔子談論的朋友擁有共同的志向與旨趣，孔子曾說「無友不如己」。因益友可以「輔仁」，孔子十分重視朋友的品性，他說「友直，友諒，友多聞，益矣。友便辟，友善柔，友便佞，損矣。」〔註126〕他將「信」作為交往的前提和基礎。亞里士多德把一般的友愛分成三類：利用的友愛、快樂的友愛和德性的友愛。友愛是某種德性或是富於德性的事物。出於饋贈與保藏財產的需要，或許富人和有權勢的人更需要朋友。

〔註124〕〔清〕孫詒讓：《墨子閒詁》，中華書局2001年點校本，第22頁。
〔註125〕〔清〕孫詒讓：《墨子閒詁》，中華書局2001年點校本，第126頁。
〔註126〕程樹德：《論語集釋》，中華書局1990年點校本，第1149～1150頁。

在朋友的幫助下，人們可以擺脫貧窮、逃離災難，青年人可以少犯錯誤，老年人可以得到照顧，壯年人的行為則更加高尚。亞里士多德認為利用的友愛多存在於老年人中間，快樂的友愛存在於年輕人之間，德性的友愛多見於好人（善良的人）。利用的友愛與快樂的友愛具有一定的偶然性，一旦不能從對方那裡得到好處和快樂，友愛便難以維持。

第三，亞里士多德認為共同生活是友誼的標誌，雖然距離不能把朋友完全阻隔，但妨礙了彼此的現實活動。很顯然孔子不會贊同這個觀點，在中國的傳統文化中，有「同悅而交，以德者」、「尚友」、「近則正之，遠則稱之」等說法，時空豈是最大的障礙？

德性的友愛則不同，它是完美的，「那些為了朋友自身而希望朋友為善」〔註127〕的人才是最好的朋友。德性是善良之人的品性。德性不變，友愛不僅能夠長存，而且不會受到離間。「愛著朋友的人就是愛著自身的善」〔註128〕，朋友能以同等的快樂和願望回報對方，在這一點上友愛是平等的。在德性方面，孔子的朋友之道與亞里士多德談論的友愛接近。

孔子的「友」觀念雖說簡易，但它給後世的朋友一倫劃定了基本框架，提出了一系列問題，也給出了相應的答案，如朋友應具備何類善的品質、朋友如何相處互助。師、弟子雖不在五倫範圍內，但在荀子以後的儒者著作中，師友時常並提，可見師、弟子也可歸到朋友一倫中討論，孔子說：「三人行，必有我師」〔註129〕，從宏觀上講，師亦在友中。由《論語》可見，「直」、「諒」、「多聞」等品質是朋友的德性，也是交友的前提，在「朋友切切偲偲」、「言而有信」的交往中彼此切磋、勉勵，享受精神之「樂」的同時得以「輔仁」，最終以「仁」的實現為歸宿，上述內容便是孔子對朋友之道的期許。

第二節　《郭店楚簡》與孟子交友觀之比較

朋友是人際關係的重要組成部分，是儒家五倫之一，屬於社會倫理。朋友在五倫中的地位是非常特殊的，它的特殊性表現在選擇性、平等性、責善

〔註127〕（古希臘）亞里士多德著，苗力田譯：《尼各馬科倫理學》，中國人民大學出版社 2003 年版，第 167 頁。

〔註128〕（古希臘）亞里士多德著，苗力田譯：《尼各馬科倫理學》，中國人民大學出版社 2003 年版，第 171 頁。

〔註129〕程樹德：《論語集釋》，中華書局 1990 年點校本，第 1149～1150 頁。

輔仁、重誠信等方面。早期儒家對朋友關係作了各類深入的研究，但尤其以《郭店楚簡》與孟子的友朋觀最為特色。以往學界多依據傳世文獻著手研究儒家友朋觀，很少涉及出土文獻。本文將採用傳世文獻和出土文獻相結合的研究方法，在探討《郭店楚簡》和孟子友朋觀的基礎上，嘗試發現其內在聯繫。

一、「悅」與「樂」

對比《論語》論朋友之道，《郭店楚簡》在與人交往的論述中融進了「悅」的情感和「心」的參與，《性自命出》篇對「悅」的情感極為重視，「凡人情為可悅也」〔註130〕，人以真情示人皆會令人喜悅，「真情流露是儒家精神的重要內容。真情流露就是率性。」〔註131〕孔子之學的重要內容就是順人情，它承認喜怒哀樂等情感的自然存在，不去壓制，而主張適度的抒發。樂的態度源於安和自在的心境，「不安則不樂，不樂則無德」，而「無中心之悅則不安」。

「悅」是一種美好的情感體驗，交友要重視「悅」的快樂感受。先秦儒家文獻裏有不少有關「樂」和「悅」的文字，子曰：「飯蔬食飲水，曲肱而枕之，樂亦在其中矣。」〔註132〕《論語》裏子路、冉有、曾點等人對自己志向和理想的回答引起了眾多學者的重視，其他人都不約而同的談到了治理國家、禮樂教化，唯曾點的想法得到了孔子的讚譽，曾點說：「莫春者，春服既成，冠者五六人，童子六七人，浴乎沂，風乎舞雩，詠而歸。」〔註133〕曾點的理想蘊含著儒家的真精神——自由、率性，「悅」與「樂」的體驗躍然其中，與孔子的追求不謀而合。

「悅」與「樂」的境界似乎不可言說，似是儒家最重要的精神特徵。孟子說：「可欲之謂善，有諸己之謂信，充實之謂美，充實而有光輝之謂大，大而化之之謂聖，聖而不可知之之謂神。」〔註134〕舜「樂而忘天下」、顏回「一簞食，一瓢飲，在陋巷。人不堪其憂，回也不改其樂」，其中「悅」與「樂」的感受似與「神」同在。在論君臣之事時，《郭店楚簡》說臣「不悅，

〔註130〕劉釗：《郭店楚簡校釋》，福建人民出版社2005年版，第91頁。
〔註131〕龐樸：《孔孟之間——郭店楚簡的思想史地位》，《中國社會科學》1998年第5期。
〔註132〕程樹德：《論語集釋》，中華書局1990年點校本，第465頁。
〔註133〕程樹德：《論語集釋》，中華書局1990年點校本，第806頁。
〔註134〕〔清〕焦循：《孟子正義》，中華書局1987年點校本，第994頁。

可去也」，字裏行間躍動的是人臣怎樣的自由與率性？普通的一個「悅」字內竟蘊含著無盡的魅力與人性的光輝，自此先秦儒者的言語在想像中不再是生硬的說教，而是面對面的娓娓而談。

「悅」是最順乎人心的美的體驗，是善的行為的動力支持，可以說如果人人做到了無「悅」不行，世界便是一片誠明之境。王畿談「聖人之樂」時說其「本是活潑，本是灑脫，本無掛礙繫縛」〔註135〕，孟子曰：「大人者，不失其赤子之心」〔註136〕，大人重返赤子之心便能較容易地體會到「聖人之樂」了，小孩子天真、活潑，是儒家追尋的根本，但不是全部。孟子的學說將自我的體驗作為處世的前提，這恰是儒家可貴的精神特質。「凡人雖有性，心無定志，待物而後作，待悅而後行」〔註137〕，「凡動性者，物也；逆性者，悅也」〔註138〕，《韓詩外傳》卷九謂：『見色而悅謂之逆』」〔註139〕，逆即自然順應之義，悅即順應天性的情感。「凡見者之謂物，快於己者之謂悅」〔註140〕，悅也是使自己快樂的情感，「悅」的自然情感與德相來往，終成得道者的「孔顏樂處」。

《郭店楚簡》提到的「交」包含各類人群的交往，因而也涉及到了交友。孔子講「益者三樂」，其中之一便有「樂多賢友」，在交往中，子思之儒看重的是朋友的品德，因品德高尚而達到彼此同心而悅，是交友的真境界，「同悅而交，以德者也。不同悅而交，以猷者也。」〔註141〕「德」在楚簡的地位很高，「德，天道」，「德之行五，和謂之德」〔註142〕，仁、義、禮、智、聖構成了德的內涵。以德交往是《郭店楚簡》對交往的至高期許，以德交即以天道交。

「德」與「悅」有著內在關聯，無「悅」則必無「德」，「無中心〔之悅則〕不安，不安則不樂，不樂則無德。」〔註143〕而「悅」由「中心」產生，「以其中心與人交，悅也。中心悅，播遷於兄弟，戚也。戚而信之，親〔也〕。親

〔註135〕黃宗羲：《明儒學案》，中華書局1985年版，第244頁。
〔註136〕〔清〕焦循：《孟子正義》，中華書局1987年點校本，第556頁。
〔註137〕劉釗：《郭店楚簡校釋》，福建人民出版社2005年版，第88頁。
〔註138〕劉釗：《郭店楚簡校釋》，福建人民出版社2005年版，第89頁。
〔註139〕劉釗：《郭店楚簡校釋》，福建人民出版社2005年版，第94頁。
〔註140〕劉釗：《郭店楚簡校釋》，福建人民出版社2005年版，第89頁。
〔註141〕劉釗：《郭店楚簡校釋》，福建人民出版社2005年版，第91頁。
〔註142〕劉釗：《郭店楚簡校釋》，福建人民出版社2005年版，第69頁。
〔註143〕劉釗：《郭店楚簡校釋》，福建人民出版社2005年版，第69頁。

而篤之，愛也。愛父，其繼愛人，仁也。」〔註144〕以「中心」與人交往，才有「悅」的體驗，「中心悅」是仁愛產生的基本條件。孟子說：「以德服人者，中心悅而誠服也。如七十子之服孔子也。」〔註145〕

二、「君子之友也有向」

《郭店楚簡》主張「君子之友也有向」，即君子交友是有準則的，「同悅而交，以德者也。」彼此衷心喜悅的交往，一定因為品德高潔而接近，這與《論語》「友其士之仁者」的觀點一致，「子曰：唯君子能好其匹，小人豈能好其匹。故君子之友也有向，其惡有方。此以邇者不惑，而遠者不疑。《詩》云：『君子好逑。』」〔註146〕「匹」意為同道朋友，孔子說只有君子能喜歡他的朋友，所以君子同誰交友是有準則的，厭惡誰也是有道理的。

君子不與小人交往，王良說「我不貫與小人乘」、「羞與射者比」。迎合小人的心意，無疑「枉道而從」。至於「脅肩諂笑」、「面而不心」，比頂著炎炎烈日澆灌菜園還要辛苦。子路說「未同而言，觀其色赧赧然」是一件令人厭惡的事。「與讒諂面諛之人居，國欲治，可得乎？」〔註147〕「讒諂面諛之人」有害於國家。楊雄說：「朋而不心，面朋也；友而不心，面友也。」〔註148〕朋友貴在交心與以誠相待。東晉葛洪也說朋友之交，不宜浮雜，「必取乎直諒多聞，拾遺斥謬，生無請言，死無託辭，始終一契，寒暑不渝者。」〔註149〕以下幾類人我不與交接：「位顯名美，門齊年敵，而趨舍異規，業尚乖互者」、「矜其先達，步高視遠，或遺忽陵遲之舊好，或簡棄後門之類味，或取人以官而不論德」〔註150〕、「其不遭知己，零淪丘園者，雖才深智遠，操清節高者」。

亞里士多德將友愛劃分為三類，有用的、感官快樂的與德性的友愛。有用的與感官快樂的友愛不容易長久維持，因為「一個人之所以被愛，並非由於他是個朋友，而由於他們有的能提供好處，有的能提供快樂。所以，這樣的友愛很容易散夥，難於長久維持。因為，他們如不再是令人快樂和對人有

〔註144〕劉釗：《郭店楚簡校釋》，福建人民出版社2005年版，第71頁。

〔註145〕〔清〕焦循：《孟子正義》，中華書局1987年點校本，第221～222頁。

〔註146〕劉釗：《郭店楚簡校釋》，福建人民出版社2005年版，第51頁。

〔註147〕〔清〕焦循：《孟子正義》，中華書局1987年點校本，第862～863頁。

〔註148〕汪榮寶：《法言義疏》，中華書局1987年點校本，第34頁。

〔註149〕楊明照：《抱朴子外篇校箋·上冊》，中華書局1991年版，第431頁。

〔註150〕楊明照：《抱朴子外篇校箋·上冊》，中華書局1991年版，第420頁。

用，愛也就此終止了。」〔註151〕德性的友愛則恒常如一，「他們互相希望在善上相似，他們都是就其自身而善的。那些為了朋友自身而希望對方為善才是真朋友，因為這些都是為了自身而存在並不是出於偶性。只要善不變其為善，這種友誼就永遠維持。只有德性才是恒常如一的。」〔註152〕亞里士多德指出「愛著朋友的人就是愛著自己的善」，朋友也是另一個自身。

孔子交友對象的「仁」的品質與亞里士多德認可的朋友的德性是相通的，不過亞里士多德論述的較有邏輯。亞里士多德在德性的層面上進一步提到了思辨的幸福、理智、存在與靈魂，對應「德性」的詞彙有「仁」、「威儀」等。「與為義者遊，益。與莊者處，益。」「與慢者處，損。與不好學者遊，損。」〔註153〕交友不離「好仁」之心，朋友之間應以「威儀」的人格相互聯繫，不應為了利益輕易的與貧賤的朋友絕交。「子曰：輕絕貧賤，而重絕富貴，則好仁不堅，而惡惡不著也。人雖曰不利，吾弗信之矣。《詩》云：『朋友攸攝，攝以威儀。』」〔註154〕

孟子認為交友的真意即「友其德」。「友其德」告訴人們在交友的過程中，內心絕不能夾雜年齡、地位、財富等外在因素、一定因對方的德行相交，建立在「友其德」基礎上的交友才是人與人真誠的交往，君子選取朋友必待己察，不因別人的毀譽而改變原則。

「友其德」是交友的前提和基礎，即使在君臣之間，也一定因對方的德行交往，德行是交友的本質，交友的目的在於弘道。在《孟子・萬章章句下》裏，萬章就友道提出了一系列問題，「萬章問曰：『敢問友。』孟子曰：『不挾長，不挾貴，不挾兄弟而友。友也者，友其德也，不可以有挾也……舜尚見帝，帝館甥於貳室，亦饗舜，迭為賓主，是天子而友匹夫也。用下敬上，謂之貴貴；用上敬下，謂之尊賢：貴貴尊賢，其義一也。」〔註155〕孟子是在遵循禮儀等級的基礎上來談交友，他舉了四個例子來說明不同身份的人交友都需要符合「友其德」的原則，它們分別是世家子弟交友、小國國君交友、大國國君交友和天子結交平民的事例，我們可以看到，孟子的側重

〔註151〕苗力田：《亞里士多德選集・倫理學卷》，中國人民大學出版社1999年版，第180頁。

〔註152〕苗力田：《亞里士多德選集・倫理學卷》，中國人民大學出版社1999年版，第181頁。

〔註153〕劉釗：《郭店楚簡校釋》，福建人民出版社2005年版，第208頁。

〔註154〕劉釗：《郭店楚簡校釋》，福建人民出版社2005年版，第67頁。

〔註155〕〔清〕焦循：《孟子正義》，中華書局1987年點校本，第690～695頁。

點是在有等級差別的人互相結交的情況上，既然結交的雙方在身家地位上有差別，那麼在上者很容易倚仗自己的優勢與地位，這種「挾」的情況就是孟子所認為必須避免的。這樣一來，上下結交的重點何在呢？那就是「友其德」，個人要想在道德上有所增益，不僅要加強自我修養，同時也要結交有德之人。

公都子問孟子為何不禮待滕更，孟子說：「挾貴而問，挾賢而問，挾長而問，挾有勳勞而問，挾故而問，皆所不答也。滕更有二焉。」〔註156〕滕更有「挾」而問，因他無禮，孟子才不理會他。繼孔子「友其士之仁者」和《郭店楚簡》「同悅而交，以德者」的觀點後，孟子明確提出了交友要建立在「友其德」的基礎上。在《孟子‧離婁章句下》裏孟子講了子濯孺子的故事，這個故事給我們的啟示是交友應交端正之人，即「取友必端」，取友不端，則反生禍患。

士人有自己的操守，其操守決定了交友對象品質的選擇。貉稽說：「稽大不理於口。」孟子說：「無傷也，士憎茲多口。詩云：『憂心悄悄，慍于群小』，孔子也。『肆不殄厥慍，亦不殞厥問』，文王也。」〔註157〕孟子告訴貉稽即使被很多人批評也不要憂慮，孔子也曾「慍于群小」，孔子「厄於陳、蔡之間，無上下之交也。」〔註158〕大丈夫「居天下之廣居，立天下之正位，行天下之大道，得志與民由之，不得志獨行其道，富貴不能淫，貧賤不能移，威武不能屈」〔註159〕。如此氣節，小人豈能稱道？「鄉原」之人「非之無舉也，刺之無刺也，同乎流俗，合乎污世，居之似忠信，行之似廉潔，眾皆悅之，自以為是，而不可與入堯舜之道」〔註164〕，君子恥之。君子不為賊德之行，更不與便佞、利口之人交友。

三、「尚友」

「尚友」即與古聖賢為友，是「友其德」的具體表現。孟子謂萬章曰：「以友天下之善士為未足，又尚論古之人。頌其詩，讀其書，不知其人，可乎？是以論其世也。是尚友也。」〔註161〕「尚」通「上」，在孟子看來，「尚

〔註156〕〔清〕焦循：《孟子正義》，中華書局1987年點校本，第946頁。
〔註157〕〔清〕焦循：《孟子正義》，中華書局1987年點校本，第979～980頁。
〔註158〕〔清〕焦循：《孟子正義》，中華書局1987年點校本，第978頁。
〔註159〕〔清〕焦循：《孟子正義》，中華書局1987年點校本，第419頁。
〔註164〕〔清〕焦循：《孟子正義》，中華書局1987年點校本，第1031頁。
〔註161〕〔清〕焦循：《孟子正義》，中華書局1987年點校本，第726頁。

友」即與古聖賢為友。縱觀《孟子》整個文本，「尚友」是在修身、齊家、治國、平天下方面與聖人、賢人做真正的學習交流，如能做到，實是讀書人的至高境界。孔子也說「信而好古」，即喜好古聖賢的作為。

「尚友」與儒家的道統觀念有密切的聯繫，「尚友」的目的在於繼承古聖賢的為人和德行，是「士志於道」的表現。韋政通考證孟子把古帝連成了一條系統，其證據有三：「第一個證據見於《離婁下》，孟子分論諸帝的德行和為人，他們的順序是：禹—湯—文王—武王—周公。第二個證據見於《滕文公下》，孟子提出一治一亂的歷史觀，而所有的古帝都代表歷史上的治世。他們的順序是：堯—禹—周公—孔子。第三個證據見於《盡心下》，孟子從古史中提出證據，以證明『五百年必有王者興』之說。順序是：堯—禹—湯—文王—孔子。」〔註162〕李春青教授曾對「尚友」有段評論：「這裡孟子真正想要表達的意思是『交友之道』。「尚友」的根本之處在於將古人看成是與自己平等的精神主體。與古人交流對話的目的當然是向古人學習，以使自己的品德更加高尚。所以，『知人論世』說的實質上是向古人學習美好品德的方式，用今天的話來說就是將古人創造的精神價值轉化為當下的精神價值。這絕不僅僅是一種解詩的方式。」〔註163〕

《四書章句集注》稱：「論其當世行事之跡也。言既觀其言，則不可以不知其為人之實，是以又考其行也。夫能友天下之善士，其所友眾矣，猶以為未足，又進而取於古人。是能進其取友之道，而非止為一世之士矣。」〔註164〕孟子「尚友」的表現為「頌其詩」、「讀其書」，進而「論其世」並「知其人」，朱熹的注解較好的詮釋了孟子友道的真義，他認為孟子以「友天下之善士」之「未足」，進而友於古聖賢，「觀其言」、「考其行」，「論其當世行事之跡」的同時瞭解其為人，與古聖賢交友的理想才可能實現。

《郭店楚簡》和孟子所說的朋友關係是以德性為基礎的互助關係，曾子曰：「君子以文會友，以友輔仁。」無論是「同悅而交，以德者」還是孟子主張的「友其德」，都將「德」視為「友」的必備品質，這體現了儒家「以友輔仁」和以友證道的思想。

〔註162〕韋政通：《中國思想史》，上海書店2004年版，第198頁。
〔註163〕李春青：《詩與意識形態》，北京大學出版社2005年版，第200～201頁。
〔註164〕〔宋〕朱熹：《四書章句集注》，中華書局2012年第2版，第329頁。

第三節　荀子的交友思想

　　荀子對人性和世事敏銳而準確的洞察，常使人由衷的讚歎，時至今日《荀子》一書博大精深的內容、指導現實的意義與價值，仍不可為人小覷。《荀子》融合了儒家、道家等各個學派的真知灼見，其觀察問題的視角與思維方式較同時代的著作更有特色，因而龐樸先生評價它說：「這些作品，涉及當時學術的所有主要領域，其方面之廣，論證之精，為先秦任何個人著作所不及」〔註165〕。

　　曾子曰：「君子以文會友，以友輔仁。」在這裡「友」與孔子思想的重要範疇「仁」緊密聯繫起來，「友」有輔助「仁」的功用。孟子對「愛」、「仁」、「親」三字的使用場合進行了界定。他認為「愛」適用於物，仁對應於民。孟子說「君子之於物也，愛之而弗仁；於民也，仁之而弗親」，因此他講求「親親而仁民，仁民而愛物。」〔註166〕若把「以友輔仁」中的「友」理解為輔佐國君之友，則「輔仁」有輔君仁民之義，加之參考相關史實，這種闡釋倒也十分有趣。友朋之道在儒家思想中的地位非同一般，傳世的三十二篇《荀子》也存有一些對友道的論述。

　　《荀子・勸學》有大量關於求學的文字。求學的過程既包含君子博學與每日的「參」驗，又包括環境或外物對他施加的影響，良師益友是起積極作用的外因之一。「君子博學而日參省乎己」中的「參」字含義豐富，本文暫取「參驗」之義，其實這裡的「參」字遠非「參驗」一義能說清楚，只求盡可能地接近原義。孔廣森說：「參己者，學乎兩端，以己參之。」〔註167〕君子博學的內容浩繁，有的來自生活，有的來自「先王之遺言」或師友，而人們須以己參驗並篤行實踐。

　　《論語》的首句「學而時習之」與荀子「君子博學而日參省乎己，則知明而行無過」〔註168〕有著異曲同工之妙，孔子談到了學與習，而荀子提到了學與行。「學而時習之」這句話歷來注解較多。焦循解釋「時」說「當其可之謂時」（《論語補疏》），龐樸先生非常贊同焦循的解釋，他說這裡的「時」與《孟子》「聖之時」的「時」含義相同，「習」與「性相近，習相遠」的「習」

〔註165〕龐樸：《荀子發微》，《東嶽論叢》1981年第3期。
〔註166〕〔清〕焦循：《孟子正義》，中華書局1987年點校本，第949頁。
〔註167〕〔清〕王先謙：《荀子集解》，中華書局2013年點校本，第2頁。
〔註168〕〔清〕王先謙：《荀子集解》，中華書局2013年點校本，第2頁。

字同訓，有詩曰：「物其有矣，惟其時矣。」「學」與「習」同是「己」的行為，博學並因時實踐（所學）是一件快樂的事，這種解釋更符合人的一般心理。

「不聞先王之遺言，不知學問之大」〔註169〕，「聞先王之遺言」即受教於先王，它與孟子的「尚友」思想一致。孟子說：「以友天下之善士為未足，又尚論古之人。頌其詩，讀其書，不知其人，可乎？是以論其世也。是尚友也。」「干、越、夷、貉之子，生而同聲，長而異俗，教使之然也」〔註170〕，荀子認為「生而同聲，長而異俗」的根源在於受教不同，因而他很重視後天的教化。教化與人們所處的環境密不可分，「君子生非異也，善假於物也」〔註171〕，這個被「假」的物指的就是君子所處的環境。「蓬生麻中，不扶而直……故君子居必擇鄉，遊必就士，所以防邪僻而近中正也。」〔註172〕在這段話中，荀子首次提出了他的交友思想：君子「遊必就士。」子貢問為仁時，孔子說：「事其大夫之賢者，友其士之仁者」，可見事賢友仁對於培養仁德非常重要，孟子也說「堯舜之仁，不遍愛人，急親賢」〔註173〕。「居必擇鄉，遊必就士」有助於君子自身的持養與為政。

「取友善人，不可不慎，是德之基」〔註174〕。荀子認為君主選擇臣屬和普通人選擇朋友要以道為原則，應十分慎重，這是因為選臣、取友是成就德行的基礎，如果與小人相處，則有損道德，「君人者不可以不慎取臣，匹夫不可以不慎取友。」有時荀子把「友」解釋為「相有」，朋友必為同道，「道不同，何以相有」？「均薪施火，火就燥；平地注水，水流濕」。物以類聚、人以群分，以友觀人可知人的品性，「不知其子視其友，不知其君視其左右。」〔註175〕

一、朋友攸攝，攝以威儀

君子「崇人之德，揚人之美」，並非諂諛；「正義直指，舉人之過」，也非毀疵。參看《詩經》等其他文獻，我們不難發現朋友的功用在於「朋友攸

〔註169〕〔清〕王先謙：《荀子集解》，中華書局2013年點校本，第2頁。
〔註170〕〔清〕王先謙：《荀子集解》，中華書局2013年點校本，第3頁。
〔註171〕〔清〕王先謙：《荀子集解》，中華書局2013年點校本，第5頁。
〔註172〕〔清〕王先謙：《荀子集解》，中華書局2013年點校本，第6～7頁。
〔註173〕〔清〕焦循：《孟子正義》，中華書局1987年點校本，第950頁。
〔註174〕〔清〕王先謙：《荀子集解》，中華書局2013年點校本，第607頁。
〔註175〕〔清〕王先謙：《荀子集解》，中華書局2013年點校本，第531頁。

攝，攝以威儀。」在《大略》篇裏，荀子描述了子貢與孔子的一段對話，在這段對話中荀子也提到了「朋友攸攝，攝以威儀。」子貢說：「賜倦於學矣，願息事君。」孔子說：「詩云：『溫恭朝夕，執事有恪。』」事君是件困難的事，事君怎麼能得到休息呢？隨後孔子接著回答了事親難、事妻、子也不容易，子貢又提出「然則賜願息於朋友。」孔子說：「詩云：『朋友攸攝，攝以威儀。』」與朋友相處是一件難事，恐怕得不到休息！

　　依荀子之見，交友也是一件辛苦的差事，那麼交往朋友的益處是什麼呢？《子道》篇記載了一段子路與孔子的問答。子路問：有人「夙興夜寐，耕耘樹藝，手足胼胝，以養其親」，為何沒有「孝之名」？孔子說：此人「身不敬與？辭不遜與？色不順與？」無此三者，若無「孝之名」，則很可能是他「所友非人」。孔子接著說：「雖有國士之力，不能自舉其身。非無力也，勢不可也。故入而行不修，身之罪也；出而名不章，友之過也。」〔註176〕君子「入則篤行，出則友賢」，不必擔心沒有孝順的名聲。通過以上兩段對話，我們瞭解到了荀子對交友的認識。在荀子看來，「友者、所以相有也」，朋友「攝以威儀」離不開責善之道，「出而名不章，友之過」則表明了朋友有推賢任能的職責。

　　孟子稱柳下惠「進不隱賢，必以其道」〔註177〕，《韓非子》記：「群公公正而無私，不隱賢，不進不肖」〔註178〕，可見「不隱賢」確實是君子的品行。「出而名不章，友之過」的思想存在於先秦的一些文獻中，經荀子提煉、總結後，這個觀念變得更加顯著了。東漢《白虎通》繼承並發展了荀子的主張，它說「人本接朋結友，為欲立身揚名也。朋友之道有四焉，通財不在其中。近則正之，遠則稱之」。在這句話中我們注意到「遠則稱之」為朋友之道，真正的朋友能夠「聞流言而不信」。為什麼「聞流言而不信」呢？在《大略》篇裏，荀子對此有過解答：君子「是非疑則度之以遠事，驗之以近物，參之以平心，流言止焉，惡言死焉。」〔註179〕何況慎交的君子對朋友已有很深的瞭解？荀子曾描述過晏子送別曾子的情景。臨行時，晏子以忠言相告，他說：「君子贈人以言，庶人贈人以財……君子之檃栝不可不謹也。慎之！……正君漸

〔註176〕〔清〕王先謙：《荀子集解》，中華書局2013年點校本，第627頁。
〔註177〕〔清〕焦循：《孟子正義》，中華書局1987年點校本，第244頁。
〔註178〕〔清〕王先慎：《韓非子集解》，中華書局2013年點校本，第409頁。
〔註179〕〔清〕王先謙：《荀子集解》，中華書局2013年點校本，第610頁。

於香酒，可讒而得也。君子之所漸不可不慎也。」〔註180〕此番話也是圍繞君子擇友而論，晏子希望曾子要慎重交遊，「守其正節，不雜亂於小人之群類」〔註181〕。

二、「隆師而親友」

「師」、「友」在先秦思想家的論說中分量極重。在中國人的精神世界和古代社會的實際生活中，師、友的地位和功能是突出並富有價值的，而荀子對師、友的重視程度超過了其他學者，這個現象的出現有沒有特殊原因呢？

論「禮」時，荀子說：「禮有三本：天地者，生之本也；先祖者，類之本也；君師者，治之本也。無天地惡生？無先祖惡出？無君師惡治？三者偏亡焉，無安人。故禮上事天，下事地，尊先祖而隆君師，是禮之三本也。」〔註182〕荀子認為禮事天地、尊先祖、隆君師，在這段話中荀子明確表明了隆君師的主張，「上無君師，下無父子，夫是之謂至亂」〔註183〕，「國將興，必貴師而重傅，貴師而重傅則法度存。」〔註184〕《孟子》引《尚書》說：「天降下民，作之君，作之師，惟曰其助上帝寵之」〔註185〕，「寵」即愛護，可見君、師有輔助上帝、愛護百姓的職責。

面對當時社會的混亂現狀，先秦時期多數思想家無不在思考如何實現社會的長治久安。墨子曾說：「當察亂何自起？起不相愛。」〔註186〕因此墨子主張兼相愛。與墨子一致的是，荀子也觀察到了上無君師、下無父子是社會動亂的根源，他認為君臣、父子、夫婦若各循其職，社會便能得到治理。「此道也，偏立而亂，俱立而治」〔註187〕，如何實現此道呢？

在遵循君臣、父子、夫婦之道的基礎上，荀子提出了「兼能之」的實踐方法，即「審之禮」。先王審禮則動無不當，君子守禮，「其於人也，寡怨寬裕而無阿；其所為身也，謹修飾而不危；其應變故也，齊給便捷而不惑；其於天地萬物也，不務說其所以然而致善用其材；其於百官之事、伎藝之人也，

〔註180〕〔清〕王先謙：《荀子集解》，中華書局2013年點校本，第599~600頁。
〔註181〕陳榮捷：《近思錄詳注集評》，華東師範大學出版社2007年版，第204頁。
〔註182〕〔清〕王先謙：《荀子集解》，中華書局2013年點校本，第413頁。
〔註183〕〔清〕王先謙：《荀子集解》，中華書局2013年點校本，第193頁。
〔註184〕〔清〕王先謙：《荀子集解》，中華書局2013年點校本，第604頁。
〔註185〕〔清〕焦循：《孟子正義》，中華書局1987年點校本，第115頁。
〔註186〕〔清〕孫詒讓：《墨子閒詁》，中華書局2001年點校本，第98頁。
〔註187〕〔清〕王先謙：《荀子集解》，中華書局2013年點校本，第275頁。

不與之爭能而致善用其功……其交遊也，緣義而有類；其居鄉里也，容而不亂。」〔註 188〕在這段話中有這類論述：「於百官之事、伎藝之人也，不與之爭能而致善用其功」，這句話可以引起一點有關中國文化的思考，有些學者看到中國近代的科技水平遠遠落後於西方，從而對中國文化的特質產生了質疑。實際上對中國的傳統文化越是瞭解，質疑越能得到化解。中西文化原本就是兩種不同的文明類型，實在難以一比高下。孟子說：「仁也者，人也。合而言之，道也」〔註 189〕，古代中國多數知識人探尋的是人道，而非伎藝等單純的科技知識。荀子明確提出君子「不與之爭能而致善用其功」，「尚賢使能，等貴賤，分親疏，序長幼……仁者，仁此者」〔註 190〕。由此來看，近代一些學者抨擊中國傳統文化，是否足夠客觀、理智？

師與君擁有尊貴的地位，君、師為禮之本，那麼友的地位如何呢？在荀子的相關論述中，我們可以看到友有時與師放在一起講，師友不可不尊親。「隆師而親友」〔註 191〕是荀子友朋觀的顯著特徵，荀子之後，師、友時常見諸儒家學者的筆端，明代李贄更是提出了「言友則師在其中」的觀點。在求學中，荀子說「學莫便乎近其人」〔註 192〕，「其人」就是賢師益友。「學之經莫速乎好其人」〔註 193〕，先「好其人」然後在行為上隆禮，才算是真正的為學。

荀子在《修身》篇裏定義了「師」、「友」兩個概念，可見師友與修身關係密切。他說「非我而當者，吾師也；是我而當者，吾友也」〔註 194〕，「忠告而善道之」〔註 195〕為孔子提倡的友道，它與荀子提到的師友的作用一致，師的勸諫、友的肯定能使人的品行更加完善。明白了茫茫人群中誰可擔當「吾師」，誰能稱得上「吾友」，也就遠離了「諂諛我者」，君子「隆師而親友，以致惡其賊」。在《禮論》篇中，荀子提出了「隆君師」，他認為「君師」是禮制的根本。「君」屬於政統，「師」屬於道統，君師並列，反映了荀子尊師重道的思想。

〔註 188〕〔清〕王先謙：《荀子集解》，中華書局 2013 年點校本，第 276 頁。
〔註 189〕〔清〕焦循：《孟子正義》，中華書局 1987 年點校本，第 977 頁。
〔註 190〕〔清〕王先謙：《荀子集解》，中華書局 2013 年點校本，第 535～536 頁。
〔註 191〕〔清〕王先謙：《荀子集解》，中華書局 2013 年點校本，第 24 頁。
〔註 192〕〔清〕王先謙：《荀子集解》，中華書局 2013 年點校本，第 16 頁。
〔註 193〕〔清〕王先謙：《荀子集解》，中華書局 2013 年點校本，第 16 頁。
〔註 194〕〔清〕王先謙：《荀子集解》，中華書局 2013 年點校本，第 24 頁。
〔註 195〕程樹德：《論語集釋》，中華書局 1990 年點校本，第 877 頁。

師、法有時也一起並提，師法是「人之大寶」，無師法則是「人之大殃」。師法有助於人「隆積」，無師法則「隆性」。荀子與孟子對人性的不同看法決定了其修身方法的差異。荀子說人「生而有好利」、「有疾惡」、「有耳目之欲，有好聲色」等情性，因而「從人之性，順人之情，必出於爭奪，合於犯分亂理而歸於暴」〔註196〕。師法之化、禮義之道能使人遠離爭奪，使社會「出於辭讓，合於文理，而歸於治」〔註197〕。論修身時，荀子常用「積」字，他認為人們生而同聲，最初並無差異，隨後「長而異俗」，或為小人，或為君子，只在「積」之程度。他認為百姓積善而全盡謂之聖人，「聖人者，人之所積而致矣。」〔註198〕有人不免疑問：「聖可積而致，然而皆不可積，何也？」荀子回答說：「可以而不可使」，「可以而不可使」的含義為「可以為，未必能」。能不能成聖取決於積善的程度，「禹聞善言則拜。大舜有大焉，善與人同，捨己從人，樂取於人以為善。」〔註199〕

人情是荀子用來描述性情的詞語，荀子借舜的回答表達了自己對人情的看法：「人情甚不美……妻子具而孝衰於親，嗜欲得而信衰於友，爵祿盈而忠衰於君」〔註200〕，而賢者不縱性情，師法有助於積善。

荀子在「治氣養心之術」中談到「庸眾駑散，則劫之以師友」〔註201〕。「荀子的『術』……是為『君子』們精心設計的行為方法」〔註202〕，良師益友有助於去除「庸眾駑散」的情性，能夠促使人們日趨至善。師是「以身為正儀而貴自安者」〔註203〕，「凡治氣養心之術，莫徑由禮，莫要得師，莫神一好」〔註204〕，師有利於君子的治氣養心。禮正身、師正禮，「師云而云，則是知若師」，做到了「情安禮，知若師」便是聖人。若非師法而又剛愎自用，如同「以盲辨色，以聾辨聲」，人們容易昏亂妄為。孟子認為聖人為百世之師，他以伯夷、柳下惠為例，說「聞伯夷之風者，頑夫廉，懦夫有立志聞柳下惠之風者，鄙夫寬，薄夫敦」〔註205〕，百世之下，聞者莫不以聖人為榜樣，更

〔註196〕〔清〕王先謙：《荀子集解》，中華書局 2013 年點校本，第 513～514 頁。

〔註197〕〔清〕王先謙：《荀子集解》，中華書局 2013 年點校本，第 514 頁。

〔註198〕〔清〕王先謙：《荀子集解》，中華書局 2013 年點校本，第 524 頁。

〔註199〕〔清〕焦循：《孟子正義》，中華書局 1987 年點校本，第 240 頁。

〔註200〕〔清〕王先謙：《荀子集解》，中華書局 2013 年點校本，第 525 頁。

〔註201〕〔清〕王先謙：《荀子集解》，中華書局 2013 年點校本，第 30 頁。

〔註202〕龐樸：《荀子發微》，《東嶽論叢》1981 年第 3 期。

〔註203〕〔清〕王先謙：《荀子集解》，中華書局 2013 年點校本，第 39～40 頁。

〔註204〕〔清〕王先謙：《荀子集解》，中華書局 2013 年點校本，第 31 頁。

〔註205〕〔清〕焦循：《孟子正義》，中華書局 1987 年點校本，第 669～671 頁。

何況親炙者？

　　既然師有補益人生的作用，那麼師需要具備哪些特質呢？荀子說「尊嚴而憚，可以為師；耆艾而信，可以為師；誦說而不陵不犯，可以為師；知微而論，可以為師」〔註206〕，而「博習」可不在其中。弟子「通利則思師」，「言而不稱師謂之畔，教而不稱師謂之倍」〔註207〕，倍畔之人，明君不納、士大夫不與他言談。荀子也說「志意定乎內，禮節修乎朝，法則度量正乎官，忠信愛利形乎下……是之謂人師」〔註208〕。

　　君子與賢能的人交往，才能顯揚善的德行。即使一個人「性質美而心辯知」，也需要「求賢師而事之，擇良友而友之。」得到賢師，所聞皆堯舜禹湯之道；得遇良友，所見皆忠信敬讓之行。與良師益友相處，則日進於仁義；與不善之人交往，所聞皆欺誣詐偽、所見皆污漫淫邪貪利之行，則日陷於刑戮。「以修身自名則配堯舜」是君子的人生理想，「隆師而親友」是修身的捷徑，也是配堯舜的成聖之道。師友對君子的修身大有裨益，師、友既可教人向善，又能助人成賢。

　　荀子經常將君子與小人作對比，二者的舉止截然相反，分別代表著善與不善。在這裡，我們不妨總結一下小人對待「責善」的態度：「惡人之非己」、「諂諛者親，諫爭者疏」。小人與損己者為友，「友便辟，友善柔，友便佞」。君子之心坦蕩、容易被人瞭解卻不可褻瀆，荀子稱君子「必由其道至，然後接之，非其道則避之。」〔註209〕君子十分重視交往的禮儀，「問楛者勿告也，告楛者勿問也，說楛者勿聽也，有爭氣者勿與辯也」〔註210〕，必待禮恭、辭順、色從始與人言道。

　　「中庸不僅是儒家學派的倫理學說，更是他們對待整個世界的一種看法，是他們處理事物的基本原則或方法論。」〔註211〕翻閱《荀子》，談到君子交友時中庸思想亦貫穿其中。中庸之道使君子的交友思想更加合理、科學，例如「交親而不比」、君子「寬而不慢，廉而不劌，辯而不爭，察而不激，直立而不勝，堅強而不暴，柔從而不流」〔註212〕。「君子絜其辯而同焉者合矣，

〔註206〕〔清〕王先謙：《荀子集解》，中華書局2013年點校本，第310～311頁。
〔註207〕〔清〕王先謙：《荀子集解》，中華書局2013年點校本，第598頁。
〔註208〕〔清〕王先謙：《荀子集解》，中華書局2013年點校本，第142～143頁。
〔註209〕〔清〕王先謙：《荀子集解》，中華書局2013年點校本，第20頁。
〔註210〕〔清〕王先謙：《荀子集解》，中華書局2013年點校本，第20頁。
〔註211〕龐樸：《中庸平議》，《中國社會科學》1980年第1期。
〔註212〕〔清〕王先謙：《荀子集解》，中華書局2013年點校本，第47頁。

善其言而類焉者應矣」〔註213〕，王先謙指出「辯」為「身」，君子講求自我修養而同類相聚，已漸漸則遠摭摭之人，這是情勢的必然。

朋友要相互責善，在提出「士有爭友」的同時，荀子認為父子、君臣彼此也應責善，這是因為「從道不從君，從義不從父，人之大行也。」〔註214〕大孝為「明於從不從之義，而能致恭敬、忠信、端愨以慎行之」〔註215〕。孔子認為朋友、君臣應相互責善，朋友應「忠告而善道之」，事君需「勿欺也，而犯之。」子路問事君之道，孔子說不能為了取悅君主而言過其實，要不欺瞞他，即使犯其顏色也要直言勸諫。子曰：「事父母幾諫，見志不從，又敬不違，勞而不怨。」〔註216〕當父母有過錯時也要勸諫，保持恭敬的心態，即使父母不聽從，也不能違逆，有機會再勸諫。

《荀子・非相》記載「相形不如論心，論心不如擇術。形不勝心，心不勝術。術正而心順之，則形相雖惡而心術善，無害為君子也。」〔註217〕交友不該看重對方的容貌，而應考察他的志向、思想、學問與立身處世的做法，「形相雖惡而心術善」的人仍然可以成為君子，這樣的人是人們爭相交友的對象。像犯上作亂的人和輕薄少年們，他們無不「美麗姚冶，奇衣婦飾」〔註218〕，但是一般人羞於把他們當作朋友。朋友要相互幫助，與朋友交往應講求禮節謙讓的行為規範。《荀子・非十二子》記載「遇君則修臣下之義，遇鄉則修長幼之義，遇長則修子弟之義，遇友則修禮節辭讓之義，遇賤而少者則修告導寬容之義。無不愛也，無不敬也，無與人爭也，恢然如天地之苞萬物」〔註219〕。

君子重視修養，因而他們非常看重朋友的道德品質。君子交友有兩個顯著特點，一方面，君子慎於擇友；另一方面，君子十分重視自身的修養，時常反求諸己，「同遊而不見愛者，吾必不仁也；交而不見敬者，吾必不長也；臨財而不見信者，吾必不信也。」〔註220〕

與孔子、孟子的交友觀相比，荀子同樣看重朋友的品德，主張慎重交友，

〔註213〕〔清〕王先謙：《荀子集解》，中華書局 2013 年點校本，第 52 頁。
〔註214〕〔清〕王先謙：《荀子集解》，中華書局 2013 年點校本，第 624 頁。
〔註215〕〔清〕王先謙：《荀子集解》，中華書局 2013 年點校本，第 625 頁。
〔註216〕程樹德：《論語集釋》，中華書局 1990 年點校本，第 270 頁。
〔註217〕〔清〕王先謙：《荀子集解》，中華書局 2013 年點校本，第 85～86 頁。
〔註218〕〔清〕王先謙：《荀子集解》，中華書局 2013 年點校本，第 89 頁。
〔註219〕〔清〕王先謙：《荀子集解》，中華書局 2013 年點校本，第 117 頁。
〔註220〕〔清〕王先謙：《荀子集解》，中華書局 2013 年點校本，第 633 頁。

他說「取友善人，不可不慎，是德之基」。另外，荀子的交友思想還有兩個顯著特點，一是荀子認為朋友有舉賢的職責，「出而名不章」實為友之過。二是他主張「隆師而親友」，荀子對師、友的重視程度超過了以往學者，師、友並提對後世的一些交友思想影響較大。

　　先秦時期的「友」觀念呈現了儒家學者對於朋友的見解，較為集中的內容為交友對象的品質。「直」、「諒」、「多聞」是益友的標準，也是有德之人的品格。古人之所以重視交友對象的品質，是因為良師益友能夠輔仁、成就仁德。如果與德行差的人相處，我們如同陷入了泥潭，將面臨人生倒退。如今每個人都有自己的朋友，但能相互責善的朋友似乎越來越少，其主要原因恐怕在於彼此不夠坦誠、不能完全敞開心扉。孟子的「責善，朋友之道」和荀子的「士有爭友」，其意義在於他們希望朋友的勸告能夠幫助自己少犯錯誤、使自己的言行趨於完善。真正的朋友是不計恩怨、不計較得失的，朋友要做到以誠相待、以責善之道相處。

第四節　《禮記》〔註221〕的友朋觀

　　在漢代，人們比較重視朋友之道，「自天子至於庶人，未有不須友以成者」〔註222〕。《禮記·學記》記載：「獨學而無友，則孤陋而寡聞」〔註223〕。朋友在相互交流、答疑、解惑的過程中，能夠開闊眼界，增進彼此的學識。交往可以使個人的才能得以施展、名聲得以遠播、有道德的修養得以確立，可見交友大有裨益。孟子將「朋友有信」列為人倫之一，「聖人有憂之，使契為司徒，教以人倫：父子有親，君臣有義，夫婦有別，長幼有敘，朋友有信。」〔註224〕劉欽認為人與人的交往是人道的基礎和成名立事的必由之路，董仲舒以「仁義禮智信」來規範五倫，東漢的儒學著作《白虎通》將朋友關係作為六紀之一。

　　《禮記》，亦稱《小戴禮記》，為西漢時期戴聖所編纂。孔子說「克己復禮為仁」〔註225〕，孟子說「仁之實，事親是也；義之實，從兄是也……禮之實，節文斯二者是也。」孟子認為禮是行仁義的準則。在荀子看來，「君

〔註221〕因《小戴禮記》成書於西漢，故入選此節。
〔註222〕〔清〕王先謙：《詩三家義集疏》，中華書局1987年點校本，第569頁。
〔註223〕〔清〕孫希旦：《禮記集解》，中華書局1989年點校本，第965頁。
〔註224〕〔清〕焦循：《孟子正義》，中華書局1987年點校本，第386頁。
〔註225〕程樹德：《論語集釋》，中華書局1990年點校本，第817頁。

子處仁以義，然後仁也；行義以禮，然後義也，制禮反本成末，然後禮也。三者皆通，然後道也」〔註226〕，荀子說禮是義的準則，而禮是圓融的、自身「反本成末」，若通達仁、義、禮三者，便可致道。孔子、孟子與荀子對禮的認識雖然存在差異，而他們對禮的尊崇卻達成了一致，可能在荀子的思想中禮的地位更加特殊一些。禮的外在內容是制度，在《禮記》中有一些涉及「友」的準則，認識這些準則將有助於我們認識古代的朋友之道。

一、「朋友以極之」

《禮記》提出了人們在交友方面的具體做法，其行為規範之一為「朋友以極之」。《禮記·表記》說「禮以節之，信以結之，容貌以文之，衣服以移之，朋友以極之，欲民之有壹也。」〔註227〕「朋友以極之」是在《禮記·表記》中提出的，可見「朋友以極之」指向一定的人群，是民眾的規範，「欲民之有壹也」。值得注意的是，《禮記》記載的一些規範不以君子的言行為尺度，而是以民眾能夠做到的言行為依據。在如何與朋友交往的問題上，《中庸》的作者認為君子應先正己，而不能只對他人提出要求。「君子之道四，丘未能一焉：所求乎子，以事父未能也；所求乎臣，以事君未能也；所求乎弟，以事兄未能也；所求乎朋友，先施之未能也。」〔註228〕處朋友時，需先做到對朋友友善、施恩惠於對方，而不能僅對朋友提出過高的要求。

《禮記》記載了一些關於朋友的規範和禮儀，如《禮記·曲禮上》：「父母存，不許友以死」〔註229〕。呂思勉寫道：「『父母存，不許友以死。』則許友以死者多矣。服虔注《左氏》云：『古者始仕，必先書其名於策，委死之質於君，然後為臣，示必死節於其君也。』此亦許友以死之類也。古人有罪不逃刑，此乃許君以死，而又守信，使之然也。如晉之慶鄭是。事見《左氏》僖公十五年。」〔註230〕《禮記·坊記》記載「寡婦之子，不有見焉，則弗友也，君子以辟遠也。故朋友之交，主人不在，不有大故，則不入其門。」〔註231〕「父之齒隨行，兄之齒雁行，朋友不相逾。」〔註232〕這個規範反映

〔註226〕〔清〕王先謙：《荀子集解》，中華書局2013年點校本，第581頁。
〔註227〕〔清〕孫希旦：《禮記集解》，中華書局1989年點校本，第1305頁。
〔註228〕〔宋〕朱熹：《四書章句集注》，中華書局2012年第2版，第23頁。
〔註229〕〔清〕孫希旦：《禮記集解》，中華書局1989年點校本，第22頁。
〔註230〕呂思勉：《呂思勉讀史箚記》，上海古籍出版社2005年版，第242頁。
〔註231〕〔清〕孫希旦：《禮記集解》，中華書局1989年點校本，第1295頁。
〔註232〕〔清〕孫希旦：《禮記集解》，中華書局1989年點校本，第388頁。

的是與朋友相處要有尊敬、禮讓的精神。歷史上曾發生過朋友以爵位、仕途彼此謙讓的事蹟，讓我們來試舉一例，東漢朱暉與同郡的陳揖是好朋友，陳揖有個遺腹子陳友，當朱暉的兒子被太守召為官吏時，朱暉卻推辭不受，讓與了陳友。

　　朋友有信與孝順父母關係密切，孝順父母才能有悌、有仁，並信於朋友。《禮記‧曲禮上》記載「夫為人子者，三賜不及車馬，故州閭鄉黨稱其孝也，兄弟親戚稱其慈也，僚友稱其弟也，執友稱其仁也，交遊稱其信也；見父之執，不謂之進不敢進，不謂之退不敢退，不問不敢對：此孝子之行也。」〔註 233〕三賜謂三命之賜。周代官吏的品秩有一至九命之差，九命為品秩之最高者。每一命，都有相應的禮服和其他象徵品秩的賞賜物。如果做了三命之官，君王就要賞賜他車馬了。但有父母在，孝子不敢貪圖乘坐車馬的享受，雖賜而不受。曾子認為對朋友不守信即是不孝，原因在於失信於人可能導致災難並殃及雙親，會使父母得不到尊敬。只有生活起居時恪守禮義、侍奉君主時忠心謹慎、為官理政時嚴肅認真、與朋友交往時嚴守信用或衝鋒陷陣時勇於殺敵，才是遵守了孝道。

二、「樂其友而信其道」

　　朋友與個人學問的養成有著密切關係。「獨學而無友，則孤陋而寡聞。」儒家提倡多結交學友，彼此相互交流、切磋學問。曾子說：「君子以文會友，以友輔仁，則德日進。」有識之士都有自己的朋友圈，朱熹與辛棄疾、呂祖謙、張栻等人的交友事蹟就為世人所稱道。

　　交友對象品質的優劣影響自身道德的高下，「論學取友」可謂學業小成。《禮記‧學記》記「一年視離經辨志，三年視敬業樂群，五年視博習親師，七年視論學取友，謂之小成。」〔註 234〕君子能夠在與師友的交往、學習中感受到共鳴的喜悅，即便離開師友，因篤信師友的學識也不會違反師友之道，《禮記‧學記》說「故君子之於學也，藏焉，脩焉，息焉，遊焉。夫然，故安其學而親其師，樂其友而信其道，是以雖離師輔而不反也。」〔註 235〕「樂其友而信其道」是這句話所闡述的朋友之道。無論樂友親師，還是不信謠言，君子交友之所以篤信與牢固，根本原因在於他們志於道的信念。有德、有道

〔註 233〕〔清〕孫希旦：《禮記集解》，中華書局 1989 年點校本，第 18 頁。
〔註 234〕〔清〕孫希旦：《禮記集解》，中華書局 1989 年點校本，第 959 頁。
〔註 235〕〔清〕孫希旦：《禮記集解》，中華書局 1989 年點校本，第 962 頁。

的交往才是君子之間的交遊特徵，立於道義的交流才會真正令人喜悅。也正是由於志於道是君子交友的唯一前提，因此道不同，則不相為謀。

在中國古代交友歷史上，絕交是一道獨特的風景。《禮記·儒行》已指出：若志趣不同，朋友可以分手避讓。那麼君子絕交的原因是什麼呢？主要原因在於士人厭惡以利交友，他們痛感人情淡漠，痛恨營己治私、求勢逐利的輕薄行徑。還有一些學者，他們不僅認可絕交現象的存在，甚至主張全面絕交。東漢朱穆曾著有《絕交論》，梁朝劉孝標著有《廣絕交論》，絕交即斷絕以利交往，因為以利交友違背了君子志於道的追求。

而對於全部絕交之說，我們既要看到它的弊處，也要看到它所呈現的精神價值。以利交往的確令人心寒，西漢的翟公曾深切感到人情無常，當他做廷尉時，賓客紛至沓來；遭遇免職時，賓客卻一哄而散。等到翟公官復原職，賓朋舊友又想登門拜訪，翟公悲憤地在門上寫道：「一死一生，乃知交情；一貧一富，乃知交態；一貴一賤，交情乃見。」在現實生活中，一些朋友不但以利相交，夫妻之間也存在以利交往的現象，但是以利結成的關係並不牢固。以利交友，利去則友散；因利而談婚論嫁，利無則情薄。擇婦要以德配身，只有建立在學問道德基礎上的婚姻才是穩固與完美的。現代社會為什麼會出現一些離婚現象呢？在筆者看來，因自私自利而結婚的，有一天也可能因自私自利而離婚。唯有德性的婚姻，才能長久一些。雖然說天下只是一個利，但不合道義之利卻有害，利與弊只是看人如何用的得當。

有絕交現象就存在絕交的方式，君子怎樣實現絕交呢？君子交絕不出惡聲。這種友好斷交的美德，值得後人學習與弘揚。《幼學瓊林》稱「管寧割席拒華歆，謂非同志之人」〔註236〕，以割席的方式表明斷交之意，顯示了古人的素養與雅量。有一次弟子問朱熹：朋友之間已無共同的志向，絕交恐傷恩，繼續交往又匿情，我該如何與之相處呢？朱熹說：朋友不善，理當疏遠。但須疏之以漸，若無大故，不必絕之。在朱熹看來，遇大故才可絕交，除此之外，不善之友「疏之以漸」〔註237〕即可。

《禮記·檀弓下》記載「利其君不忘其身，謀其身不遺其友。」〔註238〕這是趙文子稱讚隨武子的一句話，他說隨武子實現自身志向的同時，還能做到舉薦他的朋友，可見隨武子是一個忠君重友之人。趙文子善於瞭解他人，

〔註236〕張慧楠譯注：《幼學瓊林》，中華書局 2013 年版，第 169 頁。
〔註237〕〔宋〕黎靖德編：《朱子語類》，中華書局 1986 年點校本，第 234 頁。
〔註238〕〔清〕孫希旦：《禮記集解》，中華書局 1989 年點校本，第 304 頁。

他也以忠義與人交往。《禮記‧儒行》說儒者的交友原則是這樣的：志向相合、學道相同的朋友在一起就感到快樂，相互謙讓而不厭倦。即使長時間不見面，聽到謠言也不相信。儒者的行為本於方正而立於道義，志趣相投就共同進取，不同則分手避讓，漢代楊雄也強調朋友之交要志趣相投。

儒者與人相處能夠堅持原則，君子不根據言語來判斷一個人的好壞，君子重視行為而不重視言談。君子在有喪事的人旁邊，不能資助就不問喪事的花費。在有病的人旁邊，不能有所饋贈就不問他需要什麼；無法安排客人住宿，就不問他打算住在什麼地方。君子之交淡如水，小人之交甘如醴，君子之交雖淡但能相互輔助，小人之交雖甘但久必敗壞。《禮記‧曲禮上》記載了賢者的處世之道：「賢者狎而敬之，畏而愛之。愛而知其惡，憎而知其善。積而能散，安安而能遷。」〔註239〕

在《禮記》中，我們似乎看到了兩類朋友之道，它們分別對應於不同的人群。「朋友以極之」是民眾的交友規範，作者將它作為交友之道，只在希望民眾能奉獻真情、誠心待友，以此實現「欲民之有壹」，而非欲民之有「權」。而《禮記‧儒行》說：儒者的行為本於方正而立於道義，志趣相投就共同進取，不同則分手避讓。顯而易見，立於道義、志趣不同則避讓等規範是君子的交友原則。《禮記》的內容十分豐富，它涵蓋了天地之道與人道，它記載的規範與禮儀都有與之相對應的特定人群與適用場合。儒者與民眾的生活方式與精神追求不同，因此他們的交友之道不可避免地存在差異。辨清了兩種交友之道而不致於困惑，我們才能更好地學習並全面理解古代的朋友之道。

第五節 《白虎通》的朋友之道

在交友方面，《白虎通》承繼《郭店楚簡》「同悅而交，以德者」的觀點，提出了「近則正之，遠則稱之，樂則思之，患則死之」的實踐主張。

一、「近則正之，遠則稱之，樂則思之，患則死之」

在交往中，子思之儒看重的是朋友的品德，因品德高尚而達到彼此同心而悅是交友的真境界：「同悅而交，以德也。不同悅而交，以猷者也。」《白虎通》詳細解釋了「朋友」一詞，「朋友者，何謂也？朋者，黨也。友者，有

〔註239〕〔清〕孫希旦：《禮記集解》，中華書局1989年點校本，第4頁。

也。」〔註240〕

「近則正之，遠則稱之，樂則思之，患則死之」〔註241〕為《白虎通》提倡的朋友之道。相比《郭店楚簡》，《白虎通》提出的是具體的交友規範。但無可否認的是，只有在「同悅而交，以德者」的基礎上，朋友才能真正做到「近則正之，遠則稱之，樂則思之，患則死之」。《郭店楚簡》的交友觀指出了交友前提、劃定了交友範圍，在以德交友的框架內，朋友一倫所包含的豐富內容得以逐步展開，可以說子思之儒提出的交友論與《白虎通》的交友觀，相為裏表，密不可分。

《三綱六紀》指出：「朋友之交，近則謗其言，遠則不相訕，一人有善，其心好之，一人有惡，其心痛之，貨則通而不計，共憂患而相救，生於我乎館，死於我乎殯。」〔註242〕這段話對「朋友之交」的解釋比上文提到的「朋友之道」略為詳細。我們不妨仔細分析一下真正的朋友之義。

其一，「通財不在其（朋友之道）中」與「貨則通而不計」表達的是同一個含義，君子以志義交友，雖通財但不計較貨利。子路說：「願車馬，衣輕裘，與朋友共敝之而無憾。」子路把與朋友一起實現道義作為自己的志向，而不計較貨財。「通財不在其中」也反映了君子的操守，「君子利少而義多，為之」。

其二，「患則死之」基本同於「共患難而相救」，「患則死之」反映了君子「畏患而不避義死」的品格，朋友患難時，君子應盡力解救、甚至不惜生命，文中的「死」當理解為「義死」。「患則死之」與古時「許友以死」的舊風俗不同。呂思勉寫道：「『父母存，不許友以死。』則許友以死者多矣。」呂思勉先生的思維方式很值得我們學習，從對「不許友以死」的反思中發現如今難見、古時特有的社會現象，可謂另闢蹊徑、柳暗花明。在呂思勉先生論證的基礎上，我們得知「許友以死」是那時流行的社會風俗，《禮記》提出「父母存，不許友以死」正是為了修正這一歷史習俗。

《白虎通》延續了《禮記》的說法，文章稱：「朋友之道，親存不得行者二。不得許友以其身，不得專通財之恩。」〔註243〕「親存不得行者二」的原因在於「示民有上下」，「父母在，不可有其身，不敢私其財。」全琮遵父命

〔註240〕〔清〕陳立：《白虎通疏證》，中華書局1994年點校本，第376頁。
〔註241〕〔清〕陳立：《白虎通疏證》，中華書局1994年點校本，第241頁。
〔註242〕〔清〕陳立：《白虎通疏證》，中華書局1994年點校本，第377頁。
〔註243〕〔清〕陳立：《白虎通疏證》，中華書局1994年點校本，第378頁。

攏米買賣，卻賑濟於士大夫，空船而回，全琮散父財，其行非子道。「友饑，則白之於父兄，父兄許之，乃稱父兄與之，不聽則止。」〔註 244〕若父兄不許，身為朋友只能「友饑為之減餐，友寒為之不重裘。」〔註 245〕朋友有通財之義，但「不專通財之恩」。重視父兄反映了儒家學者的重親思想，許友以死為忘親也。一些古代文獻對朋友之仇做了解釋，《周禮》稱：「主友之仇，視從父兄弟」，「鄉黨朋友之仇，不同市朝。」《禮記．曲禮》說：「交友之仇不同國」，或許朋友本有復仇之義。

其三，「近則正之」與「近則謗其言」表明了責善為朋友之道，「遠則稱之」與「遠則不相訕」說的是朋友不為流言蠱惑，即使遠隔萬里，仍能堅信彼此的道德。東晉葛洪的「全交之道」，可謂朋友之道的又一處詳解。論交際時，他說：「君子交絕猶無惡言，豈背向所異辭乎？殺身猶以許友，豈名位之足競乎？善交狎而不慢，和而不同，見彼有失，則正色以諫之；告我以過，則速改而不憚。不以忤彼心而不言，不以逆我耳而不納；不以巧辨飾其非，不以華辭文其失；不形同而神乖，不匿情而口合；不面從而背憎，不疾人之勝己；護其短而引其長，隱其失而宣其得，外無計數之諍，內遺心競之累。」〔註 246〕此全交之道包含了古時「許友以死」的風俗，談到了「正色以諫」，它提出的「護其短而引其長，隱其失而宣其得」正是朋友相隱之道。

二、「朋友有舊」

《白虎通》還提到了「朋友有舊」，這種提法在先秦文獻中很少見到。「朋友有舊」大概是說不要易忘舊有的情義，而應盡力做到「同憂樂，共富貴」，含有「朋友有信」的內涵，但比「朋友有信」蘊含的內容豐富。

《白虎通》說：「朋友相為隱者，人本接朋結友，為欲立身揚名也。」〔註 247〕《荀子．大略》也提到「友者，所以相有也。」「有」與「祐」可以通用，「相有」即「相祐」之意，朋友是需要真誠互助的。《白虎通．五行》說：「朋友何法？法水合流相承也。」朋友之交在於志向統一。朋友以義交往，朋友有過，應給予忠告；朋友有難，應挺身相救。若為了君、親而失信於朋友，班固曾對酈寄的做法表示理解。西漢初年，酈寄與呂祿結為好友。

〔註 244〕〔清〕陳立：《白虎通疏證》，中華書局 1994 年點校本，第 378 頁。
〔註 245〕〔清〕陳立：《白虎通疏證》，中華書局 1994 年點校本，第 378 頁。
〔註 246〕楊明照：《抱朴子外篇校箋》，中華書局 1991 年版，第 444 頁。
〔註 247〕〔清〕陳立：《白虎通疏證》，中華書局 1994 年點校本，第 241 頁。

呂太后去世後，大臣們想除掉呂氏家族，但顧慮重兵在握的呂祿。於是有大臣派人劫持了酈寄的父親酈商，並以此威脅酈寄勸說呂祿交出兵權。酈寄無奈之下只得游說呂祿解除兵權，呂祿相信了酈寄的話，交出了兵權，而呂氏家族最終遭到滿門殺戮。當時人們對酈寄的行為感到羞恥，而班固對此另有看法。班固認為酈寄並沒有見利忘義，他只是選擇遵從了君、親之義。這個故事還存有各類評價，班固之所以肯定酈寄「誼存君、親」，恐怕還出於他對於國家長治久安的考慮，同樣的考慮也見於《呂氏春秋》。

「私相見亦有質何，所以相尊敬，長和睦也。朋友之際，五常之道，有通財之義，振窮救急之意，中心好之，欲飲食之，故財幣者所以副至意也。」〔註248〕《禮‧士相見禮》曰：「上大夫相見以雁，士冬以雉，夏以腒也。」《白虎通》在朋友責善方面提出了一些見解，例如「士有諍友，則身不離於令名。」朋友之間相互勸善，可以使朋友保持好的名聲。朋友應互相責善、彼此仰慕、樂於交流、患難與共。歷史上不惜犧牲性命，救助患難之交的例子不勝枚舉。如灌夫被捕，患難之交竇嬰「終不令灌仲孺獨死，嬰獨生」，竭盡全力營救灌夫，不幸的是，自己也獲罪，朋友二人均被殺害。像竇嬰、灌夫這樣的患難之交，在現代社會已經很難見到了。朋友有難，多數人常明哲保身、撇清關係，何況冒死營救呢？

班固對朋友之義的總結，奠定了古代中國朋友一倫的基本內涵。「近則正之」蘊含了朋友責善的含義，「樂則思之，患則死之」繼承了古時交友的習俗，十六個字傳達的內容已十分豐富。喜歡中西文化比較的人們不妨將《白虎通》提到的朋友之道作為中國朋友思想的代表，尤其在「遠則稱之」的職責方面，它與亞里士多德的友朋觀有顯著的區別。亞里士多德說：「一起度日並相互喜悅」是成為朋友的主要標誌，他說分離的時間久了，友誼就逐漸淡忘了。在君子的心中，距離若是朋友之間的障礙，「遠則稱之」的精義便蕩然無存，「元伯、巨卿之好」也不復耳聞了。

人們渴望真正的友情，卻擔心受到欺騙，抱有矛盾的心理。起初電影《後會無期》裏的浩漢不相信陌生人、心裏有防備，好不容易相信了路人阿呂，卻被阿呂騙走了車，這似乎反映了人際交往的某些現實。浩漢說狗的壽命只有十四年，不足以陪伴我們一生，有時它卻比人的情義長。無論現實多麼殘酷，我們仍要相信真正的友情，接納真摯的朋友。讀到聖賢交友的故事時，

〔註248〕〔清〕陳立：《白虎通疏證》，中華書局 1994 年點校本，第 358 頁。

筆者的內心充滿了敬仰之情，曾經那是一個怎樣的時代，在他們的朋友圈內，除了論道、責善，有時竟能「患則死之」。呂思勉先生認為許友以死是古人的一類風俗，這樣的事情比較多，才會有《曲禮》講的「不許友以死」之事。雖然現代社會不需要「死之」，朋友之間做到真誠互助卻是必要的。

第六節　程顥、程頤的交友觀

　　讀《二程集》時，感覺收穫良多，雖然看過幾遍《論語》、《孟子》，有時僅是讀書，卻多有不解，但看到二程對語、孟的有關闡釋後，心中有些開朗處，這便是讀書有所得吧。接下來我們不妨試尋二程的思想，進入一段探索二程「友」觀念的歷程。

　　程顥（公元 1032～1085 年），字伯淳，人稱明道先生。程頤（公元 1033～1107 年），字正叔，世稱伊川先生，兩人為親生兄弟。在學術思想方面，二程的觀點基本一致，他們是宋明理學的奠基人。在朱熹（公元 1130～1200 年）的著述與王陽明的《傳習錄》中，後人很容易讀到他們對二程思想的引述與闡發。那麼二程的「友」觀念又弘大是如何呢？我們試著做一下簡要分析。

　　在《二程集》中，我們不難看到他們對佛教、禪宗的指認與批判，正是在這些批判中，後人才能辨清儒學的真貌。何謂儒者，「通天地人曰儒」，這句話是漢代楊雄所說，它確實反映了儒者的特徵，但程頤認為天地一道，通天地即通人，通人也通天地。天理或理是二程思想中不可迴避的重要概念，天者，理也，就理與天理的含義來看，二者差別不大。「天理云者，百理具備，元無少欠，故『反身而誠』，只是言得已上」〔註249〕。天德為天然完全自足之物，反身而誠可得之。天理不為堯存、不為桀亡，盡天理便是易。聖人致公心、盡天理，能使天地萬物各當其分，於天地萬物處循得天理便是至道。聖人循理，平直而易行。程頤說：「天下物皆可以理照，有物必有則，一物須有一理。」〔註250〕事物各有其理，因而順理為正。「萬物庶事莫不各有其所，得其所則安，失其所則悖。」〔註251〕聖人順治天下，止物各於其所。

〔註249〕〔宋〕程顥、程頤：《二程集》，中華書局 2004 年點校本，第 32 頁。
〔註250〕〔宋〕程顥、程頤：《二程集》，中華書局 2004 年點校本，第 193 頁。
〔註251〕〔宋〕程顥、程頤：《二程集》，中華書局 2004 年點校本，第 968 頁。

　　陳淳認為性中有仁義禮智四者，萬善由此而生，我們常提到的孝、弟等範疇存在於萬善之中，而在二程看來，天下物皆有理，他們說「物理最好玩」〔註252〕。既然世間存在物之理，那麼「理」在朋友處如何體現？人們怎樣循理而行呢？

　　曾子說「以友輔仁」，朋友之道向來為儒家重視。程頤說人心多從親愛之人，「常人之情，愛之則見其是，惡之則見其非」〔註253〕。好而知其惡，惡而知其美，卻天下鮮見。妻、子之言，有失卻多聽從，而言行隨從親愛者，恐怕難合正理。出門而交即結交益友，朋友不為私情所繫，因此能於己有功。程頤在易傳中說：「天下之可說，莫若朋友講習」〔註254〕，講習能使朋友相互受益。「天下之悅不可極，惟朋友講習」〔註255〕，朋友講習，雖過悅也無害。程頤將朋友講習看作天下最值得喜悅的事情，因為講習能夠真正互益於彼此生命，使朋友有志於道。

一、慎　交

　　既然交友有益於人生，那麼我們應該如何選擇朋友呢？伊川先生說：「君子觀象，知人情有爭訟之道」〔註256〕。他認為作事應謀其始，於事之開始絕訟端，則能免訟，如慎交結便是一例。在《荀子》一書中，我們讀到過後天環境對人成長的影響，「蓬生麻中，不扶而直」〔註257〕，而蘭槐之根漸漬於苦酒或臭汁，君子不近身，因此荀子說：「君子居必擇鄉，遊必就士」，以近中正而防邪僻。

（一）「以氣動氣」

　　在《二程集》中，程子也談到過幼童的成長環境，就此他提出了「以氣動氣」的解釋和「養正」的教養主張。程子比較推重以前的教育方式，他說古人自幼時，耳目所見皆善處而不見異物（不善處），易於成就人才。而今人自幼時，所見不善，便日習穢惡，以氣動氣、和氣衰滅，難以造就聖賢。因此程子說，欲要嬰兒善，需保留其真性。善養子者，「當其嬰孩，鞠之使得所

〔註252〕〔宋〕程顥、程頤：《二程集》，中華書局2004年點校本，第39頁。
〔註253〕〔宋〕程顥、程頤：《二程集》，中華書局2004年點校本，第785頁。
〔註254〕〔宋〕程顥、程頤：《二程集》，中華書局2004年點校本，第998頁。
〔註255〕〔宋〕程顥、程頤：《二程集》，中華書局2004年點校本，第84頁。
〔註256〕〔宋〕程頤：《周易程氏傳》，中華書局2011年點校本，第37頁。
〔註257〕〔清〕王先謙：《荀子集解》，中華書局2013年點校本，第6頁。

養，全其和氣，乃至長而性美，教之示以好惡有常。」〔註258〕

在二程思想中，「氣」字出現的頻率很高，「氣」為形而下者，「有形總是氣，無形只是道」〔註259〕。從自然界來講，氣滿天地；就人、物來說，生則氣聚，死則氣散，至於形聲之類，也是氣。程子將外界施於幼童不利影響的過程稱作「以氣動氣」〔註260〕，可謂實際又生動。在程子看來，善於教養的人懂得保存幼童與生俱來之和氣、避免惡氣引誘真性。待孩童長大一些，再示以好惡有常，這種教育方法即是「養正」。如果一開始就以惡引誘，即使以後人們再竭力教養，恐怕也是徒費心力。

「以氣動氣」不只適用於教養幼童，天下無非是感與應，例如飲食養護人的身體，也是外氣涵養之道。程頤以魚與水比喻人與天地，他說魚的性命並非水所造就，但它必據於水才得以生存。人居天地氣中，同樣也需要外氣。但外氣分善與惡，得善則利於性命，遇惡則損傷性命。人的視聽言動皆是氣，美善的言行可以養護人的真性，污穢的習行則觸動人的和氣。

在日常交往中，你是否有以下體會，若臨溫溫君子，我們似「如沐春風」；如果面對的是惡少悍妻，內心感受則極不舒適，真不若耳聾，由此人與人之間的感通便可以用「以氣動氣」來解釋，因此我們也可以用「以氣動氣」的提法來指導交友之道。與益友相處即是善養和氣，因此選擇朋友十分重要。

（二）「主忠信，毋友不如己者」

慎重交友，歷來為儒者看重，程子解釋「主忠信，毋友不如己者」時說，毋與不忠不信之人交友。朱熹對「毋友不如己者」解釋較多，在內容上我們可以歸納為三類，

一是勝己有如己的含義，要與勝己者處，「要得臨深以為高」〔註261〕。人交朋友，須求有益，與不如己者處，則有損而無益。但朋友才不如我時，便無敬畏之意、生狎侮之心，這樣做卻無益。

二，若交友必求勝己者，在理解上已存在偏差。「無友不如己」是聖人針對現實有感而發，一般人擇友的現狀是「見其勝己者則多遠之，而不及己則好親之」〔註262〕，「無友不如己」是針砭時弊、救學者之病。

〔註258〕〔宋〕程顥、程頤：《二程集》，中華書局 2004 年點校本，第 57 頁。
〔註259〕〔宋〕程顥、程頤：《二程集》，中華書局 2004 年點校本，第 83 頁。
〔註260〕〔宋〕程顥、程頤：《二程集》，中華書局 2004 年點校本，第 35 頁。
〔註261〕〔宋〕黎靖德編：《朱子語類》，中華書局 1986 年點校本，第 505 頁。
〔註262〕〔宋〕黎靖德編：《朱子語類》，中華書局 1986 年點校本，第 506 頁。

　　三,「無友不如己「也不是拒絕交結不及者,只是必須拒絕便佞者。這一解釋和程子與忠信之人交友的主張相仿。「上焉者,吾師之;下焉者,若是好人,吾教之;中焉者,勝己則友之,不及者亦不拒也,但不親之」〔註263〕。於師,求其賢於己;於友,求其勝己;於不肖者,則絕之。從上述語句中,我們可以瞭解到朱熹的交友之道以及他對師、友的看法。有志於道,必慎重開始。慎重擇友,是交友的前提與為人處世的開端。

　　張載認為「忠信進德,惟尚友而急賢」,但他也說「欲勝己者親,無如改過之不吝。」〔註264〕王陽明的弟子周道通曾談到過朋友講習的益處,得朋友講習,此志精健闊大,才有生意。若不得朋友相講,遇事便會困,有時會忘。王陽明在給他的書信中指出,困忘之病恐怕是志欠真切,既知自家痛癢,更須立志調停,朋友講習固然有益,但始終離不開自身的磨礪。「以友輔仁」含有「輔」字,朋友切磋的同時,勿忘自身立志、進德。

　　子夏論與人交往時說:「可者與之,其不可者拒之。」子張卻說:「君子尊賢而容眾,嘉善而矜不能」,賢人於人無不容。這兩句話看似有些衝突,但把兩句回答分別放在不同的情境中分析,衝突便化解了。子張、子夏論交,子夏、子張告人各有所依,初學與成德者事不同。讀到這兩句話時,程子與王陽明一致認為,子夏在談小子之交,子張在說成人之交。但我們是否也可以這樣解讀,子張談的是大賢與百姓交往的態度,君子心懷天下,親親而仁民,《周易》記載:君子「寬以居之,仁以行之」〔註265〕,而子夏講的是志同道合的交友,例如「主忠信,毋友不如己者」。

　　儒學發展到宋明理學,才算真正完成了一次蛻變。宋明理學家們不僅完善了儒學知識,也完成了他們自身的人格,而宋明理學的意義在於後人能夠循著窮理與他們修身的足跡,找到實現自我修養的路徑。開始讀六經時,我們雖然能略懂一些,但在內心體驗上似乎還是感覺那些知識外在於我,如同學生為了高考去學習知識一樣,而看過張載、二程等思想家的著述後,人們很可能會有內在於我的感受,能夠找到為學門徑。他們不斷窮理、努力豐富儒家學說,同時也以經驗來引導人們的認知與行為。體認宋明理學並加以實踐,可謂「學而時習之,不亦樂乎?」《近思錄》一書最能反映下學上達之義,

〔註263〕〔宋〕黎靖德編:《朱子語類》,中華書局1986年點校本,第505頁。
〔註264〕〔宋〕張載:《張載集》,中華書局1978年點校本,第66頁。
〔註265〕〔魏〕王弼,樓宇烈校釋:《周易注》,中華書局2011年版,第7頁。

它提到的齊家、出處進退辭受、存養、遷善改過等條目，既有日用處，又有大體處，體認後能使人感受到前後有較多一貫處。宋明理學強調自身體認，能夠治癒學問空疏的頑疾，儒學為實學，積累日久必有心得。學者問仁，程頤說：「此在諸公自思之，將聖賢所言仁處，類聚觀之，體認出來。」〔註266〕談到仁義禮智時，程子指出它們本於心，他說：「仁義禮智根於心，其生色言四者，本於心而生色也。」〔註267〕宋明理學將儒學轉變成隨處可學、隨時可用的學問，不繫古與今、己與人。道學家們試圖將六經中蘊涵的道抽離出來，以便為人所用。例如張載說「矯輕警惰」，這句話直指常人病處。張載說「天資美不足為功，惟矯惡為善，矯惰為勤，方是為功。」〔註268〕

二、從「朋友相觀」到「處朋友，務相下」

在宋明理學的學習過程中，你是否注意到一個現象，談到朋友相處時，理學家們似乎有一個共識：與朋友論學，更宜相觀或委曲謙下，這與我們之前談論的朋友之道有些差異。或者說依照他們的生活體驗，理學家給中國式的朋友之道注入了新的內容。程子說「朋友講習，更莫如相觀而善工夫多。」〔註269〕相觀即互相觀摩，朋友在相互觀摩中，學到的善處更多。

張載說：「朋友之際，欲其相下不倦。」〔註270〕他認為與朋友交往，不為燕安而為輔仁。他觀察到人們交友，都希望選擇善柔之人，善柔則氣合，但與朋友相處，一言不合時，卻容易怒氣相加，以致朋友離散。看到人們的具體表現，為了解決這一衝突，張載提出於朋友之間宜主於敬。敬則日益親密、輔仁最速。君子之遇事，無鉅細，一於敬而已。孔子批評一些子弟不以禮事師而且不能虛心求學，或許只為速成。朋友相下即是虛心求教。學者須先溫柔，溫柔可以進學，在張載看來，以溫柔處朋友，獲益更多。

王陽明說：「處朋友務相下，則得益，相上則損。」〔註271〕王陽明同樣認為朋友之間相互謙讓，益處較多，互相爭上則有損失。他又戒九川：「與朋

〔註266〕〔宋〕程顥、程頤：《二程集》，中華書局2004年點校本，第182頁。
〔註267〕〔宋〕程顥、程頤：《二程集》，中華書局2004年點校本，第41頁。
〔註268〕〔宋〕張載：《張載集》，中華書局1978年點校本，第271頁。
〔註269〕〔宋〕程顥、程頤：《二程集》，中華書局2004年點校本，第23頁。
〔註270〕〔宋〕張載：《張載集》，中華書局1978年點校本，第268頁。
〔註271〕〔明〕王陽明原著，〔明〕施邦曜輯評：《陽明先生集要》，中華書局2008年點校本，第46頁。

友論學，須委曲謙下，寬以居之。」〔註272〕大概九川不易謙讓，王陽明才著重告誡吧。這種告誡與明示也表明了社會上不少人存在的一類通病：臨事分物我，不肯屈下，「外面事不患不知，只患不見自己」〔註273〕。為治此心病，委曲謙下是一劑良藥。王陽明還指出：知學的人需打破一類病痛，才能做到善與人同，崇一解釋說：「這病痛只是個好高不能忘己」〔註274〕。孟源有自大、好名之病，王陽明曾屢次告誡。一天，一位朋友陳述修身工夫，孟源說：「此方是尋著源舊時家當。」王陽明警示他：「爾病又發！」孟源急忙為自己辯解，王陽明接著說：「爾病又發！若不去病根，隨居所長，只是滋養得此根。」

程子說「己」為我所有，知得最真切，因而捨己從人最難，即使能忍痛棄捨，「猶懼守己者固而從人者輕也」〔註275〕。因存「己」，便有自私之理。若難以捨己，處朋友則不易相下，程子還進一步指出即便「己」能痛捨，還可能有固守之病。處朋友時誠心謙下、虛心求善，能夠治人心疾，也是一門修養工夫。

程頤說：「子路亦百世之師」〔註276〕。子路，人告以有過則喜，此時心喜很難得，因而程顥希望學者以子路為師、借他人忠言以修身補過。離別一年後謝良佐與程頤相見，程頤詢問他工夫做得如何，謝良佐回答也只去個「矜」字，謝良佐繼續說：我感覺內心病痛盡在「矜」字，若去得這個字，才有進處，程頤聽後非常贊同。矜有自誇的含義，「自賢曰矜」，自矜是常人的心病，去矜猶如克己，克己才能做到虛心擇善。

處朋友時，無論相觀還是相下，我們仔細讀來，實際上裏面都藏有克己工夫，克去自身私欲，便是去人慾，去人慾即是識得天理。人須在事上磨練，於朋友處見得相觀、相下，方知能克己復禮。程頤見人議論前輩短處，曾指導他們說：「汝輩且取他長處。」〔註277〕論學取人長處，能顯現人們謙下、虛心的態度。持有謙虛的心態與朋友相處才能有益，否則只是固執己見。

在《論語》中，儒者虛心求學的精神並不鮮見，例如孔子稱讚孔文子「不

〔註272〕〔明〕王陽明原著，〔明〕施邦曜輯評：《陽明先生集要》，中華書局 2008 年點校本，第 105 頁。

〔註273〕〔宋〕程顥、程頤：《二程集》，中華書局 2004 年點校本，第 98 頁。

〔註274〕〔明〕王陽明：《傳習錄》，中州古籍出版社 2008 年第 2 版，第 366 頁。

〔註275〕〔宋〕朱熹、呂祖謙輯：《近思錄（二）》，中華書局 2015 年版，第 15 頁。

〔註276〕〔宋〕程顥、程頤：《二程集》，中華書局 2004 年點校本，第 68 頁。

〔註277〕〔宋〕程顥、程頤：《二程集》，中華書局 2004 年點校本，第 436 頁。

恥下問」，曾子讚譽他的朋友「以能問於不能，以多問於寡，有若無，實若虛」。張載說人有物我，不肯屈下，在朋友，則不能下朋友。也許相觀、相下是對儒家恭敬、虛心精神的傳承，它是程子、張載等人對生活細緻觀察、謹慎思考而得出的結論，反映了人能虛心、謙讓的美德。處朋友、務相下離不開良好的道德修養。張載說學者處事常責己，「責己者當知無天下國家皆非之理。」〔註278〕責己即督責自身，與朋友交往也應遵循此理。

由上述內容來看，朋友以溫和相處，我們似乎感覺少了些責善的氛圍，難怪後人有時責難宋儒盡是鄉愿！鄉愿這一評價是否客觀呢？答案顯然是否定的。實際上，儒家以易為道、講求時中，若結論與現狀相和，藥能因病而施，此時的見解便是合理的。由此我們可以將朋友之道的內容歸納得更加詳細，責善、近則正之與朋友相觀、相下都是處友之道，對常人來講，相觀、相下益處更多。把握朋友之道關鍵在於人們能合理運用，時中則正。

三、責友以善

讀《傳習錄》時，我們時常見得王陽明與朋友切切偲偲的場景，一日王陽明詢問諸友工夫做得如何，一友說虛名意思，一友述說今昔異同，聽後王陽明說，你們一個說光景、一個說效用，不僅不是工夫，反而在「助長外弛病痛」〔註279〕。為善之心真切，見善即遷、有過即改才是真工夫。看到這處對話時，我們猶如穿越到幾百年前的師友之間，在朋友真誠的交流、責善中，學問與見識得以改善，志於道才是朋友相聚、求學的真正緣由。

看《二程集》時，程子有不少對王安石的評論，但程顥與人論王安石之學時說：「為我盡達諸介甫，不有益於彼，必有益於我也。」〔註280〕世人往往將別人對自己學問的批評當作對自身的批評，其實沒有道理，學問與自身原本就是兩回事。程顥從容的氣象深得王陽明稱讚，他願天下朋友皆如此。王陽明說求道之人以立志求學為要緊事，「且論自己是非」。天下有議論我者，若能從中取善，皆是切磋砥礪之言。荀子說：「非我而當者，吾師也」，倘世人不在批評之上增加好惡，能從批評中吸取教訓，從而立志求學不懈，則師

〔註278〕陳榮捷：《近思錄詳注集評》，華東師範大學出版社 2007 年版，第 189 頁。
〔註279〕〔明〕王陽明原著，〔明〕施邦曜輯評：《陽明先生集要》，中華書局 2008 年點校本，第 74 頁。
〔註280〕〔明〕王陽明原著，〔明〕施邦曜輯評：《陽明先生集要》，中華書局 2008 年點校本，第 191 頁。

友之道明於天下。朋友講習的益處在於能常使心有志於道，不為客氣、舊習纏繞。客氣為血氣，生理欲念所發之氣，舊習即不良的習行。人若有利欲之心，則與「道」相背離。

責善同樣為程子看重，他認為事前講求適當的責善方法，勸告才能有效。有人曾經問他：與人相處時，如果對方有過失而不告知，則於心不安，告訴他又擔心他人並不接受，我該怎樣做才好呢？程子說：與人相處而不告知其過失，是你的不忠。「要使誠意之交通在於未言之前，則言出而人信矣。」〔註281〕為了克服告人以過的難題，程子提出了以誠待人的解決辦法。要想使他人聽從建議，我們應以誠感人，得到他人信任後才能做到「言出而人信」，不能打動人，只因未達至誠。

程子指出，責善之道要使「誠有餘而言不足」，這樣做對人有益，也不會使自身受辱，「『信而後諫』，唯能信便發得人志」〔註282〕。在傳統的責善之道中，程子將至誠作為責善的關鍵與前提，並輔以「言不足」的表達方式。「言不足」須以智動人，做到「言不足」離不開人們的精心思考，「言不足」三個字顯示了古人的談話藝術，是了不起的中華智慧。「言不足」的妙處在於它能給他人留有自我覺悟的餘地，指過的同時能夠照顧到對方的心理，不致於招致怨恨與災禍。

程頤言：「今責罪官吏，殊無養士君子廉恥之道。必斷言徒流杖數，贖之以銅，便非養士君子之意。如古人責其罪，皆不深指斥其惡，如責以不廉，則曰俎豆不修。」〔註283〕「言不足」的智慧除了用於朋友責善，在其他一些場合也有不俗的發揮。

《白虎通》記有隱惡之義，古人有出妻（出妻即休妻）一事，妻有不善，便當出。讀書時，我們也許會心生困惑，對姑（姑為夫之母）叱狗、黎蒸不熟顯然是些小事，為何成為出妻的理由？其實對姑叱狗、黎蒸不熟只是託辭，並非出妻的真正原因。君子不忍以大惡出其妻，遂以微罪去之，由此可見君子忠厚之義。古人絕交無惡言，去臣無惡聲，棄妻令其可嫁，絕友令其可交。對於棄妻、絕友這類事情，自己理直且妻、友知其罪過就可以了，何必使他人盡知實情？而有識者自然知曉。反之，如果彰顯妻、友之不善，自己則是

〔註281〕〔宋〕程顥、程頤：《二程集》，中華書局2004年點校本，第74頁。
〔註282〕〔宋〕程顥、程頤：《二程集》，中華書局2004年點校本，第147頁。
〔註283〕〔宋〕程顥、程頤：《二程集》，中華書局2004年點校本，第112頁。

淺丈夫而已。

就人情而論，多數人說話「多欲令彼曲我直」〔註284〕，「彼曲我直」即對待衝突時，人們常把自己的想法視為正確無誤的，而把對方的言行看作不正確的，但君子並不這樣做，君子說話有包涵與寬容的意思。班固將絕交不出惡言稱為隱惡，他認為朋友、夫妻有相隱之義。在東晉葛洪的書中，我們也能讀到朋友互相隱惡的說法，他說君子交絕無惡言，朋友之義有「護其短而引其長，隱其失而宣其德」的內涵。

四、朋友「以敬為主」

若繼續尋找二程論朋友之道的一些特點，朋友間主敬是其顯著特徵，但朋友之間主敬已經是「敬」之事了。程頤說君臣朋友，皆當以敬為主，君子淡以成，小人甘以壞。程頤常談「敬」，「敬」與「致知」是他提倡的工夫綱領。「敬」屬於內界工夫，「主一之為敬」〔註285〕，「主一」則是「中」與「內」，「主一」則天理明。不敢欺、不敢慢、不愧屋漏皆屬「敬」。

在《論語》中，孔子說晏平仲（晏嬰，齊國大夫）善於與人交往，他指出晏嬰與人交往的優點在於「久而敬之」〔註286〕。交友久則敬意衰幾乎是每一個人的切身體會。為何久則敬意衰減呢？也許沒有了新鮮感，也許交往時間一長，對方的缺點逐漸暴露、優點也不再突出，很難使人產生誠敬之心。晏嬰則與俗不同，交往時他能做到「久而敬之」，因此得到了孔子的稱讚。仲弓問「仁」時，孔子回答「出門如見大賓，使民如承大祭」〔註287〕，有此氣象之人定能敬人、動容周旋中禮自然，由此可見，擅長與人交往的晏嬰，已能行仁。張載也說朋友之間宜主於敬，敬則使人親密。久而能敬便是天理發見處。

既然「久而敬之」是孔子稱讚的美德，那麼與人交往時如何保持誠敬之心呢？程頤說：「涵養吾一。」〔註288〕周敦頤說「一」是學之要，「一者，無欲也」〔註289〕。「不可以己待物」〔註290〕，涵養日久則存得天理，有諸

〔註284〕〔宋〕程顥、程頤：《二程集》，中華書局2004年點校本，第243頁。
〔註285〕〔宋〕程顥、程頤：《二程集》，中華書局2004年點校本，第1173頁。
〔註286〕程樹德：《論語集釋》，中華書局1990年點校本，第327頁。
〔註287〕程樹德：《論語集釋》，中華書局1990年點校本，第824頁。
〔註288〕〔宋〕程顥、程頤：《二程集》，中華書局2004年點校本，第143頁。
〔註289〕陳榮捷：《近思錄詳注集評》，華東師範大學出版社2007年版，第140頁。

中便形諸外，與人交往時自然有誠敬的氣象。程顥說人道只在忠信，「誠者天之道，敬者人事之本。」〔註291〕程頤說：「出門如見大賓，使民如承大祭」屬「敬」，「敬」是不私。不敬時，私欲萬端便害於仁。「儼然正其衣冠，尊其瞻視」〔註292〕，其中也有個「敬」。

此時需要指出的是，在程顥、程頤的思想中「敬」主要強調的是工夫，它與《論語》、張載提到的「敬」存在差異，因而具體到接人處事時，他們常說「恭」字。「敬是持己，恭是接人」〔註293〕，與人恭而有禮，交往時循理自當如此。陳淳在《北溪字義》中說：「恭就貌上說，敬就心上說。恭主容，敬主事。」〔註294〕與人交往瞻視時，亦需節制。「己之敬傲必見於視。」〔註295〕柔心才能視下，言聽才會誠敬、信實。

「久而敬之」，孔子稱讚的是晏嬰久而不失誠敬的美德，而實際上多數人時間一久待人之敬意便衰減。記得一首詩寫道「久別故人疏」，故人可以是曾經的玩伴或朋友，但隨著時間與空間的改變，很多故人容易疏遠。原壤是孔子的故人，他的母親去世後，孔子幫助他修整棺槨。沒想到原壤竟登上槨木唱起歌來，孔子假裝沒有聽見。跟隨孔子的人說：原壤實在無禮，難道您不可以與他絕交嗎？孔子說，我曾經聽到過這樣一句話：「親者毋失其為親也，故者毋失其為故也。」孔子並沒有因原壤無禮而與之絕交。從這個小故事中，我們認識到的是先賢不忘昔日友情。或許小時候的玩伴還未定性，受到成長環境的影響，性格、見識會變化很大；也許以前曾是好友，現在卻很難成為志同道合的朋友。志向一旦不同，就要絕交嗎？儒家的傳統文化還告訴我們：應不忘舊時友情。孔子與原壤的故事還使人聯想起四個字：「朋友有舊」，「朋友有舊」見於《白虎通義》，「朋友有舊」與「故者毋失其為故」表達的含義近似。就此，我不得不提出一個問題，「朋友有舊」與絕交之說衝突嗎？實際上，二者並不矛盾。在《禮記》中，「朋友有舊」是就大處說，它也是民眾的禮儀規範，而志趣不同則分手避讓屬於儒者的言行，它們分別針對不同的人群。若進一步分析，則須遵照朱熹的說法，何時「疏之以漸」，何時絕交，應

〔註290〕〔宋〕程顥、程頤：《二程集》，中華書局 2004 年點校本，第 165 頁。

〔註291〕〔宋〕程顥、程頤：《二程集》，中華書局 2004 年點校本，第 127 頁。

〔註292〕〔宋〕程顥、程頤：《二程集》，中華書局 2004 年點校本，第 185 頁。

〔註293〕〔宋〕程顥、程頤：《二程集》，中華書局 2004 年點校本，第 184 頁。

〔註294〕〔宋〕陳淳：《北溪字義》，中華書局 1983 年點校本，第 36 頁。

〔註295〕〔宋〕張載：《張載集》，中華書局 1978 年點校本，第 268 頁。

合理把握時機與分寸。

慎重擇友幾乎是歷代儒者的交友共識，而二程「以氣動氣」的解釋為「慎交結」之說提供了嶄新的內容。另外，「朋友相觀」與「處朋友，務相下」是宋明時期的儒者對交友的普遍認識，也是這一時期交友思想的顯著特徵，它反映了儒者虛心克己的修養要求。

第七節　李贄論交友

先看李贄其人，李贄（公元 1527 年～1602 年），號卓吾，童年時，母親早逝。李贄的友朋思想與他的性情密不可分。李贄著有《卓吾論略》和《豫約‧感慨平生》，是其自傳，它們是研究李贄生平與思想的重要資料。李贄曾稱：「丈夫在世，當自盡理」〔註 296〕，他還自稱：「世俗子與一切假道學，共以異端目我，我謂不如遂為異端」〔註 297〕。我們知道，認識一個人需要瞭解他的性情。俗話說文如其人，李贄的文字能夠流露出毫無遮掩的真性情，如此率性的文風在其他思想家的著作中實難遇見。讀李贄文章的人們，大概首先為他的真情、真意所打動吧。

接下來我們來看一看旁人對李贄的印象，袁中道在《李溫陵傳》中說：「公為人中燠外冷，丰骨陵陵。性甚卞急，好面折人過，士非參其神契者不與言。強力任性，不強其意之所不欲。」〔註 298〕通過這段文字讀者大概略知他的日常言行了。李贄「潛心道妙」，喜好讀書。為政時，他「法令清簡，不言而治」〔註 299〕、「簿書有隙，即興參論玄虛。」李贄不以時代先後論文章優劣，他認為童心者自然能寫出優美的文章，他希望讀者不必過分拘泥於先秦文字。李贄批判《論語》、《孟子》等經典，他說典籍或為「史官過為褒崇之詞」〔註 300〕、或為「臣子極為讚美之語」、或為懵懂弟子「有頭無尾，得後遺前」之記憶。他認為經典並非萬世之論，不可比於童心。

讀李贄的文章，人們能感受到他敏捷的思辨力與探求真理的執著精神，李贄從不盲從經典，他善於在批判、反思中證道。如果讀者能把他的真性情、

〔註 296〕張建業，張岱注：《續焚書注》，社會科學文獻出版社 2013 年版，第 65 頁。
〔註 297〕〔明〕李贄：《焚書‧續焚書》，中華書局 2009 年第 2 版，第 8 頁。
〔註 298〕〔明〕李贄：《焚書‧續焚書》，中華書局 2009 年第 2 版，第 3 頁。
〔註 299〕〔明〕李贄：《焚書‧續焚書》，中華書局 2009 年第 2 版，第 3 頁。
〔註 300〕〔明〕李贄：《焚書‧續焚書》，中華書局 2009 年第 2 版，第 99 頁。

童心論、甚至潔癖一說與他的交友觀聯繫起來思考，那麼李贄的友朋思想就非常生動並富有趣味了。

袁中道憶李贄說：「體素臞，澹於聲色，又癖潔，惡近婦人，故雖無子，不置妾婢」〔註301〕，為何稱李贄潔癖呢？在下文中他寫道：「性愛掃地」，「衿裙浣洗，極其鮮潔，拭面拂身，有同水淫。」結合李贄的潔癖，我們就不難理解他的交遊特點了：「不喜俗客」、「一交手，即令之遠坐，嫌其臭穢。」〔註302〕李贄喜豪傑，他認為「鄉人皆好」之中無豪傑之士。豪傑猶巨魚，存於海非存於井。古今賢聖皆出於豪傑，真豪傑必識豪傑之人。聽說有人慾殺他時，李贄稱「勝我之友，又真能知我者，乃我死所」〔註303〕，得朋友而死，則牢獄、戰場之死「固甘如飴」。他認為「不肯死於妻孥之手者，必其決志欲死於朋友之手」〔註304〕，又可惜「世無朋友」，難見死於朋友之手者。

讀到李贄悲歡「世無朋友」時，很容易使人想起東晉葛洪著的《抱朴子外篇·交際卷》，作者抒發的慨歎與李贄十分相似。在文中葛洪痛斥當時的交友現狀：「世俗之人，交不論志，逐名趨勢」〔註305〕，「余徒恨不在其位，有斧無柯，無以為國家流穢濁於四裔，投畀於有北。」〔註306〕在此卷中葛洪提到了「勝己」之友，他說「所企及則必簡乎勝己，所降結則必料乎同志」〔註307〕，而且葛洪提出的朋友之道與《白虎通》倡導的交友之道非常接近，葛洪說「其處也則講道進德，其出也則齊心比翼。否則鈞魚釣之業，泰則協經世之務。安則有以精義，危則有以相恤。」〔註308〕

一、以聞道為追求

千百年來，如此真性情之學人難得一見！本文主旨原為論李贄交友，但詳閱李贄的論著後發現，李贄的友朋觀與他的性情及其學術思想密不可分。

未細看李贄的著作以前，我略知李贄的思想有異於其他學者，有人評價

〔註301〕〔明〕李贄：《焚書·續焚書》，中華書局2009年第2版，第3頁。
〔註302〕〔明〕李贄：《焚書·續焚書》，中華書局2009年第2版，第3頁。
〔註303〕〔明〕李贄：《焚書·續焚書》，中華書局2009年第2版，第63頁。
〔註304〕〔明〕李贄：《焚書·續焚書》，中華書局2009年第2版，第63頁。
〔註305〕楊明照：《抱朴子外篇校箋》，中華書局1991年版，第432頁。
〔註306〕楊明照：《抱朴子外篇校箋》，中華書局1991年版，第426頁。
〔註307〕楊明照：《抱朴子外篇校箋》，中華書局1991年版，第440頁。
〔註308〕楊明照：《抱朴子外篇校箋》，中華書局1991年版，第440頁。

說他是儒家「異端」人物，他果真為「異端」嗎，若為異端，何以證明？我們不妨作一下細緻分析。

（一）「四勿」與好學

李贄說「自幼讀聖教不知聖教……五十以後，大衰欲死，因得友朋勸誨，翻閱貝經，幸於生死之原窺見斑點」〔註 309〕，於是復研《大學》、《中庸》，跟從治《易》者讀《易》三年，後著有《道古錄》與《易因》。且不說李贄對儒家經典的注解如何，單是他求道的執著足以使人敬佩。李贄稱儒、道、釋之學的統一之處在於聞道。他說孔子之學是「無人無己之學」〔註 310〕。無己，故學莫先於克己；無人，故教惟在於因人。

李贄著有《四勿說》，這篇文章反映了他對儒家思想的深刻理解。在筆者看來，李贄圍繞「四勿」所談論的內容恰是孔子思想的重要內涵。「由中而出者謂之禮，從外而入者謂之非禮；從天降者謂之禮，從人得者謂之非禮」〔註 311〕。「凡人情為可悅也」，人以真情示人皆會令人喜悅，「真情流露是儒家精神的重要內容。真情流露就是率性。」孔子之學的重要內容就是順人情，它承認喜怒哀樂等自然情感的存在，主張對其適度的抒發，而不去壓制它，禮則是人情之表示。李贄稱禮自天降、由中出，可謂得禮之真精神。李贄還說：「人所同者謂禮」〔註 312〕，禮能兼顧各方的情感需求，「我所獨者謂己」，執己則非禮。「非禮之禮，大人勿為；真己無己，有己即克」〔註 313〕，顏淵問仁，孔子說：「克己復禮為仁」，其目為「非禮勿視，非禮勿聽，非禮勿言，非禮勿動。」克己才能復禮，禮兼顧雙方、不由己出，因此非禮便為不仁。

在對「禮」與「四勿」理解的基礎上，李贄提出「四勿也，即四絕也，即四無也，即四不也。」〔註 314〕四絕為「毋意、毋必、毋固、毋我」，「毋意、毋必、毋固、毋我」便能克己，克己則復禮，因而四絕可等同於「四勿」。四無即「無適、無莫、無可、無不可」。「四不」見於《中庸》，為「不見、不動、不言、不顯」。按四絕之意類推，四無、四不也類似於四絕。更重要的是顏回得益於四絕、四毋，能夠做到「不遷怒、不貳過」，於事常反求諸

〔註 309〕張建業，張岱注：《續焚書注》，社會科學文獻出版社 2013 年版，第 196 頁。
〔註 310〕〔明〕李贄：《焚書‧續焚書》，中華書局 2009 年第 2 版，第 16 頁。
〔註 311〕〔明〕李贄：《焚書‧續焚書》，中華書局 2009 年第 2 版，第 101 頁。
〔註 312〕〔明〕李贄：《焚書‧續焚書》，中華書局 2009 年第 2 版，第 101 頁。
〔註 313〕〔明〕李贄：《焚書‧續焚書》，中華書局 2009 年第 2 版，第 101 頁。
〔註 314〕〔明〕李贄：《焚書‧續焚書》，中華書局 2009 年第 2 版，第 101 頁。

己，這樣的行為才是真正的好學，更是千古絕學，難怪李贄說：「未至於此而輕易談四勿，多見其不知量也。」〔註315〕於此，李贄已得早期儒家要旨，他說俗儒並非真正知曉大聖與異端，「以所聞於父師之教者熟也」〔註316〕。

他說「穿衣吃飯，即是日倫物理……學者只宜於倫物上識真空」〔註317〕，在倫物上加以明察，便可識得真源。明察得真空，則由仁義行，而非行仁義。李贄以率性之真為起點，「推而擴之，與天下為公，乃謂之道。」〔註318〕他認為聖人「無別不容已道理可以示人」〔註319〕，聖人只是順勢，順勢則天下安，「謂孔子有學有術以教人亦可」〔註320〕，稱其無學無術也可。

（二）「情」與交友

「情」是李贄思想的重要概念。在《讀律膚說》中李贄說：「自然發於情性，則自然止乎禮義。」〔註321〕情性之外無禮義，矯強則失自然。「有是格，便有是調，皆情性自然」〔註322〕。著述也是如此，真能文者，非有意於為文，只因思想「蓄極積久，勢不能遏」，見景生情、觸目興歎，情由中出，始下筆成文、訴心中之不平。李贄以真情為可貴，他認為真情流露是著作的根本所在。

《童心說》對李贄重真情、崇本真的思想有過細緻闡述。他說「童心者，真心也」，「童心者，絕假純真，最初一念之本心」〔註323〕。為何童心會逐漸喪失呢？李贄分析說隨著年齡增長，多數人的童心被聞見、道理阻障。聖人著力護此童心，因而聖人不失童心，而後世學者卻因讀書識理失去童心。李贄提出的「童心」類似於孟子談論的赤子之心，孟子說：「大人者，不失其赤子之心」，並說「學問之道無他，求其放心而已」〔註324〕。後世學者童心閉塞，以聞見道理為心，言語不由衷、為政無根柢，實為假人。李贄是不

〔註315〕〔明〕李贄：《焚書·續焚書》，中華書局2009年第2版，第101頁。
〔註316〕張建業，張岱注：《續焚書注》，社會科學文獻出版社2013年版，第309頁。
〔註317〕〔明〕李贄：《焚書·續焚書》，中華書局2009年第2版，第4頁。
〔註318〕〔明〕李贄：《焚書·續焚書》，中華書局2009年第2版，第16頁。
〔註319〕〔明〕李贄：《焚書·續焚書》，中華書局2009年第2版，第31頁。
〔註320〕〔明〕李贄：《焚書·續焚書》，中華書局2009年第2版，第17頁。
〔註321〕〔明〕李贄：《焚書·續焚書》，中華書局2009年第2版，第132頁。
〔註322〕〔明〕李贄：《焚書·續焚書》，中華書局2009年第2版，第133頁。
〔註323〕〔明〕李贄：《焚書·續焚書》，中華書局2009年第2版，第98頁。
〔註324〕〔清〕焦循：《孟子正義》，中華書局1987年點校本，第786頁。

屑與假人言談的，「非童心自出之言也，言雖工，於我何與」〔註 325〕。

　　李贄重童心，因而李贄在交友時常以真情示人。一千年來，「鄉人之善者好之，其不善者惡之」的人是越來越少了，但李贄做到了。由「禮」、「情」而觀李贄的交友之道，我們就不難理解李贄獨特的友朋思想了。

　　李贄的交友論建立在他對儒家、佛教思想認識的基礎之上，依照孔子的言行規範，他的喜好由此而生。他認為「言顧行、行顧言」是擇友的標準。言顧行的表現為「於子臣弟友之道有未能」〔註 326〕。在「未能」中，李贄認識到了孔子的忠信之德，因此李贄將忠信當作自己的行為準則，也把它作為自身的擇友標準。他說「人生世間，惟是此四者終身用之」〔註 327〕。君子「為愲愲，故為有恆，故為主忠信」〔註 328〕、毋自欺。他厭惡「不知己之未能，而務以此四者責人教人。所求於人者重，而所自任者輕」〔註 329〕的行為。

　　從李贄對孔子「仁」、「禮」、「四勿」、「忠信」等思想的認識可知，李贄並非妖人、異端，而是深得儒家之道。

二、以勝己之友為歸

　　李贄的交友思想有哪些具體內容呢？接下來我們先看一看李贄極度厭惡的是哪些人？在書中李贄不止一次提到這類人：世俗子與一切假道學，而他對假道學的批評比較重。「今之學者以聖人而居市井之貨」〔註 330〕，李贄說這類人「講道學，聚徒眾，收門生，以博名高，圖富貴」〔註 331〕，假道學平居無事，只解打恭作揖、無所作為。稍學奸詐，因「良知」以陰博高官，遇警則面面相覷、互相推諉。

　　他譏笑俗儒不知孔子道德之重足以庇蔭後代，而偏重孔林風水；不知孔子教澤之遠、使萬世同守斯文，卻因貪慕富貴而聚徒眾、收門生。李贄十分讚賞弟子與孔子間的師生之誼，無論貧賤、患難，孔門弟子都能歡然從師，如今無官無財則弟子離散，俗儒為師誰能心悅誠服？他認為當世學者「種種

〔註 325〕〔明〕李贄：《焚書・續焚書》，中華書局 2009 年第 2 版，第 99 頁。
〔註 326〕〔明〕李贄：《焚書・續焚書》，中華書局 2009 年第 2 版，第 31 頁。
〔註 327〕〔明〕李贄：《焚書・續焚書》，中華書局 2009 年第 2 版，第 31 頁。
〔註 328〕〔明〕李贄：《焚書・續焚書》，中華書局 2009 年第 2 版，第 31 頁。
〔註 329〕〔明〕李贄：《焚書・續焚書》，中華書局 2009 年第 2 版，第 31 頁。
〔註 330〕張建業，張岱注：《續焚書注》，社會科學文獻出版社 2013 年版，第 227 頁。
〔註 331〕〔明〕李贄：《焚書・續焚書》，中華書局 2009 年第 2 版，第 63 頁。

日用，皆為自己身家計慮，無一釐為人謀者」〔註332〕，而講學時卻稱「爾為自己，我為他人」。李贄非常鄙視這種言行不顧的作為，他說這些人反而不如市井小夫自然真實，市井小夫還能做到身履是事，口便說是事。拘牽矑齪、卑卑瑣鎖之徒與按籍索古、口說仁義之假人，為李贄深惡痛絕。他說有才術之人，又恐利害及身、百般趨避，自覺不能、遂謂人皆不能，這種人也是李贄不屑與之交往的。

（一）推重「嗜義之友朋」

在「主忠信，毋自欺」思想的指導下，李贄喜好結交何人呢？難道真如外界所論其極不容人？我們不妨看一下李贄對於自我的剖析，他說「予性好高」〔註333〕，只是倨傲不下倚勢仗富之人，若「隸卒人奴」有「片長寸善」，也求其賜教。「予性好潔」，只是狷隘不容趨勢諂富之人，若大人王公有「片善寸長」，他也以禮相待。他認同「滿街皆聖人」的觀點，他說「無眾生相，安有人相；無道理相，安有我相。無我相，故能捨己；無人相，故能從人。」〔註334〕求善取之於人，因而耕稼陶漁之人無不可取。由上述內容可知李贄並非不願與人交往，只是一心堅持他自己的擇友方式，他認為以利交接之人，算不得朋友。

李贄著有《朋友篇》與《李生十交文》，這兩篇文章比較清晰地反映了李贄的友朋觀。在《朋友篇》中，李贄認為「天下無朋久矣」的原因在於「舉世皆嗜利，無嗜義者」〔註335〕。「嗜義則視死猶生」，嗜義之友朋可託幼孤、寄身家；「嗜利則雖生猶死」，嗜利之友朋則攘臂奪食、下石滅口，做出傷天害理之事。李贄厭惡的俗客正是「生而猶死者」，在他看來，俗世中的友朋多是嗜利之友朋。若無嗜義之友朋，可以說天下沒有友朋了。「以此事君，有何賴焉？」若嗜利之人參政，更談不上古代君臣之忠義了，而天下則無可觀之政。在這篇文章中，李贄提出了真正的交友之道：朋友應以道義相交。

五倫中的朋友的確不同於現代社會中的普通朋友，寫作時，筆者猜測最初的朋友之稱可能脫胎於「士與朋友」這對早期的人際關係，前文也已列舉了一些依據，朋友與後世的臣的職責是如此類似，除非「朋友」先天就具備

〔註332〕〔明〕李贄：《焚書‧續焚書》，中華書局2009年第2版，第30頁。
〔註333〕〔明〕李贄：《焚書‧續焚書》，中華書局2009年第2版，第105頁。
〔註334〕〔明〕李贄：《焚書‧續焚書》，中華書局2009年第2版，第31頁。
〔註335〕〔明〕李贄：《焚書‧續焚書》，中華書局2009年第2版，第222頁。

此種職能，否則「責善，朋友之道」何從解釋？李贄談論友朋時，友朋已是重生後的人倫關係了，但此處的友朋仍然具有重要的研究價值。錢穆在《中國五倫中之朋友一倫》指出「譚嗣同僅見西方亦有人與人相交，乃謂其只有朋友一倫。但不知相友有道，日常相交非友道。」緊接著他說：「今之人相交滿天下，而卒無一友。」〔註336〕此語與李贄「天下無朋」的憤慨是何等相似！

在《李生十交文》中，李贄自稱「余交有十」，「最切為酒食之交，其次為市井之交」〔註337〕。其三為遨遊之交，其次為坐談之交、技能可人、術數之人以至文墨之交，骨肉之交，心膽之交，生死之交。在十交中，他以生死之交為最難得。他說「能下人，故其心虛；其心虛，故所取廣；所取廣，故其人愈高。」〔註338〕

（二）對友「隆禮而師事之」

見人有長，略似人形，李贄便立即下拜，遂忘其短。非但忘其短，李贄還「隆禮而師事之」〔註339〕，李贄求友之誠，他人鮮有！為何「隆禮而師事之」呢？李贄說：「好友難遇，若非吾禮敬之至，師事之誠，則彼聰明才賢之士，又曷肯為我友乎？必欲與之為友，則不得不致吾禮數之隆」〔註340〕，他認為求友者需十分恭敬，以誠相待。

他對「流俗人」和「可人」的態度冷熱分明，他說：「我性不喜流俗人，見流俗人避之唯恐不早，此處卻冷。然我遇可人，吐心傾膽，實實以豪傑待他，此處卻熱。」〔註341〕李贄「所賴嚮往真誠，求友專切，平居惟耽勝己友朋，不如己者不願與處」〔註342〕。孔子說君子「無友不如己者」，李贄正是真切實踐了這一擇友願望，他絕不親近便佞、善柔之人與不似自己的人。《焚書》稱：「凡能明我者則親之，其不如己者，不敢親也；便佞者、善柔者皆我之損，不敢親也。既不敢親，則惡我者從生焉，我惡之者亦從生焉，亦自然之理耳。」〔註343〕

〔註336〕錢穆：《晚學盲言》，生活·讀書·新知三聯書店2010年版，第365頁。
〔註337〕〔明〕李贄：《焚書·續焚書》，中華書局2009年第2版，第129頁。
〔註338〕〔明〕李贄：《焚書·續焚書》，中華書局2009年第2版，第105頁。
〔註339〕〔明〕李贄：《焚書·續焚書》，中華書局2009年第2版，第106頁。
〔註340〕〔明〕李贄：《焚書·續焚書》，中華書局2009年第2版，第106頁。
〔註341〕張建業編：《李贄研究資料彙編》，社會科學文獻出版社2013年版，第157頁。
〔註342〕張建業，張岱注：《續焚書注》，社會科學文獻出版社2013年版，第111頁。
〔註343〕〔明〕李贄：《焚書·續焚書》，中華書局2009年第2版，第253～254頁。

　　世上傳言李贄性暴，他自我解嘲說「每見世人欺天罔人之徒，便欲手刃直取其首，豈特暴哉！縱遭反噬，亦所甘心，雖死不悔，暴何足云！」〔註344〕但他又說若見「光明正大之夫，言行相顧之士」，則暴怒全無、喜從心來。

　　下面我們再具體歸納一下李贄的擇友標準：

　　第一，友需篤實有德。他認為「有德者必篤實，篤實者則必有德」。〔註345〕在李贄看來，篤實是做人的基本原則，篤實即是真實誠心、毋自欺。

　　第二，朋友以同志為勸，勿逐勢利而交。李贄以友為重，根本原因在於他把求道作為自己的人生追求。未學時，有先生曾對他說：「公即怖死，何不學道？學道所以免生死也。」〔註346〕繼而他「潛心道妙」。李贄對「窮」、「樂」懷有異於世俗的見解，他說「吾所謂窮，非世窮也。窮莫窮於不聞道，樂莫樂於安汝止。」〔註347〕他以讀書為樂，他說「人生一日在世未死，便有一日進益……不有日進，便是死人。」〔註348〕李贄認為同志之士勝於同胞，他說：「學道人腳跟未穩當，離不得朋友；腳跟既穩當，尤離不得朋友。何者？友者有也，故曰道德由師友有之，此可以見朋之不可離矣。然世間真友難得，而同志真實友尤其難得。古人得一同志，勝於同胞，良以同胞者形，而同志者可與踐其形也。」〔註349〕李贄說「交難則離亦難，交易則離亦易。」〔註350〕他認為天下皆市道之交，「以利交易者，利盡則疏；以勢交通者，勢去則反」〔註351〕。他說「好看者人也，好相處者人也，只是一付肚腸甚不可看，不可處」〔註352〕。李贄稱「貴莫貴於能脫俗」〔註353〕，李贄不喜與俗人相見，他認為俗人相交於勢、利，以勢、利與人交接並非朋友之交，但亞里士多德認為以勢、利為目的而交往的雙方也屬於朋友，他說「友愛分為三類，其數目與可愛的事物相等」〔註354〕，以勢、利交往是為了有用和快

〔註344〕〔明〕李贄：《焚書・續焚書》，中華書局 2009 年第 2 版，第 59 頁。
〔註345〕〔明〕李贄：《焚書・續焚書》，中華書局 2009 年第 2 版，第 106 頁。
〔註346〕〔明〕李贄：《焚書・續焚書》，中華書局 2009 年第 2 版，第 3 頁。
〔註347〕〔明〕李贄：《焚書・續焚書》，中華書局 2009 年第 2 版，第 86 頁。
〔註348〕張建業，張岱注：《續焚書注》，社會科學文獻出版社 2013 年版，第 38 頁。
〔註349〕張建業，張岱注：《續焚書注》，社會科學文獻出版社 2013 年版，第 55 頁。
〔註350〕〔明〕李贄：《焚書・續焚書・續焚書卷二》，中華書局 2009 年第 2 版，第 76 頁。
〔註351〕〔明〕李贄：《焚書・續焚書・續焚書卷二》，中華書局 2009 年第 2 版，第 76 頁。
〔註352〕〔明〕李贄：《焚書・續焚書》，中華書局 2009 年第 2 版，第 190 頁。
〔註353〕〔明〕李贄：《焚書・續焚書》，中華書局 2009 年第 2 版，第 227 頁。
〔註354〕（古希臘）亞里士多德著，苗力田譯：《尼各馬科倫理學》，中國人民大學出

樂。而亞里士多德也認識到為了有用和快樂的友愛是偶性上的友愛，這樣的朋友很容易散夥，難於長久維持。為了朋友而希望朋友的德性臻於至善才是真正的朋友，這類友愛不出於偶性，只要善不變，友誼就永遠維持。李贄追求的友道近似於亞氏贊許的德性之友愛。

　　第三，朋友切切偲偲，勿匿怨而友其人。在李贄看來，真正的朋友不存在匿怨友人之事。在學問上李贄曾與耿定向有不合之處，1586 年他對耿定向說：「所講者未必公之所行，所行者又公之所不講」，此番作為豈是「言顧行，行顧言」？1588 年，李贄說「非與世之局瑣取容，埋頭顧影，竊取聖人之名以自蓋其貪位固寵之私者比也。」〔註355〕此「貪位固寵之私者」可能指的是耿定向。據《明儒學案》記載：「何心隱之獄，唯先生與江陵厚善，且主殺心隱之李義河，又先生之講學友也，斯時救之固不難，先生不敢沾手，恐以此犯江陵不說學之忌」〔註356〕。由以上事例我們得知李、耿論戰可謂界限分明，「兩家門徒標榜角立」〔註357〕。耿定理去世後，因恐子姪仿傚李贄，耿定向希望李贄離開黃安，「子庸之兄天台公惜其超脫，恐子姪傚之，有遺棄之病，數至箴切。」〔註358〕歷經論學等各類矛盾，1595 年李贄在《答來書》中說「我與天台所爭者問學耳。既無辯，即如初矣」〔註359〕。在李贄的思想中，他與耿定向僅是朋友間切切偲偲，並無個人恩怨。

　　第四，以友為師，以師為友。「言友則師在其中」的說法應是李贄首次提出。李贄認為師友是統一的，「世人不知友之即師，乃以四拜受業者謂之師；又不知師之即友，徒以結交親密者謂之友。夫使友而不可以四拜受業也，則必不可以與之友矣；師而不可以心腹告語也，則亦不可以事之為師矣。古人知朋友所繫之重，故特加師字於友之上，以見所友無不可師者，若不可師，即不可友。大概言之，總不過友之一字而已，故言友則師在其中矣。」〔註360〕他說若有使人心悅誠服之師，願為之死。由於李贄親友，他結識了一批摯友，如耿定理、馬經綸等。耿定理早逝後，李贄悲慟不已，他說：「我是君之友，

　　　　版社 2003 年版，第 166 頁。

〔註355〕〔明〕李贄：《焚書・續焚書》，中華書局 2009 年第 2 版，第 16 頁。

〔註356〕黃宗羲：《明儒學案》，中華書局 1985 年版，第 815 頁。

〔註357〕張建業編：《李贄研究資料彙編》，社會科學文獻出版社 2013 年版，第 311 頁。

〔註358〕〔明〕李贄：《焚書・續焚書》，中華書局 2009 年第 2 版，第 3 頁。

〔註359〕〔明〕李贄：《焚書・續焚書・續焚書卷一》，中華書局 2009 年第 2 版，第 17 頁。

〔註360〕〔明〕李贄：《焚書・續焚書》，中華書局 2009 年第 2 版，第 80〜81 頁。

君是我之師。我年長於君，視君是先知。」〔註361〕李贄稱：「朋友道絕久矣」，千古有君臣，卻無真朋友，現實中的朋友「幸而入，則分毫無我益；不幸而不相入，則小者必爭，大者為仇。」〔註362〕

李贄尊何心隱與張居正為師，他說「何公布衣之傑也，故有殺身之禍，江陵宰相之傑也，故有身後之辱。不論其敗而論其成，不追其跡而原其心，不責其過而賞其功，則二老者皆吾師也。」〔註363〕

（三）重視「勝己之友」

李贄說：「苟不遇良朋勝友，其迷何時返乎？以此思勝己之友一日不可離也。」〔註364〕晚年李贄說出了自己對「勝友」的渴望：「我老矣，得一二勝友，終日晤言以遣餘日，即為至快」〔註365〕。李贄終日有欲見「勝己之心」，終年有「不見知己之恨」。李贄深感嗜義之友朋難得，於是終生以求「勝己之友」為樂、四方交遊。

他說「生在中國而不得中國半個知我之人」實為可悲，倒不如客死他鄉，有「勝我之友，又真能知我者」，才是他的歸處。若遇真朋友，即使面臨牢獄、戰場之死，亦覺甘甜。李贄渴求知音，《續焚書》稱「士為知己者死，即一見知己而死，死不恨矣」〔註366〕。無論對知音的渴望，還是對「勝己之友」的重視，都源於「證道」。李贄說「孔子求友之勝己者，欲以傳道，所謂智過於師，方堪傳授是也。吾輩求友之勝己者，欲以證道」〔註367〕。

問學、交友皆出於真摯，卻為何屢遭人厭？若此厭實為「不善者惡之」，有何不可呢？李贄在《豫約》中說：「以不願屬人管一節，既棄官，又不肯回家，乃其本心實意。」〔註368〕李贄晚年居麻城，其實是為了求道，喪子後，他曾說「夫不戚戚於道之謀，而惟情是念」〔註369〕，不益有愧？李贄傷生不傷逝並且不懼禍患，他視災禍為磨礪，他說「等禍者，志慮益精，德行益峻，

〔註361〕〔明〕李贄：《焚書・續焚書》，中華書局2009年第2版，第230頁。
〔註362〕〔明〕李贄：《焚書・續焚書》，中華書局2009年第2版，第29頁。
〔註363〕〔明〕李贄：《焚書・續焚書》，中華書局2009年第2版，第16頁。
〔註364〕〔明〕李贄：《焚書・續焚書》，中華書局2009年第2版，第52頁。
〔註365〕〔明〕李贄：《焚書・續焚書》，中華書局2009年第2版，第3頁。
〔註366〕〔明〕李贄：《焚書・續焚書・續焚書卷一》，中華書局2009年第2版，第40頁。
〔註367〕〔明〕李贄：《焚書・續焚書》，中華書局2009年第2版，第28～29頁。
〔註368〕〔明〕李贄：《焚書・續焚書》，中華書局2009年第2版，第185頁。
〔註369〕〔明〕李贄：《焚書・續焚書》，中華書局2009年第2版，第84頁。

磨之愈加而愈不可磷，涅之愈甚而愈不可淄也」〔註370〕。

李贄不欲「世人知我、信我」，他以「見得百年之內，或近而子孫，又近而一身……聽得街談巷議，市井小兒之語」為短見，以「超於形骸之外，出乎死生之表……畏乎大人，不敢侮於聖言，更不惑於流俗憎愛之口」〔註371〕為遠見。李贄樂於聞正論，不聽俗語；樂於學出世，不戀浮世。錢謙益說：李贄「與耿天台往復書，累累萬言，胥天下之為偽學者，莫不膽張心動，惡其害己，於是咸以為妖為幻，噪而逐之」〔註372〕。李贄說一些人不可以使知「道」，因其有「情」。此處的「情」應為情慾，有情慾便難克己，不克己自然難以以道交流。

李贄的交友觀與孔子的交友思想基本一致，具體表現如下：

其一，童心與「直」。孔子說有三類品質對人有幫助，有三類品行則於人有損。有益的三類品質分別為：直、諒、多聞；而有害的三類品行是便辟、善柔、便佞。李贄說「童心者，真心也」、「童心者，絕假純真，最初一念之本心」，童心與「直」有相近之處，「直」可解釋為「誠」與「真」，童心為真心，童心與「直」的品質皆有益於人生。

其二，主忠信，不與便辟、善柔、便佞之人交友。孔子明確指出「友便辟，友善柔，友便佞，損矣」，李贄也堅決反對與上述幾類人交友。在「主忠信，毋自欺」思想的指導下，李贄只交真摯之友，「言顧行，行顧言」是他的擇友標準。

李贄的交友思想與之前的思想家的不同與發展之處則表現在以下幾個方面，第一，看重嗜義之友。李贄著有《朋友篇》，他說舉世皆嗜利之友，則「天下無朋久矣」，嗜義之友朋則可託幼孤、寄身家，嗜義之友朋才是真正的朋友。

第二，以友為師，對友「隆禮而師事之」。這一特徵是李贄交友思想中所特有的。李贄認為好友難遇，只有禮敬之至、師事之誠，聰明才賢之士才肯與他為友。李贄求友心切、敬意之盛，超出多數人之外。

第三，以勝己之友為歸。此處的「勝己之友」指的應是智過於我的知己。

〔註370〕〔明〕李贄：《焚書‧續焚書‧續焚書卷一》，中華書局 2009 年第 2 版，第 11 頁。

〔註371〕〔明〕李贄：《焚書‧續焚書》，中華書局 2009 年第 2 版，第 59 頁。

〔註372〕張建業編：《李贄研究資料彙編》，社會科學文獻出版社 2013 年版，第 212 頁。

與耿定理友好時，李贄曾與妻女居住在黃安，他說「勝我之友，又真能知我者，乃我死所」。此外還需注意的一點是，雖然李贄交往比較廣泛，但他所交之人都有一個共同特點：皆出於真性情，李贄極度厭惡假道學之人，他說這類人「講道學，聚徒眾，收門生，以博名高，圖富貴」，而且言行不相顧。

由童心而交友、超然勢利之外、以勝己之友為歸，如此真君子，世所罕見！

第三章 「君臣相友」思想的產生與發展

第一節 《郭店楚簡》與孟子「友」觀念互證

　　《郭店楚簡》自出土以來，在很長一段時間內成為學術界研究的熱點，龐樸先生在《孔孟之間——郭店楚簡的思想史地位》中提到「這批竹書屬思孟學派著作，是早期儒家心性學說的重要文獻；它的出土，補足了孔孟之間思想鏈條上所曾經缺失的一環。」〔註1〕《郭店楚簡》對友道的論述，在當時的社會乃至今天的時代都有著獨特的社會意義。「友，君臣之道」是《郭店楚簡》友朋觀的突出體現。

一、「友」與君臣之「義」

　　在子思之儒看來，以友相待是處理君臣關係的準則。「父無惡，君猶父也，其弗惡也，猶三軍之旌也，正也。所以異於父，君臣不相才（存）也。則可已；不悅，可去也；不義而加者（諸）己，弗受也。友，君臣之道也。」〔註2〕《郭店楚簡》載：「魯穆公問於子思曰：『何如而可謂忠臣？』子思曰：『恒稱其君之惡者，可謂忠臣矣』」〔註3〕，「以忠事人多。忠者，臣德也」

〔註1〕　龐樸：《孔孟之間——郭店楚簡的思想史地位》，《中國社會科學》1998年第5期。

〔註2〕　劉釗：《郭店楚簡校釋》，福建人民出版社2005年版，第208頁。

〔註3〕　劉釗：《郭店楚簡校釋》，福建人民出版社2005年版，第177頁。

〔註4〕，為了道義批評君主的過錯，指責君主的行為過失，是符合君臣之道的，孔子提倡的友道也是如此：當朋友有過失時，應「忠告而善道之」，在此，友道與君臣之道極其相似。

朋友與君臣屬於「無親」的社會關係，因而《郭店楚簡》有時將友、君臣同舉，如「友、君臣，無親也」〔註5〕、「君臣、朋友，其擇者也」，作者進而以「友」來規範君臣關係，這是儒家友朋觀的一個新變化。《論語》也曾提到君臣與朋友存在相似性，「事君數，斯辱矣。朋友數，斯疏矣」〔註6〕，君、友放在一起講，可見此兩倫較為接近，「古稱此兩倫以人合」〔註7〕。「子貢問友。子曰：『忠告而善道之，不可則止，毋自辱焉。』」〔註8〕事君也是一樣，子曰：「所謂大臣者，以道事君，不可則止。」

君臣以友相待與「君臣義生言」的觀點是一致的，《中庸》說「義者宜也，尊賢為大」〔註9〕，《六德》說「以義使人多。義者，君德也」，君若以不義加於臣，臣可以不接受。「尊賢」是義之舉，「忘賢」即不義，《唐虞之道》稱「愛親忘賢，仁而未義也。尊賢遺親，義而未仁也。」〔註10〕「貴貴，其等尊賢，義也。」〔註11〕「貴貴」即以下敬上，尊賢是以上敬下，同屬於「義」的範疇。《周禮·地官·師氏》記載：「友行，以尊賢良」，在這裡我們不難看出「友」與「義」存在密切聯繫，「友」被包含在「義」中。

「義」的內涵十分豐富，在《中庸》、《郭店楚簡》與《孟子》等文獻中，「義」卻有著共同的內容：尊賢。《釋名·釋言語》說「義，宜也，裁制事物，使合宜也」〔註12〕，通常義指合理地裁制事物。告子說：「吾弟則愛之，秦人之弟則不愛也，是以我為悅者也，故謂之內。長楚人之長，亦長吾之長，是以長為悅者也，故謂之外也。」〔註13〕在告子看來，「內」以「我」為範圍，而「外」指「我」之外，即門外。龐樸先生曾經指出「告子所持的仁內

〔註4〕 劉釗：《郭店楚簡校釋》，福建人民出版社2005年版，第113頁。
〔註5〕 劉釗：《郭店楚簡校釋》，福建人民出版社2005年版，第182頁。
〔註6〕 程樹德：《論語集釋》，中華書局1990年點校本，第281頁。
〔註7〕 錢穆：《論語新解》，生活·讀書·新知三聯書店2005年第2版，第107頁。
〔註8〕 程樹德：《論語集釋》，中華書局1990年點校本，第877頁。
〔註9〕 〔宋〕朱熹：《四書章句集注》，中華書局2012年第2版，第28頁。
〔註10〕 劉釗：《郭店楚簡校釋》，福建人民出版社2005年版，第148頁。
〔註11〕 劉釗：《郭店楚簡校釋》，福建人民出版社2005年版，第71頁。
〔註12〕 劉熙：《釋名》，中華書局1985年版，第52頁。
〔註13〕 〔清〕焦循：《孟子正義》，中華書局1987年點校本，第744頁。

義外說，不是說仁出自內心，義起於外物，不是這樣的道德發生論的問題，而只是敘說了仁義的施行範圍之別」〔註 14〕。《六德》篇稱：「仁，內也。義，外也。禮樂，共也」〔註 15〕，這句話更加說明了內外之別，內外是指家族內外。由此可見在家族之外，尊賢為「義」之大者，而「友行，以尊賢良」，則「友行」為「義」之重。

但值得注意的是，「友，君臣之道」的「友」與「友行，以尊賢良」中「友」的含義並不十分相同，因此在後文中，君臣相友便含有兩個方面的內容：一是君臣相互輔助以志於道，二是敬賢使能，合而言之為尊賢重道。

「友，君臣之道」這一觀點的出現並不是偶然的，它與士、友的相處規範有關。在周代封建制度中，「士」是貴族階級的最低一層，士的上面是大夫，下面為「庶人」，在森嚴的封建系統下，社會的流動性極小，「士」的身份是相當固定的，有僚屬關係的士之「朋友」也應有特定的群體，不同於現今意義上的朋友。到了春秋戰國之際，封建秩序的崩壞導致了士的隊伍發生了劇烈變動，「封建關係雖然在理論上是固定的、靜態的，但周代社會在實際上卻處在不斷的發展之中，從公元前 6 世紀中葉到公元前 5 世紀初葉，種種證據都顯示封建秩序已不復能維持其原有的固定性了。」〔註16〕與此同時，「友」的群體發生了流動，士友關係有了相應的變化，但這對曾在歷史上出現的士友關係仍為早期儒家學者所看重，因此便出現了不少有關「士」與「友」的論述，在士友與君臣有著相似點的基礎上，「友」為「君臣」之道可能是儒家的理想境界。

在《郭店楚簡》中，我們可以讀到一些士與友的內容。士與友有唇齒相依的關係，「士無友不可」。「山無墮則坨，成無蓑則坨，士無友不可。君有謀臣，則壤地不削；士有謀友，則言談不弱。」〔註 17〕《荀子集解》這樣記載：「天子之喪動四海，屬諸侯；諸侯之喪動通國，屬大夫；大夫之喪動一國，屬修士；修士之喪動一鄉，屬朋友」〔註18〕，從中我們不難看出「朋友」與「士」的密切關係。《禮記·曾子問》中有朋友為士的喪事設奠的記

〔註14〕龐樸：《試析仁內義外之辨》，《文史哲》2006 年第 5 期。

〔註15〕劉釗：《郭店楚簡校釋》，福建人民出版社 2005 年版，第 109 頁。

〔註16〕余英時：《中國知識人之史的考察》，廣西師範大學出版社 2004 年版，第 122 頁。

〔註17〕劉釗：《郭店楚簡校釋》，福建人民出版社 2005 年版，第 224 頁。

〔註18〕〔清〕王先謙：《荀子集解》，中華書局 2013 年點校本，第 426 頁。

載，「孔子曰：『非此之謂也。天子諸侯之喪，斬衰者奠；大夫齊衰者奠；士則朋友奠』」〔註19〕，《左傳》也有關於朋友的記載，師曠曰：「是故天子有公，諸侯有卿，卿置側室，大夫有貳宗，士有朋友，庶人工商皁隸牧圉皆有親昵，以相輔佐也……自王以下各有父兄子弟以補察其政。」〔註20〕從「士有朋友」這則史料同樣可以看出士與朋友之間的親昵、輔佐關係。隨著歷史的變遷，「士」和「友」的群體發生了變化、流動，便出現了「巨雄」和「賢人」的親密關係，進而發展為君臣關係。

君臣異於父子，君臣不像父子那樣互相依存。相悅則可，不相悅則可以離開。以友相待並以恩義相處，是君臣之間的正道。在《郭店楚簡》中，君臣關係的地位高於朋友，在喪服制度中，君臣與父子的規範一致，朋友與宗族一致。「疏斬布，絰、杖，為父也，為君亦然。疏衰齊，牡麻絰，為昆弟也，為妻亦然。袒免為宗族也，為朋友亦然。」〔註21〕在喪禮的一些規定中，父的地位略高於君，朋友則列於宗族之後。「為父絕君，不為君絕父。為昆弟絕妻，不為妻絕昆弟。為宗族殺朋友，不為朋友殺宗族。」〔註22〕《郭店楚簡》將父子、君臣對舉，意在突出兩類倫理各自不同的特徵，父子間重「親」、厚「仁」，君臣間重義：例如「父子親生言，君臣宜生言」〔註23〕，「（厚於仁，薄）於義，親而不尊。厚於義，薄於仁，尊而不親。……父，有親有尊。長悌，親道也。友、君臣，無親也。」〔註24〕

孟子也嘗試以朋友之道規劃君臣關係，他對君臣關係的建構繼承了《郭店楚簡》「友，君臣之道」的思想，最為代表性的當屬《孟子·離婁章句下》的一段記載：

> 孟子告齊宣王曰：「君之視臣如手足，則臣視君如腹心；君之視臣如犬馬，則臣視君如國人；君之視臣如土芥，則臣視君如寇讎。」王曰：「禮為舊君有服，何如斯可為服矣？」曰：「諫行言聽，膏澤下於民，有故而去，則君使人道之出疆，又先於其所往，去三年不反，然後收其田里，此之謂三有禮焉。如此則為之服矣。

〔註19〕〔清〕孫希旦：《禮記集解》，中華書局1989年點校本，第515頁。
〔註20〕楊伯峻：《春秋左傳注》，中華書局1981年版，第1016〜1017頁。
〔註21〕劉釗：《郭店楚簡校釋》，福建人民出版社2005年版，第109頁。
〔註22〕劉釗：《郭店楚簡校釋》，福建人民出版社2005年版，第109頁。
〔註23〕劉釗：《郭店楚簡校釋》，福建人民出版社2005年版，第109頁。
〔註24〕劉釗：《郭店楚簡校釋》，福建人民出版社2005年版，第182頁。

今也為臣，諫則不行，言則不聽，膏澤不下於民，有故而去，則
君搏執之，又極之於其所往，去之日遂收其田里，此之謂寇讎。
寇讎何服之有？

孟子認為君臣相互輔助並以義相合，《郭店楚簡》也提到了「君臣義生
言」〔註25〕的觀點。君主看待臣屬如手足，那臣屬就看待君主如腹心；君
主看待臣屬如犬馬，那臣屬就看待君主如常人；君主看待臣屬如土芥，那臣
屬就看待君主如仇敵。莊子在《人間世》裏提到「內直者，與天為徒。與天
為徒者，知天子之與己皆天之所子」〔註26〕，這句論述在一定程度上反映
了莊子君臣平等的思想。當代一些學者也注意到了先秦時期的君臣關係近似
於朋友關係。郝大維、安樂哲在《先賢的民主》裏提到「古典儒學界定君
臣關係不是簡單地如同父子關係，而是將父子關係與朋友關係結合的一種
關係」〔註27〕，杜維明認為士人「能夠以教師、顧問、批評者或朋友的身
份，對帝王保持一種獨立的姿態。他們從來就不是妾婦。」〔註28〕

「伯夷非其君不事，非其友不友；不立於惡人之朝，不與惡人言」〔註29〕，
若立於惡人之朝、與惡人交談，好比穿戴整齊坐於「塗炭」，這情形如同遇見
一個帽子戴歪的鄉人，立即不開心的走開，唯恐玷污了自身，而柳下惠則「不
羞污君」〔註30〕。孟子評論說：伯夷「隘」、柳下惠「不恭」。那麼君子該如
何做呢？當如孔子「無可無不可」〔註31〕，「可以仕則仕，可以止則止，可以
久而久，可以速則速」。依此出仕，則君臣關係更似朋友。

孟子說人皆有「惻隱之心」、「羞惡之心」、「恭敬之心」和「是非之心」，
還說「仁義禮智，非由外鑠我也，我固有之也，弗思耳矣。」〔註32〕既然人
人有善端，「聖人與我同類者」〔註33〕，則每個人在人性面前是平等的，在人
性平等的基礎上，孟子進一步主張政治平等，政治平等的表現之一即君臣可
相互「責善」。

〔註25〕劉釗：《郭店楚簡校釋》，福建人民出版社2005年版，第109頁。
〔註26〕陳鼓應：《莊子今注今譯》，商務印書館2012年版，第135頁。
〔註27〕郝大維、安樂哲：《先賢的民主》，江蘇人民出版社2004年版，第86頁。
〔註28〕杜維明：《杜維明文集·第三卷》，武漢出版社2002年版，第523頁。
〔註29〕〔清〕焦循：《孟子正義》，中華書局1987年點校本，第242頁。
〔註30〕〔清〕焦循：《孟子正義》，中華書局1987年點校本，第244頁。
〔註31〕程樹德：《論語集釋》，中華書局1990年點校本，第1285頁。
〔註32〕〔清〕焦循：《孟子正義》，中華書局1987年點校本，第757頁。
〔註33〕〔清〕焦循：《孟子正義》，中華書局1987年點校本，第763頁。

「責善，朋友之道也；父子責善，賊恩之大者。」〔註34〕「責善」即因求好而相責備，是孟子提出的「朋友之道」，《論語》裏「朋友切切偲偲」也是朋友之間相互責善的樣子。孟子認為君主要聽從臣的勸諫並以禮相待，若不聽勸諫，臣也可遺棄他。「友、君臣，無親也。」朋友、君臣沒有親屬關係，並且朋友、君臣之間是可以選擇的，因而彼此能夠責善，如果朋友、君主不聽勸告也就算了，「不可則止」後並不傷及感情。孟子還指出，若君主有大的過失卻始終不聽勸諫，貴戚之卿可以使他易位，異姓之卿可以離開他。

> 齊宣王問卿，孟子曰：「王何卿之問也？」王曰：「卿不同乎？」
> 曰：「不同。有貴戚之卿，有異姓之卿。」王曰：「請問貴戚之卿。」
> 曰：「君有大過則諫，反覆之而不聽則易位。」王勃然變乎色。曰：
> 「王勿異也！王問臣，臣不敢不以正對。」王色定，然後請問異姓
> 之卿。曰：「君有過則諫，反覆之而不聽則去。」

《孟子‧離婁章句下》也提到：「無罪而殺士，則大夫可以去；無罪而戮民，則士可以徙。」〔註35〕臣遇到無道的君主時，便可捨他而去。賢明的聖人和君王是能夠聽從諫言，做到從善如流的，「子路人告之以有過則喜，禹聞善言則拜。大舜有大焉，善與人同，捨己從人，樂取於人以為善。」〔註36〕舜、禹等聖人能諫行言聽、與人為善，所以才能成就一番事業。

雖然朋友、君臣之間可以相責以善，但孟子認為父子之間不責善，即父子之間不能因求好而彼此批評。因為父子一旦「責善」，便有可能引起忿怒，傷害彼此的親情。

> 公孫丑曰：「君子之不教子，何也？」孟子曰：「勢不行也。
> 教者必以正。以正不行，繼之以怒；繼之以怒，則反夷矣。夫子教
> 我以正，夫子未出於正也，則是父子相夷也。父子相夷，則惡矣。
> 古者易子而教之，父子之間不責善，責善則離，離則不祥莫大焉！」

郭店楚簡《六德》篇的作者認為人有六德，因此主張「門內之治恩掩義，門外之治義斬恩。」〔註37〕父孝子愛是人自然情感的流露，不是故意做出的。家門內的治理要用恩情掩蓋道義，家門外的治理要用道義切斷恩情。當

〔註34〕〔清〕焦循：《孟子正義》，中華書局 1987 年點校本，第 599 頁。
〔註35〕〔清〕焦循：《孟子正義》，中華書局 1987 年點校本，第 549 頁。
〔註36〕〔清〕焦循：《孟子正義》，中華書局 1987 年點校本，第 240 頁。
〔註37〕劉釗：《郭店楚簡校釋》，福建人民出版社 2005 年版，第 109 頁。

父親盜竊別人家的羊時，兒子出於親情替父親隱瞞了，孔子認為這是符合人情的，「父為子隱，子為父隱，直在其中矣」〔註 38〕。「門內之治恩掩義」的做法正是符合了孔子所說的「直」。孟子的父子不「責善」則將「恩掩義」的說法更加具體化了。《孟子·盡心上》有這樣一段記載，桃應問孟子：「舜為天子，皋陶為士，瞽瞍殺人，則如之何？」孟子曰：「執之而已矣。」「然則舜不禁與？」曰：「夫舜惡得而禁之？夫有所受之也。」「然則舜如之何？」孟子回答說：「舜視棄天下猶棄敝蹝也。竊負而逃，遵海濱而處，終身訢然，樂而忘天下。」〔註 39〕孟子認同了門內仁掩義的主張，因而得出了舜棄天下、竊負而逃的巧妙回答。他的設想與《郭店楚簡》「為父絕君，不為君絕父」的觀點是一致的。

但在荀子看來，父子之間應以「義」為原則，相互責善。「入孝出弟，人之小行也；上順下篤，人之中行也；從道不從君，從義不從父，人之大行也。」〔註 40〕他將「順從正道而不順從君主，順從道義而不順從父親」看作人的大德。荀子談孝，並不推崇一味的順從，他將義作為衡量孝的最高標準，這有異於孟子父子不「責善」的思想。另一方面，父母對子女也應「忠告而善道之」，「君子之於子，愛之而勿面，使之而勿貌，導之以道而勿彊。」〔註 41〕

公都子問孟子「匡章，通國皆稱不孝焉。夫子與之遊，又從而禮貌之，敢問何也？」孟子說：「世俗所謂不孝者五……章子有一於是乎？夫章子，子父責善而不相遇也。責善，朋友之道也；父子責善，賊恩之大者。夫章子豈不欲有夫妻子母之屬哉？為得罪於父，不得近，出妻屏子，終身不養焉。其設心以為不若是，是則罪之大者。是則章子已矣。」〔註 42〕《戰國策·齊策》載：「章子之母啟得罪其父，其父殺之，而埋馬棧之下。」〔註 43〕匡章諫父，父不聽，故「子父責善而不相遇」。孟子不同意匡章不孝的世俗偏見，因匡章盡心改過，以「出妻屏子，終身不養」罪己、不失對父親的愛慕之情，孟子不但「與之遊，又從而禮貌之」〔註 44〕，由此可見孟子贊同的孝並不是

〔註 38〕程樹德：《論語集釋》，中華書局 1990 年點校本，第 924 頁。
〔註 39〕〔清〕焦循：《孟子正義》，中華書局 1987 年點校本，第 931 頁。
〔註 40〕〔清〕王先謙：《荀子集解》，中華書局 2013 年點校本，第 624 頁。
〔註 41〕〔清〕王先謙：《荀子集解》，中華書局 2013 年點校本，第 579 頁。
〔註 42〕〔清〕焦循：《孟子正義》，中華書局 1987 年點校本，第 600 頁。
〔註 43〕〔西漢〕劉向集錄，范祥雍箋證，范邦謹協校：《戰國策箋證》，上海古籍出版社 2006 年版，第 526 頁。
〔註 44〕〔清〕焦循：《孟子正義》，中華書局 1987 年點校本，第 598 頁。

言聽計從的愚孝。就常理來說，「責善，賊恩之大者」。孟子說：「古者易子而教之。父子之間不責善。責善則離，離則不祥莫大焉。」〔註45〕孟子不願看到父子責善而不相遇，因而他贊同「易子而教」的做法。

「孟子的君臣對等思想，實則包括兩個方面：一方面說手足—腹心、犬馬—國人、土芥—寇讎，土芥—寇讎之論又最讓統治者膽戰心驚，這是對抗的一面，可謂激進其表、冷峻其裏；另一方面說師、友、事，師友之論又最讓士階層心往神馳，這是合作的一面，可謂狂者其表、熱忱其裏。」〔註46〕既然「士」是「道」的承擔者，若「士」的德行較高，則君主與「士」交友，便會遇到阻力。在《孟子》中有這樣一段記載，魯繆公欲與子思為友，子思不悅，堅持因品德高尚居於被事之位。

> 繆公亟見於子思曰：「古千乘之國以友士，何如？」子思不悅
> 曰：「古之人有言曰，事之云乎，豈曰友之云乎！」子思之不悅也，
> 豈不曰以位，則子君也，我臣也，何敢與君友也。以德，則子事我
> 者也，奚可以與我友？

在子思看來，論地位，魯繆公與他是君臣關係，但論道德，魯繆公是向他學習的人。「依照當時的一般觀念，士和君主的關係可分為三類，即師、友與臣。」〔註47〕

「費惠公曰：『吾於子思，則師之矣。吾於顏般，則友之矣。王順、長息，則事我者也。』」〔註48〕《史記・魏世家》也記載了魏文侯對卜子夏、田子方、段干木三人以師待之、對吳起、李克、樂羊、西門豹、屈候鮒五人用之以臣的事例。《戰國策》記郭隗答燕昭王說「帝者與師處，王者與友處，霸者與臣處，亡國與役處。」〔註49〕這段有關師、友、臣的記載與《孟子》中費惠公之言基本符合。大概當時的君主與知識人之間存在這三種關係，「君主對少數知識分子的前輩領袖是以師禮事之，其次平輩而聲譽卓著的以友處之，至於一般有學問知識的人則用之為臣。」〔註50〕

〔註45〕〔清〕焦循：《孟子正義》，中華書局1987年點校本，第523～524頁。
〔註46〕楊海文：《對抗與合作——孟子對君臣關係的新建構》，《江南大學學報（人文社會科學版）》2011年第6期。
〔註47〕余英時：《中國知識人之史的考察》，廣西師範大學出版社2004年版，第136頁。
〔註48〕〔清〕焦循：《孟子正義》，中華書局1987年點校本，第691頁。
〔註49〕〔漢〕劉向：《戰國策》，上海古籍出版社1978年版，第1064頁。
〔註50〕余英時：《中國知識人之史的考察》，廣西師範大學出版社2004年版，第137頁。

　　君主與知識人之間發生師、友、臣關係的重要原因之一為「『道』需要具備某種架構以與『勢』相抗衡。道統是沒有組織的,『道』的尊嚴完全要靠它的承擔者—士—本身來彰顯。因此,士是否能以道自任最後必然要歸結到他和政統的代表者—君主—之間是否能保持一種適當的個人關係。」〔註51〕知識人只有「以德」才能擔當其弘道的責任,為了彰顯「道」的尊嚴和「德」與「位」的匹配,子思必須堅持以師自居,這是先秦時期知識人產生的一種身份的自覺。

　　龐樸先生在《初讀郭店楚簡》裏提到「君臣是一種朋友關係,一種互相選擇的關係,所謂『友,君臣之道也』,『君臣、朋友,其擇者也』。如果對君有所『不悅,可去也』;如果君有『不義而加諸己,弗受也』。這種自由主義的思想,固然有著戰國時代那種朝秦暮楚、楚材晉用,或者叫做此處不留爺,自有留爺處的政治背景,但也切勿忽視其中洋溢著的儒家那種以德抗位的倔強精神。」〔註52〕孟子認為賢明的君主要「貴德而尊士,賢者在位,能者在職」,也就是以德為貴、尊敬士人,使有德行的人居於相當的官位,有才能的人擔任一定的職務。他還說:「尊賢使能,俊傑在位,則天下之士,皆悅而願立於其朝矣」〔註53〕,君主尊德尚賢,勢與道之間達到合理的平衡時,國家必能大治。

　　孔子在《論語‧憲問》中已提到臣屬可犯言直諫的主張,「子路問事君。子曰:勿欺也,而犯之。」〔註54〕《郭店楚簡》載:「魯穆公問於子思曰:『何如可謂忠臣?』子思曰:『恒稱其君之惡者,可謂忠臣矣。』」〔註55〕孟子承繼了《郭店楚簡》君臣以友相待的觀點,並進一步指出若君主有大的過失卻始終不聽勸諫,貴戚之卿可以使他易位,異姓之卿可以離開他。「在社會政治倫理關係中推行「相責以善」,有賴於一個前提性條件的成立,即重新論證君臣之間的政治關係,將君臣之間的關係定位為『友』。」〔註56〕而《郭店楚簡》提出的「友,君臣之道」恰好為儒家君臣「相責以善」的觀點

〔註51〕余英時:《中國知識人之史的考察》,廣西師範大學出版社2004年版,第137頁。
〔註52〕龐樸:《初讀郭店楚簡》,《歷史研究》1998年第4期。
〔註53〕〔清〕焦循:《孟子正義》,中華書局1987年點校本,第226頁。
〔註54〕程樹德:《論語集釋》,中華書局1990年點校本,第1002頁。
〔註55〕劉釗:《郭店楚簡校釋》,福建人民出版社2005年版,第177頁。
〔註56〕曾振宇:《孟子孝論對孔子思想的發展與偏離——從「以正致諫」到「父子不責善」》,《史學月刊》2007年第11期。

奠定了理論基礎。

更令人期待的是關於友與君臣的論述並未就此終止，孟子在「友，君臣之道」的基礎上繼續開拓，在《孟子》中出現了兩段記載，一是魯繆公欲與子思為友，子思不悅，堅持因品德高尚居於師位，二是「費惠公曰：『吾於子思，則師之矣；吾於顏般，則友之矣；王順、長息則事我者也。』」君臣之間，由《郭店楚簡》的「友」擴展為三種關係：師、友、事，由此勢與道相抗衡的畫面逐漸展開。孔子之後，「儒家的理想主義到了孟子的手上更獲得進一步的發展。孟子把士與道的關係扣得更緊密」〔註57〕，為了實現士的抱負，因而會有由「友」到「師、友、事」的分化局面。

梁漱溟說：「按中國人的道理，大家在團體中的地位應當一律平等；可是有兩個天然不可少的等差；一種是看重理性、尊尚賢智而來的等差；一種是從尊敬親長而來的等差」〔註58〕。按照梁漱溟的理解，論道德知識，君臣有等差；論政治地位，君臣有別。孟子也說：「子思之不悅也，豈不曰以位，則子君也，我臣也，何敢與君友也。以德，則子事我者也，奚可以與我友？」〔註59〕

龐樸先生說郭店楚簡對夫婦、父子、君臣三大關係，提出了對等的要求，「不僅要求婦德，而且要求夫德；不僅要求子德，而且要求父德；不僅要求臣德，而且要求君德。這也是儒家的傳統」〔註60〕。儒家倫理「體現的是雖有等差、卻『互以對方為重』的倫理」。君臣有身份的等差，但「不應該是服從與支配的關係、隸屬與領導的關係」〔註61〕，他們彼此應有平等的相互性責任。唐君毅強調「高下之位分等級間的關係」應是「尊戴與涵容的關係」〔註62〕，這便是友道在政治上的運用。郝大維、安樂哲認為「一個有活力的儒家民主必須提倡一種建立在個人的公共源頭基礎上的平等，而不是建立在個人主義概念基礎上的平等。」〔註63〕而民主意義上的「個人的公共源頭基礎上的平等」正是「友，君臣之道」的現代詮釋。

〔註57〕余英時：《士與中國文化》，上海人民出版社1987年版，第35頁。
〔註58〕梁漱溟：《梁漱溟全集·第二集》，山東人民出版社1998年版，第296頁。
〔註59〕〔清〕焦循：《孟子正義》，中華書局1987年點校本，第721頁。
〔註60〕龐樸：《初讀郭店楚簡》，《歷史研究》1998年第4期。
〔註61〕高瑞泉：《比較視野中的觀念史研究——以美國人論中國人「平等」觀念為中心》，《社會科學》2012年第11期。
〔註62〕唐君毅：《人文精神之重建》，廣西師範大學出版社2005年版，第42頁。
〔註63〕郝大維、安樂哲：《先賢的民主》，江蘇人民出版社2004年版，第14頁。

臣以「師、友、事」與君交往的觀點證實了孟子的民本主義政治學說。胡適認為：「因為他把個人的人格，看得如此之重，因為他以為人性都是善的，所以他有一種平等主義。」〔註 64〕他評論說，「孟子的政治學說很帶有民權的意味。」「君臣對等根源於智識分子的獨立人格，獨立人格於事不能體現，於友也難以彰顯，所以師是孟子真正的興趣。」〔註 65〕德行是子思的生命，也是士所弘揚的道，有了德行，子思才能拒絕與魯繆公交友，才能為費惠公之師。

黃宗羲也提到臣「以天下為事，則君之師友也。」〔註 66〕黃宗羲認為君臣都以天下事為己任，兩者應是融洽的師友關係。黃宗羲繼承了早期儒家深厚的民本主義思想，他與孟子的友朋觀是一致的，他主張將「天下」作為根本的價值出發點來實現君臣之義，他「以天下為事」的思想與北宋士階層的共識是統一的。程頤說「帝王之道也，以擇任賢俊為本，得人而後與之同治天下。」〔註 67〕黃宗羲發揮了程頤君臣「同治天下」的思想，說「原夫作君之意，所以治天下也。天下不能一人而治，則設官以治之。是官者，分身之君也。」〔註 68〕既然臣為「分身之君」，則臣為「君之師友」論斷的得出便是自然而然了。「民本」一詞最早由梁啟超提出，金耀基認為：「蓋中國之政治，自秦漢以降，雖是一個君主專制的局面，但總因有濃厚的民本思想之影響，遂使君主專制的政治弊害得以減輕和紓解」〔註 69〕，在君臣關係上，《緇衣》記載：「大臣不可不敬也。」〔註 70〕

孟子將「貴貴」和「尊賢」統一到「友」的範疇中，一方面強調了君臣的對等關係，同時也反映了他主張尊賢使能的民本思想：「用下敬上，謂之貴貴；用上敬下，謂之尊賢：貴貴尊賢，其義一也。」〔註 71〕

〔註 64〕胡適：《中國哲學史大綱》，北京大學出版社 2013 年版，第 251 頁。

〔註 65〕楊海文：《對抗與合作——孟子對君臣關係的新建構》，《江南大學學報（人文社會科學版）》2011 年第 6 期。

〔註 66〕黃宗羲：《明夷待訪錄》，中華書局 1985 年版，第 4 頁。

〔註 67〕程頤、程顥：《二程集》，中華書局 1981 年版，第 1035 頁。

〔註 68〕〔明〕顧炎武著，孫衛華校釋：《明夷待訪錄校釋》，嶽麓書社 2011 年版，第 21～22 頁。

〔註 69〕金耀基：《中國民本思想史》，臺灣商務印書館 1993 年版，第 7 頁。

〔註 70〕劉釗：《郭店楚簡校釋》，福建人民出版社 2005 年版，第 49 頁。

〔註 71〕〔清〕焦循：《孟子正義》，中華書局 1987 年點校本，第 695 頁

二、貴德而尊士，盡致敬之禮

孟子常提到君臣、君民之禮，細究起來，孟子重禮儀的根本原因在於「情」。禮是人情之表示，生命之深密處乃禮之根本，正確的禮儀能夠反映恰當的君臣、君民關係。

在中國，合理的情感需要與禮儀為質與文，兩者不可或缺。因人們的思想認識不同，在荀子看來，禮儀則是「聖人明知之，君子安行之，官人以為守，百姓以成俗」〔註72〕，如祭禮「其在君子，以為人道也；其在百姓，以為鬼事也。」「雩而雨，何也？曰，無他也，猶不雩而雨也。日月食而救之，天旱而雩，卜筮然後決大事，非以為求得也，以文之也。故君子以為文，而百姓以為神。」〔註73〕祀天、卜筮等禮儀，在君子看來並不是要求得到什麼，而是「務鄭重其事而妥安其志」〔註74〕、綿永尊天知命之意。荀子說「祭者，志意思慕之情也，忠信愛敬之至矣」〔註75〕，祭祀之事其實是為了抒發思慕之情、表達忠信愛敬之義。

在治理百姓方面，一定的儀式也有利於引導民眾趨於忠信愛敬之德。「民可使由之，不可使知之」〔註76〕，《郭店楚簡》也有類似的話：「民可使道之，而不可使智之。民可道也，而不可強也。」〔註77〕「道」即引導，民眾可以引導，但不可勉強。子曰：「中人以上，可以語上也；中人以下，不可以語上也」〔註78〕，說的也是近似的含義。

孟子對待古時君臣關係的態度更加激進些，他說賢士「樂其道而忘人之勢。」〔註79〕《史記‧孔子世家》記載：「桓子卒受齊女樂，三日不聽政；郊，不致膰俎於大夫。孔子遂行，宿乎屯。」〔註80〕諫諍不從得去，君主雖有惡行，但孔子不欲眾人皆知君過，因而「以微罪行」。從孔子的言行和《白虎通》的相關記載中，我們可以得出以下論斷，古代士人存有大局意識。此類意識不僅反映在儒家的文獻中，它在各家的典籍中也有所反映。《呂氏春

〔註72〕〔清〕王先謙：《荀子集解》，中華書局 2013 年點校本，第 445 頁。
〔註73〕〔清〕王先謙：《荀子集解》，中華書局 2013 年點校本，第 374 頁。
〔註74〕梁漱溟：《中國文化要義》，上海人民出版社 2011 年第 2 版，第 109 頁。
〔註75〕〔清〕王先謙：《荀子集解》，中華書局 2013 年點校本，第 445 頁。
〔註76〕程樹德：《論語集釋》，中華書局 1990 年點校本，第 531 頁。
〔註77〕劉釗：《郭店楚簡校釋》，福建人民出版社 2005 年版，第 124 頁。
〔註78〕程樹德：《論語集釋》，中華書局 1990 年點校本，第 404 頁。
〔註79〕〔清〕焦循：《孟子正義》，中華書局 1987 年點校本，第 888 頁。
〔註80〕〔漢〕司馬遷：《史記》，中華書局 2014 年點校本，第 2324 頁。

秋》、《白虎通》論隱惡之義時，將大局意識呈現的尤為明顯，由它產生的規範既遵從了人情的合理需求，又促成了穩定的社會秩序。

孟子論仁政，重視尊賢，他認為治國要「貴德而尊士，賢者在位，能者在職」〔註81〕。孟子描繪的君與士相處是怎樣一幅圖景呢？君與臣以天下為事，是共同曳木之人。

其一，治政以天下為主，君則為客。若四境之內不治，國君不勝其職，理當廢去。民為貴，君則為輕。孟子問齊宣王，若王之臣託其妻、子於友，而凍餒其妻、子，該怎麼辦呢？齊宣王毫不猶豫的說，這樣的人已不算朋友了。孟子又問，若士師不盡職，該怎麼辦？齊宣王說撤掉他。當孟子問到若國家治理不好，又該如何呢？齊宣王便轉移話題了。君以利民為職分，君不實施仁義，不視民如父母，是「殘賊之人」。在孟子看來，湯放桀、武王伐紂，無弒君之名，只是誅一夫罷了。臣以萬民憂樂為職，天下非一人所能治，官為分身之君。

若君有缺失（但尚可補救，悔過後能承繼堯舜之道），宰相可攝位主政，補救政體之闕失。伊尹「相湯以王於天下」，他說：「予不狎於不順」〔註82〕，於是把太甲放逐到桐邑，民心大悅。太甲思過，「聽伊尹之訓己」，伊尹便恢復了他的王位，民心亦大悅。伊尹、周公攝政，為生民計，「以宰相而攝天子」，傳為一代佳話。

有人問孟子：其君不賢，人臣可以放逐君主嗎，孟子說「有伊尹之志則可，無伊尹之志則篡也」〔註83〕。伊尹之志以天下為事，輔君為堯舜之君，教民為堯舜之民。他說：「予將以斯道覺斯民……思天下之民匹夫匹婦有不被堯舜之澤者，若己推而內之溝中。」〔註84〕

其二，孟子說「惟大人為能格君心之非」〔註85〕，若逢君之惡則其罪大。在其特色君臣論的基礎上，孟子對「恭」、「敬」二字的解釋別具一格，他說「責難於君謂之恭，陳善閉邪謂之敬」〔註86〕。當景子懷疑孟子不敬時，孟子以堯舜之道陳述於齊王，因而孟子說「齊人莫如我敬王」。孟子的思想比

〔註81〕〔清〕焦循：《孟子正義》，中華書局 1987 年點校本，第 223 頁。
〔註82〕〔清〕焦循：《孟子正義》，中華書局 1987 年點校本，第 925 頁。
〔註83〕〔清〕焦循：《孟子正義》，中華書局 1987 年點校本，第 925 頁。
〔註84〕〔清〕焦循：《孟子正義》，中華書局 1987 年點校本，第 654～655 頁。
〔註85〕〔清〕焦循：《孟子正義》，中華書局 1987 年點校本，第 525 頁。
〔註86〕〔清〕焦循：《孟子正義》，中華書局 1987 年點校本，第 489 頁。

較激進些，他說：「賊仁者謂之賊，賊義者謂之殘」〔註87〕，不行仁義之君為「一夫」，誅「一夫」有何不可呢？貴戚之卿可使國君易位：「君有大過則諫，反覆之而不聽，則易位。」在孟子看來，賢人樂道忘勢，大人盡可藐之，「說大人則藐之，勿視其巍巍然……在彼者，皆我所不為也。在我者，皆古之制也。吾何畏彼哉？」〔註88〕

君臣既以天下為事，那麼他們之間的關係如何呢？黃宗羲說「以天下為事，則君之師友」，他的此番議論與孟子的思想不無關係。賢士樂道忘勢，「王公不致敬盡禮」，不得亟見，「見且由不得亟，而況得而臣之乎？」〔註89〕因賢者為得道之人，於是子思說：「以德，則子事我者也，奚可以與我友？」，難怪子思責怪魯繆公禮數不周了。

既然王公須向賢者致敬盡禮，那麼在孟子看來，怎樣才算盡禮呢？孟子離開齊國時，同樣希望齊王禮待自己。他認為王公尊敬賢人應如魯繆公對待子思一般，他說「魯繆公無人乎子思之側」〔註90〕。因敬師與敬賢者，天子不召師、諸侯不召賢士。湯欲見伊尹，使人以幣聘，待「三使往聘之」〔註91〕，伊尹才「就湯而說之，以伐夏救民」。

陳子問「何如則仕」時，孟子回答：「所就三，所去三。」〔註92〕孟子最看重的是第一項的去就，王公「迎之致敬以有禮，言將行其言」，則就。即使禮貌未削減，但言不行，則去。孟子也是按第一項的說法去做的，「千里而見王，不遇故去」〔註93〕，臣「諫於王而不用，致為臣而去」〔註94〕，《禮記‧曲禮下》記載「為人臣之禮不顯諫。三諫而不聽，則逃之」，《公羊傳》莊公二十四年：「三諫不從，遂去之」，孟子也說「有官守者，不得其職則去。有言責者，不得其言則去。」〔註95〕但他認為段干木「踰垣而辟」、泄柳「閉門而不內」的做法有些過了。

王公居勢、賢人得道，「道」與「勢」的抗衡形成了賢士與王公間師、

〔註87〕〔清〕焦循：《孟子正義》，中華書局 1987 年點校本，第 145 頁。
〔註88〕〔清〕焦循：《孟子正義》，中華書局 1987 年點校本，第 1014～1017 頁。
〔註89〕〔清〕焦循：《孟子正義》，中華書局 1987 年點校本，第 888 頁。
〔註90〕〔清〕焦循：《孟子正義》，中華書局 1987 年點校本，第 305 頁。
〔註91〕〔清〕焦循：《孟子正義》，中華書局 1987 年點校本，第 654 頁。
〔註92〕〔清〕焦循：《孟子正義》，中華書局 1987 年點校本，第 863 頁。
〔註93〕〔清〕焦循：《孟子正義》，中華書局 1987 年點校本，第 306 頁。
〔註94〕〔清〕焦循：《孟子正義》，中華書局 1987 年點校本，第 268 頁。
〔註95〕〔清〕焦循：《孟子正義》，中華書局 1987 年點校本，第 269 頁。

友、事三類關係的架構。當「道」與「勢」衝突時，孟子以禮尋求君、士和諧共處的方法。子思以師自居，當魯繆公不以師禮待他，子思便不悅了。尊賢有道，當國君不以其道奉養君子，君子必不接受。繆公之使者以君命亟饋鼎肉，「鼎肉使己僕僕爾亟拜」，如此照顧君子如同蓄養犬馬，因而子思不願接受。「繆公之於子思也，亟問，亟餽鼎肉，子思不悅。於卒也，摽使者出諸大門之外，北面稽首再拜而不受。曰：『今而後知君之犬馬畜伋。』」〔註96〕

在孟子看來，若悅賢不能舉，也需遵循善養之道，為此他提出了國君養賢之禮，「以君命將之，再拜稽首而受。其後廩人繼粟，庖人繼肉，不以君命將之。」〔註97〕從養賢之禮中，我們可以看到賢人的自尊、自重精神。孟子說：「食而弗愛，豕交之也。愛而不敬，獸畜之也。恭敬者，幣之未將者也。恭敬而無實，君子不可虛拘。」〔註98〕與人交往時，君子最重恭敬，厭惡「恭敬而無實」，更何況是不恭敬之事了。堯如何尊賢呢？「堯之於舜也，使其子九男事之，二女女焉，百官牛羊倉廩備，以養舜於畎畝之中，後舉而加諸上位」。〔註99〕

臣與不為臣的士不同，臣有臣禮，因孟子有時游離在政治體制之外，而「綽綽然有餘裕」。孟子非常重視諸侯致敬之禮。良禽擇木而棲，若諸侯不以禮相待，則賢士避讓。齊王派人說：「我有寒疾，無法前去拜訪你，你能來拜見我嗎？」孟子推辭說：「不幸有疾，不能造朝。」後來齊王派醫生前去探視孟子，孟仲子希望孟子覲見齊王，但孟子躲到景丑家去了。景子不解地說：「外則君臣，人之大倫」，由此他質疑孟子對王不敬，但孟子說：「大有為之君，必有所不召之臣，欲有謀焉則就之」〔註100〕。

賢人以道自任，則持有君子特有的尊嚴，君子不可貨取。古人雖欲出仕但「惡不由其道」，當有人問百里奚是否自鬻以成其君，孟子說「鄉黨自好者不為」，賢人豈為之？「仕非為貧，而有時乎為貧……為貧者，辭尊居卑，辭富居貧」〔註101〕，若因貧困出仕，做抱關擊柝的事就可以了。士以道自任，「君子之事君也，務引其君以當道，志於仁而已。」〔註102〕出仕即是助

〔註96〕〔清〕焦循：《孟子正義》，中華書局1987年點校本，第713頁。
〔註97〕〔清〕焦循：《孟子正義》，中華書局1987年點校本，第717頁。
〔註98〕〔清〕焦循：《孟子正義》，中華書局1987年點校本，第936～937頁。
〔註99〕〔清〕焦循：《孟子正義》，中華書局1987年點校本，第719頁。
〔註100〕〔清〕焦循：《孟子正義》，中華書局1987年點校本，第260頁。
〔註101〕〔清〕焦循：《孟子正義》，中華書局1987年點校本，第707～708頁。
〔註102〕〔清〕焦循：《孟子正義》，中華書局1987年點校本，第854頁。

君行道，道不行則去，「立乎人之本朝而道不行，恥也。」〔註103〕魯平公將見孟子，臧倉說孟子「後喪逾前喪」，他不是賢者，您就不要去了，魯平公聽從了臧倉的建議。魯平公不僅輕信臧倉，而且沒有深察孟子「後喪逾前喪」的真正原因，以致與賢人失之交臂，「道」不同自然不相遇，豈是一個臧倉能阻止的呢？孔子說：「道不同，不相為謀」〔註104〕，諸侯遇賢人，必同道而行。百里奚離開虞公，是擇君而行。孟子與齊王因道不合而不相遇，最終孟子坦然離去。

「貴德而尊士，賢者在位，能者在職」〔註105〕，除了要求王公「尊賢使能」，對賢人盡致敬之禮，孟子對君的具體職責論述並不多，他說：「民為貴，社稷次之，君為輕。」〔註106〕國君「信仁賢」，則不必事必躬親、干擾賢士治政。文中提到的「正己」、「反求諸己」等修養方法也適用於國君，「射者正己而後發，發而不中，不怨勝己者，反求諸己」〔註107〕，「子路人告之以有過則喜，禹聞善言則拜。大舜有大焉，善與人同」〔註108〕。孔子說：「君使臣以禮，臣事君以忠。」〔註109〕孟子的看法與孔子的主張是一致的，至荀子，其論述愈加詳細和具體了，他在《君道》篇裏說：人君「以禮分施，均遍而不偏」、「君者，儀也，儀正而景正」，國君務在修身，未聞為國。

孟子主張君臣分工而治，賢明的君主應該放手讓人臣做他所擅長的事，而不應以自己的欲望干涉其治政。孟子先以工師為例，聽到工師得到大木時，國君心生歡喜。當匠人把大木砍小了，國君卻變得憤怒起來，以為工師不能勝任其職。在專業領域，工師比君王更懂得取捨，而君王卻干涉了他職責外的事務。若有價值不菲的璞玉，國君必請玉匠雕琢，而人臣治政時，國君卻說「『捨女所學而從我』，則何以異於教玉人雕琢玉」〔註110〕。

綜上所述，「友，君臣之道」與「貴德而尊士」都反映了「友」的內涵，孟子不僅認同了君臣主於義與「賢賢」的主張，他還強調了致敬之禮。儒家

〔註103〕〔清〕焦循：《孟子正義》，中華書局1987年點校本，第709頁。
〔註104〕程樹德：《論語集釋》，中華書局1990年點校本，第1126頁。
〔註105〕〔清〕焦循：《孟子正義》，中華書局1987年點校本，第223頁。
〔註106〕〔清〕焦循：《孟子正義》，中華書局1987年點校本，第973頁。
〔註107〕〔清〕焦循：《孟子正義》，中華書局1987年點校本，第239頁。
〔註108〕〔清〕焦循：《孟子正義》，中華書局1987年點校本，第240頁。
〔註109〕程樹德：《論語集釋》，中華書局1990年點校本，第197頁。
〔註110〕〔清〕焦循：《孟子正義》，中華書局1987年點校本，第148頁。

「創發了中國的自由社會」〔註111〕，不僅體現在德與位相匹配的主張上，而且體現在「禮」的規定上，也就是說「禮」以規範的形式保證了德與位相襯的思想。通過王公致敬之禮，尊賢與「君臣相友」的精神得以真正實現，在儒家的努力下，中國式自由社會的構建得到逐步展開。

上文詳細地對《郭店楚簡》和孟子的「君臣相友」思想作了比較分析，著重探討了「友」與君臣的關係，這一研究工作要說明的問題是：今人提及的朋友與最初「朋友」的含義已相去較遠，據相關資料，古時朋友與士有著「親昵」與「輔佐」的關係，「友，君臣之道」這一命題的提出並不是出於偶然。「友，君臣之道」為儒家友朋觀增添了新的內容，它建構了君臣之間以友相待的新型關係，孟子在此基礎上進一步提出了臣以「師、友、事」與君交往的主張，君臣彼此遵守規範的相互性反映了早期儒家在「友道」方面的平等思想。

第二節　荀子的「君臣相友」思想

繼《郭店楚簡》「友，君臣之道」和孟子「師、友、事」的主張後，稷下學宮「最為祭酒」的荀子又是如何看待君臣關係呢？譚嗣同說程、朱為荀之雲礽，「豈足罵哉！」荀子與程、朱論君臣之道的觀點果真「豈足罵哉」？為了解決心中疑問，我們不妨仔細閱讀一下《荀子》的相關內容。在荀子看來，君臣應有怎樣的職分與行為規範呢？書中的《君道》與《臣道》兩章已作了非常細緻的解答。

一、君道知人，臣道知事

荀子是如何論述君道的呢？問及為國時，荀子說：「聞修身，未嘗聞為國也。君者，儀也，民者景也，儀正而景正；君者，槃也，槃圓而水圓；君者，盂也，盂方而水方。君射則臣決。」〔註112〕君王謹於修身，民眾百官便可自正。孔子說：「其身正，不令而行；其身不正，雖令不從」〔註113〕，「為政以德，譬如北辰居其所而眾星共之。」〔註114〕君王修身以德，則朝廷內外皆以

〔註111〕徐復觀：《學術與政治之間》，九州出版社 2014 年版，第 268 頁。
〔註112〕〔清〕王先謙：《荀子集解》，中華書局 2013 年點校本，第 277 頁。
〔註113〕程樹德：《論語集釋》，中華書局 1990 年點校本，第 901 頁。
〔註114〕程樹德：《論語集釋》，中華書局 1990 年點校本，第 61 頁。

德行事。談到君王修身時，荀子舉了一個生動的事例，「楚莊王好細腰」，宮中就會有餓肚子的人，「君者，民之原也，原清則流清，原濁則流濁。」〔註115〕類似的論述可參見《墨子》，墨子深明上行下傚之理，所以當有人提到墨子的「兼相愛」難以實現時，墨子回應說「上說之者，勸之以賞譽，威之於刑罰」〔註116〕，「兼相愛」就不難實行。君主之道在於知人，人君需「以禮分施，均徧而不偏」〔註117〕、「愛民而安，好士而榮」〔註118〕。

荀子在《大略》中著重指出「天之生民，非為君也。天之立君，以為民也。故古者列地建國，非以貴諸侯而已；列官職，差爵祿，非以尊大夫而已。」〔註119〕這段話清晰地反映了荀子的君民及君臣思想，這也是早期儒家對君、臣、民的樸素認識，在這一點上，可以說荀子與孟子、黃宗羲、譚嗣同等人達成了共識。

談論君臣之道時，孟子多循禮而論，在這一方面荀子也有一些對君臣之禮的闡述，例如他說「君於大夫，三問其疾，三臨其喪」〔註120〕。生命之深密處乃禮之根本，禮以順人心為本，君能待臣以禮，則表明了君主對人臣的尊敬與友善。「誠」是君主尊賢的根本，言語「用賢」而行為「卻賢」，難怪賢者不至、不肖者不退？主道在於知人，則君主不可以不慎取臣，「士有妒友，則賢交不親；君有妒臣，則賢人不至。」〔註121〕魯哀公問怎樣擇人時，孔子建議：「無取健，無取詌，無取口啍。健，貪也；詌，亂也；口啍，誕也……士信愨而後求知能」〔註122〕，士不信愨而多智慧，其猶如豺狼而不可親近。

論臣道時，荀子說「臣道知事」，人臣需「以禮侍君，忠順而不懈。」〔註123〕荀子分析問題常立足於現實和經驗，其總結的事實接近於人的認知與感悟，因而荀子對臣道的論述比孟子更加直觀、條理。

他把國君分為聖君、中君和暴君三類，則人臣有三種作為與之相適應，

〔註115〕〔清〕王先謙：《荀子集解》，中華書局 2013 年點校本，第 277 頁。
〔註116〕〔清〕孫詒讓：《墨子閒詁》，中華書局 2001 年點校本，第 126 頁。
〔註117〕〔清〕王先謙：《荀子集解》，中華書局 2013 年點校本，第 275 頁。
〔註118〕〔清〕王先謙：《荀子集解》，中華書局 2013 年點校本，第 279 頁。
〔註119〕〔清〕王先謙：《荀子集解》，中華書局 2013 年點校本，第 595 頁。
〔註120〕〔清〕王先謙：《荀子集解》，中華書局 2013 年點校本，第 584 頁。
〔註121〕〔清〕王先謙：《荀子集解》，中華書局 2013 年點校本，第 588 頁。
〔註122〕〔清〕王先謙：《荀子集解》，中華書局 2013 年點校本，第 643～644 頁。
〔註123〕〔清〕王先謙：《荀子集解》，中華書局 2013 年點校本，第 275 頁。

它們分別是「有聽從，無諫爭」、「有諫爭，無諂諛」、「有補削，無撟拂」。事聖君「以順上為志」，事中君「忠信而不諛、諫爭而不諂」，事暴君則「曉然以至道而無不調和」。因君懼改其過，因君憂辨其故，因君喜入其道，因君怒除其怨，人臣務在「曲得」。為臣也須「有諫而無訕，有亡而無疾，有怨而無怒。」〔註124〕

由上述議論我們可以略知譚嗣同抨擊荀子君統的要處：事暴君卻「無撟拂」、仍「調而不流，柔而不屈，寬容而不亂……能化易，時關內之」〔註125〕。依古禮來看，一般人臣立於暴君之廷，要麼補削、要麼離開。為臣「從命而不拂，微諫而不倦」〔註126〕，此處的「微諫」如同孔子提到的諷諫，有「諫而不露」之意。《春秋繁露》也說：「《春秋》之義，臣有惡，擅名美。故忠臣不顯諫，欲其由君出也」〔註127〕，何況「撟拂」之事不是一般人臣所能為。居於暴國，若不位於朝廷，亦可安身而獨行其道，至於「揚其善，違其惡」的做法恐怕也出於禮制，「禮，居是邑，不非其大夫」〔註128〕。由此可見，譚嗣同對荀子的批判並不恰當。

仁者敬人，「賢者則貴而敬之，不肖者則畏而敬之；賢者則親而敬之，不肖者則疏而敬之。」〔註129〕敬不肖者的主要原因在於仁者不願輕易「災及其身」。「忠信端愨而不害傷」是仁人的特點，我們從《荀子》一書中感受到的不張揚與曲行，也是仁者的特徵，荀子曾說「宗原應變，曲得其宜，如是然後聖人。」〔註130〕

談「事暴君之義」時，荀子說：「曉然以至道而無不調和」〔註131〕、「若馭樸馬，若養赤子……因其懼也，而改其過」〔註132〕，看到這些語句，讀者可能感到他的見解與孟子存在一些不同，為何荀子的主張這般柔和？是否缺少了些浩然之氣？荀子討論的為臣之道與君子的品格有著怎樣的關聯？翻閱《荀子》，我們不難發現「以義變應，知當曲直」是君子遵循的處世原則。在

〔註124〕〔清〕王先謙：《荀子集解》，中華書局2013年點校本，第584頁。
〔註125〕〔清〕王先謙：《荀子集解》，中華書局2013年點校本，第297頁。
〔註126〕〔清〕王先謙：《荀子集解》，中華書局2013年點校本，第299頁。
〔註127〕曾振宇，傅永聚注：《春秋繁露新注》，商務印書館2010年版，第37頁。
〔註128〕〔清〕王先謙：《荀子集解》，中華書局2013年點校本，第627頁。
〔註129〕〔清〕王先謙：《荀子集解》，中華書局2013年點校本，第301頁。
〔註130〕〔清〕王先謙：《荀子集解》，中華書局2013年點校本，第124頁。
〔註131〕〔清〕王先謙：《荀子集解》，中華書局2013年點校本，第297頁。
〔註132〕〔清〕王先謙：《荀子集解》，中華書局2013年點校本，第298頁。

「以義屈信變應」信念的指導下，君子的為臣之道也就不難理解了。君子「易憚而難脅，畏患而不避義死」、「其遠害也早，其避辱也懼」，但「其行道理也勇」。君子擁有各類卓然的品質，當直則直，因時「曲得」。

在《堯問》篇中，我們讀到過這樣一句話：「時世不同，譽何由生？」那麼荀子所處的時世是怎樣的呢？荀子說：「仁者絀約，天下冥冥，行全刺之，諸侯大傾……君上蔽而無覩，賢人距而不受」〔註133〕，「既明且哲，以保其身」無疑是一種常道，因而荀子「蒙佯狂之色，視天下以愚。」或許上述文字可以解答荀子別樣的為臣之道。

在以民為本的前提下，君謹於修身，以選賢、任能為己任，「以禮分施，均遍而不偏」。臣道知事，「以禮侍君，忠順而不懈」。君道知人、臣道知事，強調的是君與臣的職責，且君、臣應各遵其職，不涉他務，此處反映的便是君臣分工合作的主張。君臣分工而治是「友，君臣之道」的具體表現。荀子的這一看法與孟子的觀點比較接近，孟子也主張君臣間的合理分工。在君臣合力為民的基礎上，君臣分工而治既是「君臣相友」的表現，又是君臣有義的內容之一。

值得注意的是，在論述君臣之道時，荀子特別強調了君與臣均須依禮而行，君「以禮分施，均遍而不偏」，臣則「以禮侍君，忠順而不懈。」以禮相待是荀子君臣思想的特色。君待臣以禮、臣以禮事君，君臣遵禮而行便切實踐行了「君臣相友」、君臣有序的思想主張。論人群職責時，荀子也強調了「禮」的功用，這是他的思想的鮮明之處。有人問「兼能之奈何？」他回答：「審之禮也。」荀子認為守禮便能實現各類人群的職責。荀子說「禮有三本」，天地為「生之本」，先祖為「類之本」，君師為「治之本」。禮能夠「上事天，下事地，尊先祖，而隆君師」，不可偏廢。

二、「從道不從君」

我們再看一下荀子是如何定義順、諂、忠、篡、諫、爭、輔、拂的？他解釋說「從命而利君謂之順，從命而不利君謂之諂；逆命而利君謂之忠，逆命而不利君謂之篡」〔註134〕，「用則可，不用則去」謂「諫」，「用則可，不用則死」謂「爭」，「有能比知同力，率群臣百吏而相與強君撟君……成於尊

〔註133〕〔清〕王先謙：《荀子集解》，中華書局2013年點校本，第653頁。

〔註134〕〔清〕王先謙：《荀子集解》，中華書局2013年點校本，第294頁。

君安國」〔註135〕謂「輔」,「有能抗君之命,竊君之重……攻伐足以成國之大利」〔註136〕為「拂」,國賊則「不恤君之榮辱,不恤國之臧否,偷合苟容,以持祿養交而已」〔註137〕。

荀子把「忠」分為三類,「以德復君而化之」為大忠,「以德調君而補之」為次忠,「以是諫非而怒之」為下忠。荀子又詳細解釋了「通忠之順」與「權險之平」,他認為此二者「非明主莫之能知」。「通忠之順」的表現為「爭然後善,戾然後功,出死無私,致忠而公」〔註138〕,「權險之平」的體現為「奪然後義,殺然後仁,上下易位然後貞,功參天地,澤被生民」〔註139〕。荀子贊同「從道不從君」的古訓,他說諫爭輔拂之人是社稷之臣、國君之寶,所以他由衷地盼望諫爭輔拂之人能立於君側,而君王也能尚賢使能。他還說「君子立志如窮,雖天子三公問,正以是非對。」〔註140〕由上述內容可知荀子闡釋的君臣之道倒與孟子的思想相去不遠。在《子道》篇中,子貢說:「子從父命,孝矣,臣從君命,貞矣」,孔子很不滿意子貢的說法,於是他說:「昔萬乘之國,有爭臣四人,則封疆不削;千乘之國,有爭臣三人,則社稷不危;百乘之家,有爭臣二人,則宗廟不毀。父有爭子,不行無禮;士有爭友,不為不義……審其所以從之之謂孝、之謂貞也。」〔註141〕這段話反映了荀子對子「孝」、臣「貞」的理解,荀子非常理性的說「審其所以從之之謂孝、之謂貞」。以中庸之道為指導、辯證的分析問題,是儒家學者的思想方法。

干春松教授指出「敬賢使能、賢者居位始終是儒家的一個核心理念。」〔註142〕荀子曾多次提到「尚賢」的主張,他說「尚賢使能」為先王之道,「尚賢、使能,則主尊下安」〔註143〕,君人者「欲榮則莫若隆禮敬士矣;欲立功名則莫若尚賢使能矣」〔註144〕。「從道不從君」與「隆禮敬士」都是

〔註135〕〔清〕王先謙:《荀子集解》,中華書局 2013 年點校本,第 294～295 頁。
〔註136〕〔清〕王先謙:《荀子集解》,中華書局 2013 年點校本,第 295 頁。
〔註137〕〔清〕王先謙:《荀子集解》,中華書局 2013 年點校本,第 294 頁。
〔註138〕〔清〕王先謙:《荀子集解》,中華書局 2013 年點校本,第 303 頁。
〔註139〕〔清〕王先謙:《荀子集解》,中華書局 2013 年點校本,第 303 頁。
〔註140〕〔清〕王先謙:《荀子集解》,中華書局 2013 年點校本,第 596 頁。
〔註141〕〔清〕王先謙:《荀子集解》,中華書局 2013 年點校本,第 625～626 頁。
〔註142〕干春松:《賢能政治:儒家政治哲學的一個面向——以〈荀子〉的論述為例》,《哲學研究》2013 年第 5 期。
〔註143〕〔清〕王先謙:《荀子集解》,中華書局 2013 年點校本,第 535 頁。
〔註144〕〔清〕王先謙:《荀子集解》,中華書局 2013 年點校本,第 180 頁。

君臣相友的內容，君臣相友則屬於「義」。

與眾人的交往中，「君子易知而難狎……交親而不比」〔註145〕、「君子難說，說之不以道，不說也。」〔註146〕君子有「殊於世」的節操，諸侯、大夫常以勢驕人，而君子不因利喪節，「士君子不為貧窮怠乎道。」子夏家貧，有人問：「子何不仕？」子夏回答說：「諸侯之驕我者，吾不為臣；大夫之驕我者，吾不復見……爭利如蚤甲而喪其掌。」〔註147〕子夏的故事能夠說明君子不因爭利而離道的信念，同時它也反映了君子「志意修則驕富貴，道義重則輕王公」的特點。子路問於孔子曰：「君子亦有憂乎？」孔子曰：「君子，其未得也，則樂其意，既已得之，又樂其治，是以有終生之樂，無一日之憂。小人者，其未得也，則憂不得，既已得之，又恐失之。是以有終身之憂，無一日之樂也。」〔註148〕君子樂其意即是樂其道，未仕時君子常樂於道，出仕後又樂其治道。

荀子說「上無君師，下無父子，夫是之謂至亂」〔註149〕。在《君道》篇裏，荀子分別就君臣、父子、夫婦的行為規範作了分析，他說人君「以禮分施，均遍而不偏」〔註150〕，人臣「以禮侍君，忠順而不懈」；人父「寬惠而有禮」，人子「敬愛而致文」；人兄「慈愛而見友」，人弟「敬詘而不苟」；人夫「致功而不流，致臨而有辨」，人妻則「夫有禮則柔從聽侍，夫無禮則恐懼而自竦也」。從上述內容不難看出，無論荀子談君道、臣道，還是論父子、夫婦的職責，他始終強調的是各類人群應分別遵守的行為規範，類似的主張見於《郭店楚簡》的「六德」。

不同的人群各循本職並「反求諸己」是儒家的文化傳統，它與集權的政治體制需求關係不大。清末譚嗣同等人抨擊君主專制，痛罵荀子、程朱與三綱，實際上是忽略了儒家的文化傳統以及它得以產生的時代背景。以西方近代的民主、平等評判古人，豈不是既忽略了文化傳統，又不合歷史時宜？

儒家思想自身也處於不斷變化中，在《郭店楚簡》中我們既能讀到人臣的自由、率性：「悅，則可；不悅，可去也」，也能讀到孟子「君之視臣如手

〔註145〕〔清〕王先謙：《荀子集解》，中華書局2013年點校本，第46頁。
〔註146〕〔清〕王先謙：《荀子集解》，中華書局2013年點校本，第609頁。
〔註147〕〔清〕王先謙：《荀子集解》，中華書局2013年點校本，第606頁。
〔註148〕〔清〕王先謙：《荀子集解》，中華書局2013年點校本，第629頁。
〔註149〕〔清〕王先謙：《荀子集解》，中華書局2013年點校本，第193頁。
〔註150〕〔清〕王先謙：《荀子集解》，中華書局2013年點校本，第275頁。

足，則臣視君如腹心；君之視臣如犬馬，則臣視君如國人；君之視臣如土芥，則臣視君如寇讎」，看來孟子的思想更加張揚，不過細緻閱讀孟子的文本後，我們發現孟子也是在遵禮的基礎上提出的疑問或反思。雖然時光不停流轉，孔子主張的「君君臣臣，父父子子」依然得到了很好的繼承與發展，《白虎通》提出的「三綱六紀」融納了董仲舒的有關思想後，進一步論定了各類人群的職分。人們各行其職，「偏立而亂，俱立而治，其足以稽矣」〔註 151〕。人臣盡勸諫之責、君王反求諸己，君臣各遵其職，則治政得道。吳起以禮進諫、魏武侯聞過即改，君臣二人很好地做到了各行其職。

　　與《郭店楚簡》、孟子的君臣之道相比，荀子的「君臣相友」思想有哪些顯著特徵？它對前人的思想又有哪些繼承與發展呢？首先，在以民為重的前提下，君臣各遵其職，荀子明確指出君道知人，臣道知事。孟子曾說「民為貴，社稷次之，君為輕」，雖然荀子說「天之立君，以為民也」，但他並未如孟子一般指出「君為輕」，而是說君為「民之原」，君子為「治之原」。君子為「治之原」，因而君須重視禮義、尚賢使能。第二，荀子贊同「從道不從君」的古訓，在荀子看來，「道」的重要性遠在君主之上。由於道義的存在，若君命不合於道，則君命可違，諫諍不可或缺。荀子尤其看重諫、爭、輔、拂之人，他說這些人是「社稷之臣也，國君之寶也」。為了天下道義，為了在大處利君，人臣有相對自由的政治權利。第三，尚賢使能與「隆禮敬士」，「隆禮敬士」是「君臣相友」思想的具體體現，君主以禮待士反映了「尊賢良」的友道理想。

　　通過上述分析，我們不難看出，荀子與孟子的君臣思想存在較多相似之處，其主要表現在以民為重、尚賢使能與以禮敬士上，荀子雖未明確指出臣以師友的身份與君共事，但他重視諫、爭、輔、拂之人的態度，加之「從道不從君」的思想，已充分表明了其追求君臣政治平等的主張，這與「友，君臣之道」的思想主旨是一致的。另外，我們還應看到，荀子在著述中也表達了他對君主的看法，他說君為「民之原」，「上無君師，下無父子，夫是之謂至亂」，這類尊君思想與《禮記》中的論述比較接近。尊君反映了儒家君臣有序的思想，它與「友，君臣之道」的主張對後世君臣思想的形成與發展影響較大。

〔註 151〕〔清〕王先謙：《荀子集解》，中華書局 2013 年點校本，第 275 頁。

第三節 《白虎通》「君臣相友」思想論析

「友，君臣之道」是《郭店楚簡》友朋觀的突出體現，而《白虎通》記載：「三綱者，何謂也？謂君臣、父子、夫婦也。」〔註152〕君臣、父子、夫婦，此「六人為三綱」，書中還引《禮含文嘉》稱「君為臣綱，父為子綱，夫為妻綱」〔註153〕，可見班固將「君為臣綱」當作此書的思想主張之一。

「友，君臣之道」與「君為臣綱」幾乎完全是風馬牛不相及的兩類主張，怎能互證，又如何相融相通呢？帶著這個疑問，讓我們進入一段探尋答案的旅程，或許前路將帶來有關儒家思想的某些驚喜。

在子思之儒看來，以友相待是處理君臣關係的準則之一：「父無惡，君猶父也，其弗惡也，猶三軍之旌也，正也。所以異於父，君臣不相才（存）也。則可已；不悅，可去也；不義而加者（諸）己，弗受也。友，君臣之道也」。〔註154〕以朋友關係相處屬於君臣之道，但上文又說君猶父，「猶三軍之旌也，正也」，可見君的尊嚴不容小覷。同心而悅為君臣相處的正道，「不義」則指君的做法不合於道，也不合於禮。為了道義批評君主的過錯、指責君主的行為過失是符合君臣之道的，當朋友有過失時，應「忠告而善道之」。朋友與君臣屬於「無親」的一類社會關係，因而在《郭店楚簡》中，作者有時將朋友、君臣同舉，如「友、君臣，無親也」，「君臣、朋友，其擇者也」，作者又以「友」來規範君臣關係，可以說是儒家友朋觀的一個新變化。

不難看出，《郭店楚簡》提出的君臣之道，基本包含了兩個方面的內容，首先是以君為正，承認君的特殊地位。另一方面，文章指出君臣與父子存在顯著的不同，君臣無親，以悅相合，「不義而加者己，弗受」，由此可證「友」為君臣之道，若將此處的「友」理解為相互輔助，應更為妥帖。「（悅）則可已；不悅，可去也」，文中出現的「悅」字反映了《郭店楚簡》君臣觀的特點，「君臣義生言」也是《郭店楚簡》提倡的君臣之道，一個「義」字清晰地展現了君臣關係的紐帶。《六德》稱「以義使人多。義者，君德也」〔註155〕，「以忠事人多。忠者，臣德也」〔註156〕，君德與臣德有著怎樣的關係呢？答案是「義使忠」，並不複雜的三個字「義使忠」呈現了君德的特殊性。《郭

〔註152〕〔清〕陳立：《白虎通疏證》，中華書局1994年點校本，第373頁。
〔註153〕〔清〕趙在翰：《七緯》，中華書局2012年點校本，第269頁。
〔註154〕劉釗：《郭店楚簡校釋》，福建人民出版社2005年版，第208頁。
〔註155〕劉釗：《郭店楚簡校釋》，福建人民出版社2005年版，第108頁。
〔註156〕劉釗：《郭店楚簡校釋》，福建人民出版社2005年版，第108頁。

店楚簡》君臣之道的重要性在於它以「友」作為君臣相處的規範,而「友,
君臣之道」這種提法在其他文獻中幾乎沒有出現。

孟子也嘗試以朋友之道規劃君臣關係,但他對君臣關係的建構基本繼承
了郭店楚簡「友,君臣之道」的思想,並進一步擴展出了三類關係:師、友、
事。後世著名的思想家如程頤、黃宗羲、譚嗣同等人,其相關學說也建立在
了「友,君臣之道」的基礎之上,並各有發展。當我們回顧先秦時期的那段
歷史、梳理那時湧現的各類思想時,卻發現思想與現實是如此融雜,學者的
論斷在很大程度上來源於客觀世界,我們很難堅定地說他的著述僅是他一人
的獨創,同樣的觀點在史書中也有人提及,大概是同一的現實決定了類似思
想的出現。也有許多思想與業已暢行的禮儀密不可分,孰先孰後,已難以考
辨。但無論怎樣,把它們歸結為中國文化的特徵,總是沒有差錯的。對《郭
店楚簡》的「友」觀念作完初步分析後,我們再來看一看《白虎通》中的相
關思想。

一、「臣諫君以義」

顯然,《白虎通》一書在內容的豐富性上略勝《郭店楚簡》一籌,但我
們更關心的是「友,君臣之道」的思想到了東漢時期得到了怎樣的發展?

《白虎通》之《諫諍》一章,詳細闡釋了臣諫君、妻諫夫、子諫父的內
容並論證了諫諍的合理性。對諫諍進行細緻分析,反映了作者對諫諍的重視
程度。諫諍是君臣、夫妻、父子關係的調適方法,臣諫君的存在已在明示臣
對於君的幫助職責。那麼什麼是諫諍?「諫」字又有何內涵呢?

諫又作「間」,「諫者,間也,更也。是非相間,革更其行也」〔註 157〕,
諫有「更其行」的作用。古文「間」為干,「干,犯也。言臣子干君之過,
犯顏而諫之也。」〔註 158〕由上文可知,「諫」能夠干君之過,正君之行,甚
至可犯顏而諫。《白虎通》列舉了諫諍的五種類型,「一曰諷諫,二曰順諫,
三曰闚諫,四曰指諫,五曰陷諫。」〔註 159〕「諷諫」似智,「知禍患之萌,
深睹其事,未彰而諷告焉。」「順諫」似仁,「出詞遜順,不逆君心。」「闚
諫」似禮,「視君顏色不悅,且郤,悅則復前,以禮進退。」〔註 160〕「指諫」

〔註 157〕〔清〕陳立:《白虎通疏證》,中華書局 1994 年點校本,第 234 頁。
〔註 158〕〔清〕陳立:《白虎通疏證》,中華書局 1994 年點校本,第 234 頁。
〔註 159〕〔清〕陳立:《白虎通疏證》,中華書局 1994 年點校本,第 235 頁。
〔註 160〕〔清〕陳立:《白虎通疏證》,中華書局 1994 年點校本,第 235 頁。

似信,「指者,質也。質相其事而諫。」「陷諫」似義,「惻隱發於中,直言國之害,勵志忘生,為君不避喪身。」

在五類諫諍中,孔子贊同諷諫,他說:「吾從諷之諫。」孔子的主張反映了儒者的憂患意識,即儒家以「未雨綢繆」、「防患於未然」為理想追求。「諷」是何意呢?「謂君父有闕而難言之,或託興詩賦以見於辭,或假託他事以陳其意,冀有所悟而遷於善。」〔註161〕除了「未雨綢繆」以防禍患,諷諫還有曲得之義,即巧借詩賦或假託他事以述難言之語。諷諫的長處在於不觸顏色、冀君自我覺悟,為實現政由君出作了鋪墊,有效地維護了君的特殊地位與尊嚴,有利於社會的長治久安。

尊君不僅是郭店楚簡的學說主張,也是《白虎通》提到的重要思想之一。尊君觀念源遠流長,《荀子》、《禮記》等書都作過詳細闡述。在此,讀者可能要問古人為何看重尊君呢?《禮記·坊記》作了解答,「民之貪亂,寧為荼毒」、「君子之道……坊民之所不足者也」〔註162〕、「朝廷之位,讓而就賤,民猶犯君」〔註163〕,何況不尊君呢?尊父觀念的培養也是同樣的道理,儒家主張「言孝不言慈」〔註164〕,以此坊民,「民猶薄於孝而厚於慈」〔註165〕,何況不言「孝」呢?由此可見尊君、尊父觀念源於坊民之不足,同時也起到了維護安定秩序的作用。

《白虎通》記載臣的職責為「事君進思盡忠,退思補過,去而不訕,諫而不露。」〔註166〕此處的「諫而不露」與下文提到「不顯諫」中的諫,是否可以理解為諷諫?《春秋繁露》說:「臣有惡,擅名美。故忠臣不顯諫」,以彰君德。「從諷之諫」反映了人臣之法,即良大夫不顯諫,欲其政令由君出。諷諫適宜用於「纖微未著」之時,「主文而譎諫,言之者無罪,聞之者足以戒」〔註167〕,「主文」即循禮,譎諫即「窺諫」,「窺諫者,禮也。」但過惡已著,則當「據事直書」,冀君有所懼。既有臣諫君之實,接下來我們就看一看臣為何諫君?臣如何諫君?

〔註161〕〔清〕陳立:《白虎通疏證》,中華書局1994年點校本,第236頁。
〔註162〕〔清〕孫希旦:《禮記集解》,中華書局1989年點校本,第1280頁。
〔註163〕〔清〕孫希旦:《禮記集解》,中華書局1989年點校本,第1284頁。
〔註164〕〔清〕孫希旦:《禮記集解》,中華書局1989年點校本,第1288頁。
〔註165〕〔清〕孫希旦:《禮記集解》,中華書局1989年點校本,第1288頁。
〔註166〕〔清〕陳立:《白虎通疏證》,中華書局1994年點校本,第236頁。
〔註167〕〔清〕陳立:《白虎通疏證》,中華書局1994年點校本,第237頁。

　　臣為何諫君？為了「盡忠納誠」之義。賢人君子盡心於明德，君有過，則「正而止之」。《孝經》記載：「天子有諍臣七人，雖無道不失其天下；諸侯有諍臣五人，雖無道不失其國；大夫有諍臣三人，雖無道不失其家；士有諍友，則身不離於令名；父有諍子，則身不陷於不義。」〔註 168〕可見諫諍之人，於國於家，都不可或缺。天子置左輔、右弼、前疑、後承，左輔、右弼、前疑、後承為四諍。

　　《荀子》一書詳細闡釋了「諫爭輔拂」四字的含義，「進言於君，用則可，不用則去」，謂諫；「進言於君，用則可，不用則死」，謂爭；「有能比知同力，率群臣百吏而相與強君撟君，君雖不安，不能不聽，遂以解國之大患……尊君安國」，謂輔；「抗君之命，竊君之重，反君之事，以安國之危」〔註 169〕，謂拂。孟子說「惟大人為能格君心之非」，「責難於君謂之恭，陳善閉邪謂之敬」。《白虎通》的觀點繼承了孟子、荀子的君臣思想，仕為行道，臣為「達道數」、「盡忠納誠」（此處的「忠」應有為「道」及天下盡己之誠的涵義），因而《白虎通》所談論的君臣關係仍可定義為「友」，「友，相有也」，「相有」即相輔助。

二、「義之與比」

　　在臣諫君方面，《白虎通》承繼了孟子、荀子的理性認知，但其關於隱惡之義的記載卻是先秦儒家很少論及的地方，這是《白虎通》的特點所在。此書明確提出了臣為君隱，父子、兄弟、朋友相隱，但君不為臣隱的主張。在此，人們不禁要問：為何為君隱惡，而君不為臣隱？接下來，我們不妨細看一下《白虎通》對隱惡之義的詳解。

　　君為至尊，故設輔弼，置諫官，輔弼、諫官的設置為的是在朝堂之內正君之過，以維護君的至尊地位。孔子曾為魯昭公諱知禮，荀子說：「禮，居是邑，不非其大夫」〔註 170〕，他把「不非其大夫」作為禮的內容，以示對大夫的尊重。《禮記》說：「善則稱君，過則稱己，則民作忠。」〔註 171〕

　　《後漢書》記有：「子以人不間於其父母為孝，臣以下不非其君上為忠。」

〔註 168〕〔清〕陳立：《白虎通疏證》，中華書局 1994 年點校本，第 226 頁。
〔註 169〕〔清〕王先謙：《荀子集解》，中華書局 2013 年點校本，第 295 頁。
〔註 170〕〔清〕王先謙：《荀子集解》，中華書局 2013 年點校本，第 627 頁。
〔註 171〕〔清〕孫希旦：《禮記集解》，中華書局 1989 年點校本，第 1287 頁。

〔註 172〕讀到這裡，我們不免產生疑問：「不間於其父母」豈不悖於「父有諍子」？「不非其君上」與諫諍之義豈不違背？其實不然，「不間於其父母」並不等於不要「幾諫」，「不非其君上」也不同於放棄諫諍，妙處在於「不顯諫」。做到「下不非其君上」、「人不間於其父母」，當是臣、子必於事前孜孜於匡救其過，實際上這種做法也保護了彼此之間的和諧關係。即使未能匡救其過，在儒家有關方法論的指導下，遵行忠、孝也不至於社會無序。

讀過春秋史的人無不知曉天下動亂的根源在於人慾橫流、人倫大變，在反思現實事件的基礎上，學者試圖尋找治理天下的有效方法，學術思想與當時的社會現狀緊密相連是不容忽略的。韓非子在《忠孝》篇中寫道：「臣事君，子事父，妻事夫。三者順則天下治，三者逆則天下亂，此天下之常道也。」〔註 173〕兼相愛、交相利是墨子的重要思想之一，兼相愛、交相利也適用於朋友之間，為什麼墨子會提出這種學說呢？欲治天下當察「亂何自起」？「起不相愛」，父子、兄弟、君臣皆自愛而不愛對方，盜賊皆愛其室、其身而不愛異室與他人，大夫、諸侯皆愛其家、其國而不愛異家、異國，上述各類現象便是天下混亂的原因。韓非子與墨子思想各異，但在思索天下混亂的問題上，卻趨同了，他們幾乎都把父子、君臣等人倫無序的現實作為社會動盪的根本原因。《後漢書》「子以人不間於其父母為孝，臣以下不非其君上為忠」豐富了忠、孝的理性內涵，明確了臣、子的諫諍職責，更加合理地保證了君、父之尊。人臣的諫諍在《白虎通》中有詳細的記載，子諫父在《孟子》、《荀子》等書中也能找到依據。孔子稱讚閔子騫孝行時說：「人不間於其父母昆弟之言」，可見「不間於其父母」是孔子乃至漢代學者的共同認知。

在儒家看來，「不間於其父母」以及不間於昆弟謀求的是家庭和睦、長幼有序。孟子說：「責善，賊恩之大者」，孟子提出的「父子不責善」可以說是「不間於其父母」的另一種說法和詮釋。其中的道理可以用來理解「臣以下不非其君上為忠」，以「不非其君上」為忠，為的是君臣有序、家國安寧。荀子說「諱國惡」是禮的內容，「諱國惡」含有隱惡之義，若不諱國惡，則小人得志、家國無序。聖人知「道」，願受君過，這裡的「道」指人道，也指治國之道，臣受君過，則可以適當地維護君王的地位與尊嚴。瞭解了「子

〔註 172〕〔宋〕范曄撰，〔唐〕李賢等注：《後漢書》，中華書局 1965 年版，第 1226頁。

〔註 173〕〔清〕王先慎：《韓非子集解》，中華書局 2013 年點校本，第 510 頁。

以人不間於其父母為孝，臣以下不非其君上為忠」這句話的深意，也就把握了中國文化的一絲命脈。

在人臣「不非其君上」的同時，國家權制內也存在約束君王的規則，二者互動始成合理的君臣之道。由相關資料可知，古時君、臣皆為民請命。諫諍立，為「重民而求己失」；立史記事，以為「臣下之儀樣，人之所取法則也。」〔註174〕立史有助於約束君主的日常行為，「動則當應禮」，左史書動、右史書言。若君王言行失當，則「史書之，工誦之，三公進讀之，宰夫徹其膳」〔註175〕，以此警示天子不得為非。史、工、三公、宰夫是君王身邊親近之人，各肩負著規範天子言行的職責。《白虎通》稱：「史之義不書過則死，宰不徹膳亦死。」〔註176〕史官有直書君過的職責，不盡職即死。以死證君過，君主豈敢為非？《說文解字》解釋「史」的字義為「記事者也。從又持中」〔註177〕，中即「正」，由此可知「史」的原始字義為「持正」。至此，我們不禁疑惑「人臣之義，當掩惡揚美」，史官卻記君過？隨之《白虎通》給出了合理的解釋：臣職不同，「各有所緣也。掩惡者，謂廣德宣禮之臣。」〔註178〕

《白虎通》解釋說：「君之與臣，無適無莫，義之與比。」〔註179〕君與臣「義之與比」，可以看作「友，君臣之道」的詮釋，「友，君臣之道」與「無適無莫，義之與比」同是儒家理想的君臣之義。賞善則眾臣勸，罰惡而眾臣懼。「無適無莫」即好惡「不設以成心」，「不設以成心」即君、臣皆能克己、不有私心，以義定曲直。齊桓公不計一己恩怨、任用管仲為相的事實表現了古時君臣「無適無莫，義之與比」的精神。

三、「臣諍不從得去」

「臣諍不從得去」與待放之義也是《白虎通》論君臣之道的顯著特徵，儘管它糅雜了先秦時期的諸多思想。為何「臣諍不從得去？」「以屈尊申卑，

〔註174〕〔清〕陳立：《白虎通疏證》，中華書局1994年點校本，第237頁。
〔註175〕〔清〕陳立：《白虎通疏證》，中華書局1994年點校本，第238頁。
〔註176〕〔清〕陳立：《白虎通疏證》，中華書局1994年點校本，第238頁。
〔註177〕〔漢〕許慎撰，〔清〕段玉裁注：《說文解字注》，上海古籍出版社1981年版，第116頁。
〔註178〕〔清〕陳立：《白虎通疏證》，中華書局1994年點校本，第239頁。
〔註179〕〔清〕陳立：《白虎通疏證》，中華書局1994年點校本，第240頁。

孤惡君也。」〔註180〕臣與君「義之與比」，當諫諍不從時，人臣可以離開，以孤惡君。《禮記・表記》記載：「事君三違而不出竟，則利祿也。」〔註181〕若三違不出境，則看重利祿而忽視道義，明君子不這樣做。《白虎通》多次指出仕為行道，道不行，人臣以「不從得去」申明賢者之志。「仕為行道」可與「忠」的早期含義聯繫起來，忠有為公的內涵。君臣以道義相合，無義則離。《孟子・萬章章句下》記載：「君有大過則諫，反覆之而不聽則去」。諫君不從，君待之以禮，人臣去而待放，待放不是君的特權，而是臣的自由選擇。

關於為何「去而待放」，《白虎通》給出了幾種解釋。待放於郊，示臣忠厚之至，也冀君覺悟。《孟子・公孫丑章句下》：「予三宿而出晝，於予心猶以為速，王庶幾改之」〔註182〕。以三年待放來看，孟子「三宿而出晝」確實「猶以為速」了，無論三宿還是三年待放，人臣的用意都在於冀君改之或覺悟。禮是解讀《孟子》一書的密鑰，孟子的言行基本符合禮的規範，因此他的言行能夠反映禮的時代內容，可能《孟子》上對禮的記載有時與其他著述略有出入。

為何待放三年？《白虎通》解釋說因「古者臣下有大喪，君三年不呼其門」〔註183〕，以此復君恩，因而待放三年。「三諫，待放復三年，盡惓惓也。」〔註184〕三諫不聽，遂待放三年，君子以為得君臣之義，有學者說：「諫必以三者，取月生三日成魄，臣道就也。」關於三年待放，《白虎通》也稱：臣言「不合於禮義，君欲罪之可得也。」〔註185〕臣自嫌有罪當誅，故三年不敢去。言放，原因在於「臣為君諱」。言臣有罪，是臣為君隱的表現。大夫無罪而去，不可揚君之過，必「引罪於己」。《禮記・坊記》說：「善則稱君，過則稱己」〔註186〕，孔子以微罪行即是此義。大夫、士待放或去國「引罪於己」，為的是維護君的尊嚴與地位，這與上文「不非其君上」的用意相同。

〔註180〕〔清〕陳立：《白虎通疏證》，中華書局 1994 年點校本，第 228 頁。
〔註181〕〔清〕孫希旦：《禮記集解》，中華書局 1989 年點校本，第 1315 頁。
〔註182〕〔清〕焦循：《孟子正義》，中華書局 1987 年點校本，第 307 頁。
〔註183〕〔清〕陳立：《白虎通疏證》，中華書局 1994 年點校本，第 229 頁。
〔註184〕〔清〕陳立：《白虎通疏證》，中華書局 1994 年點校本，第 229 頁。
〔註185〕〔清〕陳立：《白虎通疏證》，中華書局 1994 年點校本，第 229 頁。
〔註186〕〔清〕孫希旦：《禮記集解》，中華書局 1989 年點校本，第 1287 頁。

翻開一些儒家典籍，我們不由地聯想起三類人：君、臣與民，君、民的特點決定了中國的治道，君、臣與民三者的合理互動即是中國特有的政治文化傳統，臣去國「不潔其名」、「引罪於己」便呈現了這一文化傳統。君不以禮待或諫事已行，臣遂去而不留。待放原為冀君覺悟，若事已行、災咎將至，則臣不留。齊陳女樂，季桓子微服往觀、怠於政事，子路說：「夫子可以行矣」，孔子說：「魯今且郊，如致膰乎其大夫，則吾猶可以止。」桓子受齊國女樂，三日不聽政，又不致膰俎於大夫，孔子遂去，但不脫冕，並以微罪行。臣去時說：「某質性頑鈍，言愚不任用，請退避賢。」君以禮相待則說：「予熟思夫子言，未得其道，今子不且留。聖人之制，無塞賢之路」〔註187〕，遂遣大夫送至於郊。

待放於郊，依禮制，「君不絕其祿」，《禮記·曲禮》記有「去國三世，爵祿有列於朝，出入有詔於國」〔註188〕，三年不返，才收其田里。古之君子，進人以禮、退人以禮。君待臣以禮，「有故而去，則君使人導之出疆」〔註189〕，君「搏執之，又極之於其所往」則為非禮。「不從得去」有保身、遠亂之義，君子三揖而進，一辭而退，以遠離災亂。

《白虎通》記有《王者不臣》，王者暫不臣「授受之師」，為「尊師重道，欲使極陳天人之意也。」〔註190〕《禮記·學記》說：「大學之禮，雖詔於天子，無北面，所以尊師也。」尊師即尊德，「天子入太廟，祭先聖，則齒嘗為師者弗臣」。

臣見君有質，「質己之誠，致己之惆悃也。」〔註191〕以質見君出於人臣之心，「差其尊卑以副其意」。孟子說：「出疆必載質」，君子於所尊敬，「必執質以將其厚意。」古人以卑見尊，必「有物以將其惆忱為質，不敢褻尊之義也」。公侯以玉為質，卿以羔為質，大夫以雁為質。士以雉為質，取「不可誘之以食，懼之以威，必死不可生畜。士行耿介，守節死義，不當轉移也。」〔註192〕士賤，伏節死義，一介之道也。私相見也有質，為「相尊敬，長和睦也。」朋友「有通財之義，賑窮救急之意，中心好之，欲飲食之，故財幣

〔註187〕〔清〕陳立：《白虎通疏證》，中華書局1994年點校本，第228頁。
〔註188〕〔清〕孫希旦：《禮記集解》，中華書局1989年點校本，第112頁。
〔註189〕〔清〕陳立：《白虎通疏證》，中華書局1994年點校本，第228頁。
〔註190〕〔清〕陳立：《白虎通疏證》，中華書局1994年點校本，第319頁。
〔註191〕〔清〕陳立：《白虎通疏證》，中華書局1994年點校本，第355頁。
〔註192〕〔清〕陳立：《白虎通疏證》，中華書局1994年點校本，第356頁。

者，所以副至意焉。」〔註 193〕

《白虎通》還解釋了君、臣二字的含義，它說：「君，羣也，羣下之所歸心也。」〔註 194〕臣，「繢堅也，歷志自堅固也。」君臣屬三綱，六人為三綱。「陰者陽之合……臣者君之合。物莫無合，而合各有陰陽。」〔註 195〕君為陽，臣為陰，陽剛陰柔，相配而成。以陰陽之道來看，君臣並無不平等之處，可謂「友，君臣之道也」。君臣法天，取象日月屈信。「六紀，為三綱之紀者」〔註 196〕，六紀以紀三綱，這裡的「紀」有「緯」的含義。「師長，君臣之紀也，以其皆成己也。」〔註 197〕這句話能夠給我們一些啟發，與師長類似，君臣有成己之用。師，教人為君子；長，教人為長者。顯然師長有成己之功，與君臣類似。仕為行道，君使臣成就道義、實現抱負與理想，而臣使君成為明主，故君臣皆能成己。

譚嗣同在《仁學》中對三綱進行了猛烈抨擊，他說：「三綱之攝人，足以破其膽，而殺其靈魄」〔註 198〕、「君臣之禍亟，而父子、夫婦之倫遂各以名勢相制為當然矣。此皆三綱之名之為害也」〔註 199〕，那麼三綱究竟是什麼呢？初期三綱的出現有無積極意義呢？

我們先看一下《韓非子》的記載，在《忠孝》篇中，韓非子寫道：「臣事君，子事父，妻事夫，三者順則天下治，三者逆則天下亂，此天下之常道也」〔註 200〕。天下應以孝悌忠順之道為準，但在現實中韓非子發現人們卻「皆以堯舜之道為是」，在韓非子看來堯舜之道帶給世人怎樣的啟示呢？堯舜之道的事實卻是「堯為人君而君其臣，舜為人臣而臣其君，湯、武為人臣而弒其主」〔註 201〕。堯自以為明、舜自以為賢、湯武自以為義，如此一來，明君常與、賢臣常取，子取父之家、臣取君之國的現象時常出現，效法堯舜之道是導致天下混亂的原因，因此韓非子說：「父而讓子，君而讓臣，此非所以定位一教之道」〔註 202〕、「上賢任智無常」為逆道。

〔註 193〕〔清〕陳立：《白虎通疏證》，中華書局 1994 年點校本，第 358 頁。
〔註 194〕〔清〕陳立：《白虎通疏證》，中華書局 1994 年點校本，第 376 頁。
〔註 195〕〔清〕陳立：《白虎通疏證》，中華書局 1994 年點校本，第 374 頁。
〔註 196〕〔清〕陳立：《白虎通疏證》，中華書局 1994 年點校本，第 375 頁。
〔註 197〕〔清〕陳立：《白虎通疏證》，中華書局 1994 年點校本，第 375 頁。
〔註 198〕湯仁澤編：《譚嗣同卷》，中國人民大學出版社 2015 年版，第 47 頁。
〔註 199〕湯仁澤編：《譚嗣同卷》，中國人民大學出版社 2015 年版，第 46～47 頁。
〔註 200〕〔清〕王先慎：《韓非子集解》，中華書局 2013 年點校本，第 510 頁。
〔註 201〕〔清〕王先慎：《韓非子集解》，中華書局 2013 年點校本，第 510 頁。
〔註 202〕〔清〕王先慎：《韓非子集解》，中華書局 2013 年點校本，第 510 頁。

通過上述分析，韓非子找到了謀劃「一教之道」的定理：上法而不上賢。「上法」即確定常道，明確臣事君、子事父、妻事夫的原則。他試著定義了明君、賢臣的職責，他說明君要「能畜其臣」，賢臣則要明法度、治官職以擁戴其君」，人主雖不肖，臣不敢侵。在法治領域韓非子的主張是非常先進並富有理性的，他覺察到了人的自由意志的變動性，即使自由意志合於道義，還是會造成比較混亂的社會現實。為了社會安定，他試圖架構一個守常不變的社會體制。令人欣喜的是，若韓非的理論進一步發展與深化很可能接近於近代西方社會的民主政治體制。據相關資料推斷，三綱之說最初應源於韓非子「臣事君，子事父，妻事夫」的治政原則，值得注意的是這一原則在「上法」理論下有積極的意義。

隨著時間流逝，董仲舒進一步發展了三綱思想，《春秋繁露》記載：「陽兼於陰，陰兼於陽，夫兼於妻，妻兼於夫，父兼於子，子兼於父，君兼於臣，臣兼於君，君臣、父子、夫婦之義，皆取諸陰陽之道。君為陽，臣為陰，父為陽，子為陰，夫為陽，妻為陰，陰道無所獨行。其始也不得專起，其終也不得分功」〔註203〕，西漢董仲舒以陰陽之道來闡釋夫婦、父子、君臣之義，指明了君臣、父子、夫婦各自的地位與職責。他說：「天為君而覆露之，地為臣而持載之，陽為夫而生之，陰為婦而助之，春為父而生之，夏為子而養之」〔註204〕，王道之三綱，可求於天。至董仲舒，「三綱」的說法被正式提出。雖然借陰陽之道闡述三綱，使人略感「無所獨行」的陰道不如陽道關鍵，但此處的三綱並無可憎之處。

孔子說：「君君、臣臣、父父、子子」，強調的是君臣、父子各自的義務和職責，《郭店楚簡》指出六德為君「義」臣「忠」，夫「智」婦「信」，父「聖」子「仁」，加之孟子的平等意識與他反覆強調的君臣之道，我們不難看出，儒家始終在對等地描述各類社會角色的職責與道德，在闡述三綱時，董仲舒繼承並發展了儒家倫常的對等理念。

《白虎通》記載：「三綱者，何謂也？謂君臣、父子、夫婦也。」〔註205〕書中引禮緯《含文嘉》「君為臣綱，父為子綱，夫為妻綱」〔註206〕，這便是後世常提到的三綱的具體內容。作者論述三綱之義時說：「君臣、父子、夫

〔註203〕曾振宇，傅永聚注：《春秋繁露新注》，商務印書館2010年版，第260頁。
〔註204〕曾振宇，傅永聚注：《春秋繁露新注》，商務印書館2010年版，第261頁。
〔註205〕〔清〕陳立：《白虎通疏證》，中華書局1994年點校本，第373頁。
〔註206〕〔清〕趙在翰：《七緯》，中華書局2012年點校本，第269頁。

婦六人也。所以稱三綱何？一陰一陽謂之道，陽得陰而成，陰得陽而序，剛柔相配，故六人為三綱」〔註 207〕，陰陽相輔相成、相得益彰，因而君臣、父子、夫婦可「剛柔相配」。六人為三綱，「三綱」不僅沒有不合理之處，反而談論的有形有象、深入人心，而且三綱在宇宙自然中也有效法的依據。

「三綱法天地人，六紀法六合。君臣法天，取象日月屈信，歸功天也。父子法地，取象五行轉相生也。夫婦法人，取象人合陰陽，有施化端也。」〔註 208〕君臣取法日月，日為君、月為臣，「日月屈信」象徵著君臣以義各行其道，父子取象五行，夫婦則取象陰陽。至此三綱的含義已經很明確了，三綱的合理性不僅顯而易見，其論證過程也有條不紊，由此我們不得不懷疑譚嗣同批評的是這樣的三綱嗎？

再讀一下《仁學》的相關內容，我們不難看出，譚嗣同著力抨擊的並非學者們提出的三綱之論，而是「三綱之名」與現實的社會人際狀況，他說：「君統盛而唐、虞後無可觀之政矣」，他還說：「顧出於程、朱，程、朱乃荀學之雲礽也；君統而已，豈足罵哉！」〔註 209〕凡側重君統的學說，譚嗣同一律持否定態度，面對幾千年合於時勢的傳統文化，尤其是儒者的理論學說，他的態度不算理智。方朝暉先生指出「20 世紀以來阻撓人們正確認識儒家思想的一個背景因素是文化進化論。按照文化進化論的歷史觀，人類歷史呈一單線的進化趨勢，朝著越來越文明、進步的方向前進。據此，凡是歷史上維護君主制的思想皆是落後、保守的，凡是批判這一制度的行為皆是進步、先進的，因為君主制是一落後的、與現代民主方向相背的政治制度。由於儒家的三綱思想維護了君權，所以是落後的、保守的，代表了儒家思想中的最大糟粕。然而，如果我們真正從歷史的角度看問題，很容易發現這一思維方式極其荒唐、錯誤。」〔註 210〕一類學說的出現必定有它存在的合理性（雖然楊朱的「為己」之論屢遭詬病，但他的觀點也有現實的依據與某方面的實際意義），但不知為何三綱落入人間、世俗化以後，竟成了一些糟粕？

譚嗣同批判現實問題，則是有理有據的。他說君「竭天下之身命膏血，供其盤樂怠傲，驕奢而淫殺」、「濫縱其百官……酷毒不可思議之法，由此其

〔註 207〕〔清〕陳立：《白虎通疏證》，中華書局 1994 年點校本，第 374 頁。

〔註 208〕〔清〕陳立：《白虎通疏證》，中華書局 1994 年點校本，第 375 頁。

〔註 209〕湯仁澤編：《譚嗣同卷》，中國人民大學出版社 2015 年版，第 40 頁。

〔註 210〕方朝暉：《三綱真的是糟粕嗎——重新審視「三綱」的歷史與現實意義》，《天津社會科學》2011 年第 2 期。

繁興」〔註211〕，子於父則「捲舌而不敢議」，「村女里婦，見戕於姑惡」，後母對待前子、庶妾與嫡子、主人與奴婢「而黑暗或有過此者乎！」至於夫自命為綱，所以遇其婦者，「將不以人類齒」。面對真實的社會景象，讀者應與譚嗣同的感受一樣，合理的三綱學說竟然扭曲到了如此境地！「中庸之為德也，其至矣乎，民鮮能久矣」！站在社會現實的立場上，譚嗣同從孔子、佛教、基督教吸取了平等思想，譚嗣同深切感到五倫中朋友一倫地位的重要，他嘗試以朋友一倫改造其他四倫。譚嗣同注意到黃宗羲《明夷待訪錄》、王船山遺書於君民之際皆有隱恫，他的君臣思想幾乎沿襲了黃、王的言論，而黃、王的主張又繼承了孟子的有關思想。「有民而後有君」，君為末民為本，「忠」為「撫我則後，虐我則讎」、「應物平旋（施），心無偏袒」〔註212〕。

譚嗣同說孔子稱「父父子子，兄兄弟弟，夫夫婦婦」，並未言不平等。子為天之子、父亦為天之子，父之名「非人所得而襲取」，因此父、子平等。天統於「元」，「人亦非天所得而陵壓」，因而人人平等。至於夫與婦，「於古有下堂求去者，尚不失自主之權也。」〔註213〕譚嗣同十分明白儒家的五倫思想，他從孔孟的相關思想出發，指出古時君臣、父子、夫婦之間並非不對等關係，只是孔教亡後，「獨夫民賊，固甚樂三綱之名，一切刑律制度皆依次為率」〔註214〕，以致中國愚於三綱。譚嗣同的看法是十分準確的，三綱並非宣揚了不平等，問題出在了三綱之名上，它的稱法容易使知識淺薄的人們陷入執其一端的理解中，三綱之名危害不淺。實際上，在三綱之內，君臣、父子、夫婦各有其職責，諫諍的體系比較完備。天子「建三公，序四諍，列七人。雖無道不失天下」〔註215〕。諫諍「不從得去」、「以屈尊申卑，孤惡君也。」《曲禮》說：「為人臣之禮，不顯諫，三諫而不聽則逃之」，君臣以義相合，無義則離。

四、六紀說

《白虎通》在立足三綱的同時，進一步提出六紀說，六紀為諸父、兄弟、族人、諸舅、師長、朋友。《白虎通》說：「何為綱紀？綱者，張也，紀者，

〔註211〕湯仁澤編：《譚嗣同卷》，中國人民大學出版社2015年版，第40頁。
〔註212〕湯仁澤編：《譚嗣同卷》，中國人民大學出版社2015年版，第41頁。
〔註213〕湯仁澤編：《譚嗣同卷》，中國人民大學出版社2015年版，第47頁。
〔註214〕湯仁澤編：《譚嗣同卷》，中國人民大學出版社2015年版，第48頁。
〔註215〕〔清〕陳立：《白虎通疏證》，中華書局1994年點校本，第228頁。

理也。大者為綱，小者為紀。所以張理上下，整齊人道也。人皆懷五常之性，有親愛之心，是以綱紀為化，若羅網之有紀綱而萬目張也。」〔註 216〕「綱紀」為人道的關鍵，能為人與人之間的相處做表率。《白虎通・三綱六紀》指出：「六紀者，為三綱之紀者也。師長，君臣之紀也，以其皆成己也；諸父、兄弟，父子之紀也，以其有親恩連也；諸舅、朋友，夫婦之紀也，以其皆有同志為己助也。」〔註 217〕三綱為基本的人倫之道，六紀則作其輔助，人事如同一張大的羅網，由三綱六紀總領和推動。六紀的倫理規範是「敬諸父兄，六紀道行，諸舅有義，族人有序，昆弟有親，師長有尊，朋友有舊。」〔註 218〕

實際上，諫諍、「臣諍不從得去」與「義之與比」反映了臣與君的合理與自由關係，「明王所以立諫諍者，皆為重民而求己失也。」〔註 219〕諫諍源於重民，其直接目的在於匡救君主之過失。孟子說：「責善，朋友之道也」，《白虎通》的作者同樣認為責善為君臣之義。「臣諍不從得去」也反映了以「友」來處理君臣關係的思想，君臣以「道」相合，無「道」則離，「仕為行道，道不行，義不可素餐，所以申賢者之志」〔註 220〕，所謂「悅，則可；不悅，可去也」。君與臣「義之與比」的思想，一方面體現了二者在地位上的合理秩序，另一方面也顯現了君臣志於道下的政治平等。「友，君臣之道」的理想在《白虎通》一書中得到了較好地繼承與發展。同時，在諫諍、「臣諍不從得去」與「義之與比」的思想中，作者特別強調了君臣之禮，君待臣以禮則反映了君主敬賢之意。

讀完《白虎通》關於君臣、朋友的內容，筆者尋不到不合理之處，三綱六紀的確能「張理上下，整齊人道」，當時的人道也需要這樣規範。陳寅恪先生說「吾中國文化之定義，具於《白虎通》三綱六紀之說，其意義為抽象理想最高之境」〔註 221〕。君臣恪守其職，在各自的職位中保有「獨立之精神，自由之思想」，而且「臣諫君以義」、「義之與比」與「臣諍不從得去」的主張反映了君臣相友的思想。王國維自沉後，陳寅恪先生稱其「文化神州

〔註 216〕〔清〕陳立：《白虎通疏證》，中華書局 1994 年點校本，第 374 頁。
〔註 217〕〔清〕陳立：《白虎通疏證》，中華書局 1994 年點校本，第 375 頁。
〔註 218〕〔清〕陳立：《白虎通疏證》，中華書局 1994 年點校本，第 374 頁。
〔註 219〕〔清〕陳立：《白虎通疏證》，中華書局 1994 年點校本，第 237 頁。
〔註 220〕〔清〕陳立：《白虎通疏證》，中華書局 1994 年點校本，第 228 頁。
〔註 221〕陳寅恪：《陳寅恪集・詩集》，生活・讀書・新知三聯書店 2009 年版，第 12 頁。

喪一身」，在陳寅恪先生看來，當時的文化已呈現出怎樣的衰落景象呢？他說「社會經濟之制度，以外族之侵迫，致劇疾之變遷；綱紀之說，無所依憑，不待外來學說之掊擊，而已銷沉淪喪於不知覺之間」〔註222〕。

那時「綱紀之說」已消沉淪喪，何況時間的錶盤已轉到二十一世紀！今天，當再度審視民族的歷史與文化傳統時，我們不禁要問三綱六紀之說對於現代社會還有意義與價值嗎？有何意義與價值？

上文詳細地對郭店楚簡和白虎通的友朋觀作了比較分析，「友，君臣之道」是郭店楚簡友朋觀的顯著特徵。《白虎通》說：「君之與臣，無適無莫，義之與比」〔註223〕，從「臣諫君以義」上看，白虎通與郭店楚簡的友朋思想達成了一致。在具體內容上，《白虎通》闡述的更加詳細，「君為臣綱」並不是班固首次提出，但它反映了《白虎通》的君臣思想，文中的隱惡之義為其思想內容之一。令人欣喜的是，郭店楚簡也稱「君猶父……猶三軍之旌也，正也」，在這一方面，白虎通又與郭店楚簡的思想相融了。實際上，《白虎通》的友朋觀，無論在內容的豐富性，還是在思想的深度與廣度上，遠遠超出了之前的許多論述，難怪陳寅恪說「吾中國文化之定義，具於《白虎通》三綱六紀之說，其意義為抽象理想最高之境」。

如今，當我們再次回望中國浩瀚的傳統文化時，不禁慨歎先人做出的不懈努力與斐然成就，而更為重要的是，現在的我們以何繼絕學、為萬世開太平？

第四節　程顥、程頤的「君臣相友」思想

閱讀有關資料後，我們不難發現二程的君臣觀念十分接近孟子等先秦儒者的思想主張。近千年後，儒家君臣思想如此一貫，並得以發展、延續，可以稱得上是中國思想史上特有的文化現象。空閒時曾想起這樣一個問題：在儒家思想中為什麼君臣關係總被反覆提起並加以論述呢？看過譚嗣同、黃宗羲、程顥等人的著作後，筆者似乎找到了解答。

一、君臣因民而設

程頤的一段論述可以作為歷代君臣思想的代表，他說：「為人臣者，居其位，食其祿，必思何所得爵祿來處，乃得於君也。必思所以報其君，凡

〔註222〕陳寅恪：《陳寅恪集·詩集》，生活·讀書·新知三聯書店 2009 年版，第 13 頁。
〔註223〕〔清〕陳立：《白虎通疏證》，中華書局 1994 年點校本，第 240 頁。

勤勤盡忠者，為報君也。如人主所以有崇高之位者，蓋得之於天，與天下之人共戴也，必思所以報民。古之人君視民如傷，若保赤子，皆是報民也。」〔註224〕這段論述將天、民、君、臣四者緊密聯繫在一起，由此看來，君哪是至上，臣又何止為君盡義，天、民猶在！君道本於天、民，這是儒家的思想傳統。程頤論君道不離天道，還反映了他天人無間的思想，天人本無二，不必言合。王者體天之道，亦與民同道，不能獨私一人，當與天下大同，與天下大同，則萬國咸寧。程頤說：「民以為王，則謂之天王天子；民不以為王，則獨夫而已矣。」〔註225〕

孟子稱「民為貴，社稷次之，君為輕」，說的也是同樣的道理。而君臣之道關係黎民百姓，能不重要？儒家反覆論述君臣之道，用意正在於憂懷天下，為生民立命。董仲舒說：「天之生民，非為王也；而天立王，以為民也。故其德足以安樂民者，天與之；其惡足以賊害民者，天奪之。」〔註226〕在董仲舒看來，王因民而設，德不能安民而惡足以害民，則天可奪之。漢代谷永說的更是透徹：「方制海內非為天子，列土封疆非為諸侯。皆以為民也。垂三統，列三正，去無道，開有德，不私一姓，明天下乃天下之天下」〔註227〕。徐復觀先生說：「儒家對我們民族最大的貢獻之一，是在二千年以前即明白指出政治乃至人君是人民的工具，是為人民而存在……人君要以人民的好惡為好惡，而不是人民以人君的好惡為好惡」〔註228〕。程頤曾問韓持國：「為何在市中聚浮圖？」韓持國答道：為民祈福，程頤說：「福斯民者，不在公乎？」〔註229〕在程頤看來，為百姓謀福不在於浮圖，而在於官員誠意為民。

春秋時期就存在忠民、利民的思想，左傳記載「所謂道，忠於民而信於神也。上思利民，忠也」〔註230〕，童書業先生指出「『忠』之道德最原始之義似為盡力公家之事」〔註231〕，為公即利民。文公閏月不告朔為非禮，左傳指出「不告閏朔，棄時政也，何以為民？」〔註232〕閏以正時，時以作事，事以

〔註224〕〔宋〕程顥、程頤：《二程集》，中華書局2004年點校本，第264頁。
〔註225〕〔宋〕程顥、程頤：《二程集》，中華書局2004年點校本，第273頁。
〔註226〕曾振宇，傅永聚注：《春秋繁露新注》，商務印書館2010年版，第158頁。
〔註227〕〔漢〕班固：《漢書》，中華書局1962年版，第3466～3467頁。
〔註228〕徐復觀：《學術與政治之間》，九州出版社2014年版，第313頁。
〔註229〕〔宋〕程顥、程頤：《二程集》，中華書局2004年點校本，第270頁。
〔註230〕楊伯峻：《春秋左傳注》，中華書局1981年版，第111頁。
〔註231〕童書業：《春秋左傳研究》，中華書局2006年版，第243頁。
〔註232〕楊伯峻：《春秋左傳注》，中華書局1981年版，第554頁。

厚生，生民之道存於禮中，文公不厚生，不為百姓謀福，於是遭到指責。宣公二年，鉏麑奉晉靈公之命謀殺趙盾，但當他看到趙盾上朝前身著盛服、坐而假寐的威儀時，立即放棄了刺殺的行動，鉏麑感歎道：此人不忘恭敬，實為百姓之主。賊民之主為不忠、棄君之命為不信。在不忠、不信之間取捨，我寧願死去，最終鉏麑觸槐而死。從上面的史實來看，賊民之主為不忠，那麼誠心為民可稱得上「忠」。

程頤生病時，有醫師寄來藥方，程頤因此事賦詩說「至誠通化藥通神，遠寄衰翁濟病身。我亦有丹君信否？用時還解壽斯民。」〔註233〕這首詩既表達了謝意，又反映了程頤學道的志向：「壽斯民」。「壽斯民」即心懷天下百姓，孔子的志向不正是如此嗎？子曰「老者安之，朋友信之，少者懷之」，此志即聖人之事。聖人心盡天地萬物之理，孔子言安之，信之，懷之，正是天理一事。程頤的君臣思想是建立在忠民、利民的基礎之上的。

春秋、戰國時，君臣關係與朋友有近似處，如事范、中行氏時，豫讓說「眾人遇我，我故眾人報之」，而事智伯時，豫讓說「國士遇我，我故國士報之」。在某些時候，君臣接近於朋友。「事君數，斯辱矣；朋友數，斯疏矣」，大臣以道事君，不可則止。子貢問友，孔子也說：「不可則止，毋自辱」。孟子說天生斯民，使先知覺後知、先覺覺後覺，「予天民之先覺者也，予將以斯道覺斯民也。」孟子描繪的伊尹的抱負寄託了古代中國優秀士大夫階層的心聲，他們出仕為臣並不是為了一姓之天下，而是為公、為民，志在於道。

二、君臣有序

讀《孟子》一書，除了分析孟子的言語，我們也應注意到他的行為，因為行為本身直接反映了孟子是如何遵禮的，他的言行舉止能夠讓我們更加清楚地瞭解到當時禮儀的具體內容。孟子離開齊國時，宿於晝，這是一種禮，表明孟子仍然期待齊王改變想法，任用他以安齊國及天下百姓，「豈徒齊民安，天下之民舉安」〔註234〕，宿於晝可見孟子的遲遲顧戀之心。

二程分析《考槃》一詩說：「賢者退而窮處，心不忘君，怨慕之深者也」。若理解為君不用其才，則士人內心躁忿，便永誓不復告君、不復見君，豈是「思無邪」？二程說「君臣猶父子，安得不怨？」〔註235〕詩人寤寐弗忘，「永

〔註233〕〔宋〕程顥、程頤：《二程集》，中華書局 2004 年點校本，第 239 頁。
〔註234〕〔清〕焦循：《孟子正義》，中華書局 1987 年點校本，第 307 頁。
〔註235〕〔宋〕程顥、程頤：《二程集》，中華書局 2004 年點校本，第 41 頁。

矢弗過」、「永矢弗告」，更能夠反映詩人怨慕之至誠。與孟子相仿，詩人怨慕至深同樣是一片顧戀之心。從這首詩的分析可以看出二程繼承了郭店楚簡的思想，他們視君臣如父子，郭店楚簡曾稱「君猶父也，其弗惡也，猶三軍之旌也，正也。」

程子批評當時一些士人，在朝者不能言，退者遂忘之，又不肯言。他說：「君臣、父子也，父子之義不可絕。豈有身為侍從，尚食其祿，視其危亡，曾不論列，君臣之義，固如此乎？」〔註236〕在君主無「大橫見加」的前提下，程子始終堅持君臣之義。人臣食其祿、危亡之際卻不進諫，這種做法有失為臣之道。

二程的君臣思想建立在保民的基礎之上，關於君臣之義只有在這個前提下討論方有意義。君臣之義不僅可談，而且必談，談論的原因就在於從大綱來論它是成立的，只是不能絕對化。什麼是大綱呢？就天、地、人來講，我們必須承認世間存在一定的秩序，張載說：「天之生物也有序，物之既形也有秩。知序然後經正，知秩然後禮行。」〔註237〕

具體說來，我們熟知的人際關係是有秩序的，例如父子、兄弟、長幼、夫婦、君臣，針對天序、物秩，聖人制禮使天下人遵守大綱，大綱即是現實的規律，也是天道。子弟幼年時不修禮義、不知孝悌，從小嬌縱壞了，成人後更難管教。為子弟時，「於其親已有物我，不肯屈下」〔註238〕，難以體仁、為仁，此病根一種，若不痛定思痛，便會跟隨人的一生、直至死亡。這樣的人「為子弟則不能安灑掃應對，在朋友則不能下朋友，有官長不能下官長。為宰相不能下天下之賢」〔註239〕，心中徇私意，則義理全失，「人而無禮，胡不遄死！」〔註240〕禮一失而為夷狄，再失則為禽獸。聖人恐人入於禽獸，故春秋之法謹嚴。

再舉一個眾所周知的事例，程子曾說餓死事小，失節事大。這句言論也是就大綱來說，我們不能把它絕對化。擇婦要以德配身，擇孀婦豈能配身？程子對這句話也做了解釋，他說後人只是擔心孀婦餓死，餓死一事具有特殊性，只能隨事而論，而以德配身卻有普遍性，不可不講。譚嗣同說：「宋儒

〔註236〕〔宋〕程顥、程頤：《二程集》，中華書局2004年點校本，第43頁。
〔註237〕〔宋〕張載：《張載集》，中華書局1978年點校本，第19頁。
〔註238〕〔宋〕張載：《張載集》，中華書局1978年點校本，第281頁。
〔註239〕〔宋〕張載：《張載集》，中華書局1978年點校本，第287頁。
〔註240〕〔清〕方玉潤：《詩經原始》，中華書局1986年點校本，第167頁。

燭之，妄為『餓死事小，失節事大』之瞽說」〔註241〕，乃是對二程學說的偏見。我們常說凡事從大處著眼、注意普遍規律，便是指的大綱。再如人性論，為何孟子的性善論受到多數思想家的認可，而荀子的性惡論卻倍受抵禦呢？其實孟子等多數思想家並非不清楚歷史上曾經發生了什麼，與荀子一樣，他們面臨的幾乎是共同的人情、事勢。孟子以性善立論，因為他看到了人的美德，他希望人類以心為善，存心養性、收其放心。宋儒也是期待人們能重返天地之性，實現人心可臻完美的道德。通過他們自身的窮理、存養，宋儒告訴我們追求自我完善的努力是有效的，而且人們能從中體驗到喜悅與快樂。性善論著眼於大綱，它也遵循了人性教育的合理規律。多數思想家希望人心以善為本，而不是認惡為本，性善、性惡，何者更有益於人生？恐怕不言而喻。

　　舉「利」字而言，天下只是一個利，只在人如何用的得當，孟子未嘗不清楚「善」也是利，因後人趨利便有弊，於是孟子拔本塞源，不願言利。不肯言利也是就大處說。「聖人於道，防其始，不得不如是之嚴。如此而防，猶有流者。」〔註242〕父子、君臣是天下之達道，性善則是立人性之源，源清且流可能不清，何況源濁？學道之途，差之毫釐，繆以千里。正本清源，天下不免爭亂，若不立本源，後世人的生活更不堪想像！

　　對待聖賢言論，若以靜止的方法分析，雖然力求客觀，必不得其解。若以發展的觀點，即以「易」辨析，便容易理解了。聖賢除了求道，還有為後世立教的情懷。如何立教才能順天承命、功披天下，經過慎重的思考，他們講中庸、說仁義、立性善。聖人理事，「慮之以大，愛之以敬，行之以禮，修之以孝養，紀之以義，終之以仁」〔註243〕，在傳統文化的研究中，我們要注意「慮之以大」。例如墨子本為學仁，楊朱本是學義，若學者稍偏，其流遂至於無父無君。仔細閱讀墨子與楊朱的言論，墨子論尚同、兼愛，不至於視鄰之子猶兄之子；楊朱談為己，不至於無父無君，但其流必至於此。因其流有害，孟子為正其本，直接指其流弊。伯夷是聖人極清處，柳下惠為聖人極和處，聖人則兼之而時出之。清、和不至於偏，但其流也是有害。「智者樂水，仁者樂山」〔註244〕，仁者樂在有所止，智者則樂在時中。

〔註241〕湯仁澤編：《譚嗣同卷》，中國人民大學出版社 2015 年版，第 47 頁。
〔註242〕〔宋〕程顥、程頤：《二程集》，中華書局 2004 年點校本，第 157 頁。
〔註243〕〔清〕孫希旦：《禮記集解》，中華書局 1989 年點校本，第 579 頁。
〔註244〕程樹德：《論語集釋》，中華書局 1990 年點校本，第 408 頁。

三、君臣各「止其分」

在分析二程君臣思想之前，我們需要知曉二程保民的思想，即君臣合力為天下之天下、非為一姓之天下的思想。在這個前提下，二程猶為重視君臣之義。他認為君臣各有其職責，「為君盡君道，為臣盡臣道，過此則無理。」〔註245〕父子君臣，為天下之定理，他期望君臣皆能安得天分、不有私心，「有分毫私，便不是王者事。」〔註246〕何謂王者事呢，王事即「保民而王」〔註247〕。但不知為何徐復觀先生說：「儒家『三綱』之說，將儒家對等之倫理主義改變而為絕對之倫理主義」〔註248〕。儒家以易為道，講求時中，何時絕對過？很多時候學術會成為理想，但道不行於世並不代表道是錯誤的。隨著時代的發展，也許有某種學說更適用於發展中的社會現狀，但不能否定先賢當時的悟道是沒有意義的。程頤說「有物必有則，父止於慈，子止於孝，君止於仁，臣止於敬」〔註249〕。父慈子孝、君仁臣敬，自孔子至宋代程頤，早期儒家對等的倫理規範顯然得到了繼承與發展。

《程氏易傳》是一本以「易」參悟天下達道的經典，這本書凝聚了伊川先生讀史悟道的體會，裏面記錄了許多有關君臣、朋友等各類人群相處的規範與禁忌，《程氏易傳》對於後世有著極為重要的價值。余英時先生評價此書說，《程氏易傳》「表達的是程頤本人對於政治、文化秩序的基本觀點，與《易》的原始文本可以分開。他的終極關懷在秩序重建，此書便是最有力的見證。」〔註250〕同時《程氏易傳》也表達了程頤以天道悟人道、天人無間斷的思想。

在君臣之義下，我們注意到君臣之間是有秩序的，父子、長幼等人際關係也是有序的。既然君臣有序，這個秩序便被解說為君尊臣卑，在這裡，卑不是一個貶義詞，而是與尊相對，如同天尊地卑。難得《二程集》中有《君臣篇》，我們可以從中尋覓其君臣思想的概貌，接下來我們分別分析一下君道與臣道。

〔註245〕〔宋〕程顥、程頤：《二程集》，中華書局 2004 年點校本，第 77 頁。
〔註246〕〔宋〕程顥、程頤：《二程集》，中華書局 2004 年點校本，第 77 頁。
〔註247〕〔宋〕程顥、程頤：《二程集》，中華書局 2004 年點校本，第 98 頁。
〔註248〕徐復觀：《學術與政治之間》，九州出版社 2014 年版，第 366 頁。
〔註249〕〔宋〕程顥、程頤：《二程集》，中華書局 2004 年點校本，第 968 頁。
〔註250〕余英時：《宋明理學與政治文化》，吉林出版集團有限責任公司 2008 年版，第 137 頁。

　　程顥說王者奉天道，盡天道則為王道。「毋不敬，儼若思，安定辭，安民哉」〔註251〕指的是君德與君道，君德即天德，君道即天道。「毋不敬」的心態，可以對越上帝，安民為君德、君道的重要內容。程頤解釋「克明峻德」說：帝王之道「以擇任賢俊為本，得人而後與之同治天下」〔註252〕，《易傳》中君臣「共成其功」或「共成天下之事」也有此意。君臣同治天下即君臣皆以治天下為職，君臣要誠敬愛民，「若使愛敬其民如其赤子，何錯繆之有？」〔註253〕誠心求之，即使不中亦不遠。

　　程顥為官時，坐處皆書「視民如傷」，他時常說：顥常愧此四字。「視民如傷」是儒者愛護百姓、以民為重的情感寫照，左傳哀公元年記載「國之興也，視民如傷，是其福也」〔註254〕。孟子稱讚文王時說：「文王視民如傷」〔註255〕。劉安禮曾就臨民一事問明道先生，明道先生回答說「使民各得輸其情」〔註256〕。程顥說聖人如天地、以各類人群的安適為己任，其志為「老者安之，朋友信之，少者懷之」。程顥曾說仁者渾然與物同體，子路的志向是車馬輕裘「與朋友共敝之而無憾」，顏淵「無伐善，無施勞」，孔子則願「少者安之，朋友信之，少者懷之」，三人心意相同，「皆與物共者也」〔註257〕。

　　程頤將臣與君的關係比作子與父，他說臣之所以能建功立業，依靠的是君的勢位與人民對君的擁戴，人臣不可恃功自傲。在他看來，唐太宗輔佐其父平天下，論功業也只是一名功臣，豈可奪太子之位？唐代紀綱，自太宗亂，因而「終唐之世無三綱」。程頤認為人臣「事君若周公可也」〔註258〕。周公建功立業，皆屬人臣當為，周公也只是盡了人臣職責而已。作為人臣，須自知其不足，而不應自視有餘。賜天子禮樂以祀周公，不合道義。人臣用天子禮樂，亂周公之法。君子言學以道為志，言人則以聖為志。君子為臣，當「引其君於道，志於仁而後已。」〔註259〕為臣當升君於道、升賢於朝，己則止其分而升其德。〔註260〕君臣各有其職，思不出其位，能知止而行，

〔註251〕〔宋〕程顥、程頤：《二程集》，中華書局 2004 年點校本，第 117 頁。
〔註252〕〔宋〕程顥、程頤：《二程集》，中華書局 2004 年點校本，第 1035 頁。
〔註253〕〔宋〕程顥、程頤：《二程集》，中華書局 2004 年點校本，第 16 頁。
〔註254〕楊伯峻：《春秋左傳注》，中華書局 1981 年版，第 1607 頁。
〔註255〕〔清〕焦循：《孟子正義》，中華書局 1987 年點校本，第 570 頁。
〔註256〕陳榮捷：《近思錄詳注集評》，華東師範大學出版社 2007 年版，第 270 頁。
〔註257〕〔宋〕程顥、程頤：《二程集》，中華書局 2004 年點校本，第 21 頁。
〔註258〕〔宋〕程顥、程頤：《二程集》，中華書局 2004 年點校本，第 71 頁。
〔註259〕〔宋〕程顥、程頤：《二程集》，中華書局 2004 年點校本，第 72 頁。
〔註260〕〔宋〕程顥、程頤：《二程集》，中華書局 2004 年點校本，第 968 頁。

君止於仁，臣止於在程子看來，君、臣應不設私意，皆以天下為公，且君臣各止其分。程頤在易傳中說：「萬物庶事莫不各有其所，得其所則安，失其所則悖。」敬，則天下可順治。君臨天下，當顯明天下之道，發政施仁、誠意待物、澤披四海，不可顯其小惠，欲致天下親己。臣則竭其忠誠、盡其才力，不可阿諛奉迎以求君主厚己。臣盡其誠，用否在君，朋友相處也是如此，誠意待友，疏戚在人，不可巧言令色以求與己親密。君臣、朋友倘能克己私欲、心中存誠，則義理常存，「義理客氣，相為消長者也。以其消長多寡，而君子小人之分」〔註261〕。

君臣同治天下，「友」則為君臣之道。程頤在「九二，見龍在田，利見大人」處指出：「利見大德之君，以行其道。君亦利見大德之臣，以共成其功。」〔註262〕君臣共成天下之事，非相友不可。程頤對張良評價較高，他說張良是一個儒者，進退之間極有道理。眾人皆知漢高祖能用張良，卻不知事實上是張良能用高祖。張良計謀不妄發、發必中。如後來立太子事，能使高祖必從，使之左便左，使之右便右。觀張良之心，只是為天下。在對張良的評價中，我們可以體會到程頤對「君臣相友」的看法。君子有為於天下，惟義而已，不可則止，無苟為，亦無必為。君臣、朋友以理相合，其合不正，久則疏離。

在事君的具體行為上，程子提出了一些建議，如止君惡當於其微。事君須體納約自牖之意，牖為開明處，忠信善道事其君「必達其所蔽，而因其所明，乃能入」〔註263〕。若以理示君，人君不聽，臣須就他開納處進言。漢高祖欲廢太子，叔孫通進言嫡庶之分，漢高祖不肯聽。張良知道漢高祖一向敬重四皓，於是使四皓奉事太子，而漢高祖知人心歸於太子後，便放棄了廢太子之意。左師觸龍說服趙王太后，亦與上述事例相類。

綜上所述，程顥、程頤的君臣思想主要表現在三個方面，第一，君臣與民同道，君應視民如傷、若保赤子，君臣合力為天下。第二，在主張政治平等的同時，程子還提倡君臣有序。第三，在以民為本的認知前提下，君臣要各止其分，「為君盡君道，為臣盡臣道，過此則無理。」君臣同治天下，「友」同樣為君臣之道，張良出仕為天下，進退之間極有道理。君臣共成天下之事，非相友不可。

〔註261〕〔宋〕程顥、程頤：《二程集》，中華書局2004年點校本，第1255頁。
〔註262〕〔宋〕程顥、程頤：《二程集》，中華書局2004年點校本，第696頁。
〔註263〕〔宋〕程顥、程頤：《二程集》，中華書局2004年點校本，第1243頁。

第五節　何心隱的友朋思想

　　何心隱的友朋思想在明代儒者友朋思想中具有舉足輕重的地位，他的友朋觀具有社會實踐意義，他期望以師友關係集聚力量，發揮以下致上的作用，從而實現友朋之道。他提出的「交盡於友」、「君臣友朋，相為表裏」等觀點是之前儒家學者鮮有提及的。他的友朋思想與他的仁義論也有密切的聯繫。

　　泰州學派是明代中後期王門後學中一個較有影響的學派，陽明之學經由泰州學派得以廣泛傳播，也因泰州學派而發生了重大變化。何心隱是泰州學派代表人物之一，本姓梁，名汝元，字柱乾，號夫山。因避嚴嵩黨羽之禍，改姓易名為何心隱。何心隱的著作中有《師說》和《論友》兩篇，可見他對師友關係的特殊關注。他認為「道而學盡於友之交」，並指出其他四倫有明顯的弱點，如兄弟易比較、夫婦易匹敵、父子易親昵、君臣易欺陵與攀附，是「小乎其交者也」，因而在五倫之中他最看重朋友一倫。何心隱的社會活動也多置身於師友之間，黃宗羲說「心隱之學，不墮影響，有是理則實有其事，無聲無臭，事藏於理，有象有形，理顯於事」〔註264〕。正如黃宗羲評價的那樣，何心隱的友朋觀與他的社會實踐可謂互為裏表，頗具特色。

一、「交盡於友」

　　為什麼何心隱會提出「交盡於友」的主張？「交盡於友」的論點又有哪些特徵呢？在下文中，筆者嘗試從四個方面進行分析。

（一）有助於道而學

　　何心隱以《周易》裏的泰卦來比擬朋友一倫，他說：「天地交曰泰，交盡於友也。友秉交也，道而學盡於友之交也。」〔註265〕「泰」是《周易》裏的卦名，下乾上坤，象徵「通泰」，《序卦傳》：「泰者，通也。」〔註266〕卦辭為「小往大來，吉，亨。」《彖》曰「天地交而萬物通也，上下交而其志同也。內陽而外陰，內健而外順，內君子而外小人：君子道長，小人道消也。」〔註267〕《象》曰：「天地交，泰；後以財成天地之道，輔相天地之宜，以左右民。」〔註268〕《泰》的卦相為天在下，地在上。意在上下交通，闡明

〔註264〕黃宗羲：《明儒學案》，中華書局1985年版，第705頁。
〔註265〕容肇祖整理：《何心隱集》，中華書局1960年版，第28頁。
〔註266〕黃壽祺、張善文：《周易譯注·上》，上海古籍出版社2007年版，第73頁。
〔註267〕黃壽祺、張善文：《周易譯注·上》，上海古籍出版社2007年版，第73頁。
〔註268〕黃壽祺、張善文：《周易譯注·上》，上海古籍出版社2007年版，第74頁。

事物「通泰」之理。

何心隱正是看到了《泰》卦主「交」的特徵，他認為「友秉交」、「交盡於友」，並進一步提出「道而學盡於友之交」的主張。「友」有互相幫助之義，許慎著的《說文解字》稱：「同志為友，從二又，相交友也。」〔註269〕「其志同」是友道的特徵，何心隱借《泰》卦「上下交而其志同」的內涵論證了「交盡於友」的觀點，由於友道承載了道與學的認知過程，因此它得到了何心隱的重視。曾子曰：「君子以文會友，以友輔仁。」〔註270〕曾子將友道的作用定位為「輔仁」，郭店楚簡載「同悅而交，以德者」，孟子也主張「友也者，友其德」，他們無一例外的將「德」視為「友」的必備品質，而「德，天道也」，以德交即以天道交，可見在先秦時期的儒家思想中，友道的重要性就已經體現出來了。

（二）「交盡於友」與仁義

「交盡於友」的提出與何心隱的仁義觀密不可分。他說：「仁無有不親也，惟親親之為大，非徒父子之親親已也，亦惟親其所可親，以至凡有血氣之莫不親，則親又莫大於斯。親斯足以廣其居，以覆天下之居，斯足以象仁也。義無有不尊也，惟尊賢之為大，非徒君臣之尊賢已也，亦惟尊其所可尊，以至凡有血氣之莫不尊，則尊又莫大於斯。尊斯足以正其路，以達天下之路，斯足以象義也。」〔註271〕《郭店楚簡》說「愛親忘賢，仁而未義也，尊賢遺親，義而未仁也」〔註272〕，則愛親屬仁，尊賢是義。孟子認可了郭店楚簡「貴貴」、「尊賢」的說法，他說「用下敬上，謂之貴貴；用上敬下，謂之尊賢。貴貴、尊賢，其義一也。」孟子認為「親親」是仁，「敬長」為義，仁義可「達之天下」。

《郭店楚簡》與孟子將「親」固定在父子之親親等血緣之親內，而何心隱說「仁無有不親」，他把親親的範圍擴大，將親看作「凡有血氣之莫不親」，把尊釋為「凡有血氣之莫不尊」，希望最終實現「廣其居，以覆天下之居」和「正其路，以達天下之路」的仁義境界。而仁義境界的實現依賴於現實人倫關係的協同，更重要的是何心隱認為友朋一倫具有其他四倫所不具備的

〔註269〕〔漢〕許慎撰，〔清〕段玉裁注：《說文解字注》，上海古籍出版社1981年版，第116頁。

〔註270〕程樹德：《論語集釋》，中華書局1990年點校本，第878頁。

〔註271〕容肇祖整理：《何心隱集》，中華書局1960年版，第27頁。

〔註272〕劉釗：《郭店楚簡校釋》，福建人民出版社2005年版，第148頁。

優點，能夠擔當起通仁的重任。朋友間沒有血緣關係，才能真正做到以義相合。

何心隱論「仁」的觀點繼承了王艮「無所不包故謂之仁」、「能愛天下，則天下凡有血氣者莫不『尊親』」的思想。王艮的「尊親」思想突破了傳統的「親親」、「尊賢」框架，何心隱的「尊親」觀點與他「凡有血氣者莫不尊親」的思想一脈相承。但何心隱論述「仁」與「親」的體系更加系統、完備，他從「仁無有不親」論起，繼而由「凡有血氣之莫不親」進一步提到「親斯足以廣其居，以覆天下之居」，在天下的高度上將「親」的效用重新歸為「仁」。

何心隱的學說與王陽明的思想也有相似之處。王陽明提出「視天下之人，無外內遠近，凡有血氣，皆其昆弟赤子之親」〔註273〕。王陽明認為「朋友」與「仁」存在密切聯繫，「吾之仁」與朋友終要到達一體之境，而聯結「朋友」與「仁」的踐行途徑在一「親」字，親吾朋友，以及人之朋友，以及天下人之朋友，從而達到吾之仁與吾之朋友、人之朋友與天下之朋友為一體的境界。親友朋是親民的一部分，只有親「凡有血氣」者才能「達吾一體之仁」，最終「以天地萬物為一體」。《大學問》記載「故明明德必在於親民，而親民乃所以明其明德也……君臣也，夫婦也，朋友也，以至於山川鬼神，草木鳥獸也，莫不實有以親之，以達吾一體之仁，然後吾之明德始無不明，而真能以天地萬物為一體矣。」〔註274〕王陽明主張通過親民達到「一體之仁」，實現「以天地萬物為一體」。他從基本的人倫關係談起，進而把親提升到了對世間萬物「莫不實有以親之」的境地，可以說在「仁」的論述上，王陽明、王艮與何心隱的看法基本一致。

何心隱有關「仁」的思想受到了王艮「萬物一體」學說的影響。「萬物一體」的命題在先秦時期早已存在，莊子說「天地與我並生，而萬物與我為一」。張載提出「天地之塞，吾其體；天地之帥，吾其性。民吾同胞，物吾與也。」〔註275〕程顥也講「仁者以天地萬物為一體」〔註276〕，王陽明「萬物一體的大我之境的本質是『仁』或『愛』」〔註277〕。程顥說「學者須先識

〔註273〕〔明〕王陽明原著，〔明〕施邦曜輯評：《陽明先生集要》，中華書局 2008 年點校本，第 222 頁。

〔註274〕〔明〕王陽明原著，〔明〕施邦曜輯評：《陽明先生集要》，中華書局 2008 年點校本，第 146 頁。

〔註275〕〔宋〕張載：《張載集》，中華書局 1978 年點校本，第 62 頁。

〔註276〕〔宋〕程顥、程頤：《二程集》，中華書局 2004 年點校本，第 1179 頁。

〔註277〕陳來：《有無之境——王陽明哲學的精神》，北京大學出版社 2013 年版，第

仁。仁者，渾然與物同體」〔註278〕，「仁也，萬物一體之道也。」仁為「萬物一體之道」，仁「無所不包」，則何心隱「仁無有不親」觀點的提出也就順理成章了。「仁」的地位如此重要，作為現世的人如何實現「仁」就是接下來要思考的問題了。在修身、親民的實踐中何心隱最終鎖定了友朋一倫，當子貢問孔子如何「為仁」時，孔子說「友其士之仁者」，可見與具備「仁」德的人交友便是「為仁」的方法。

自王艮始，徐樾、顏鈞等人都懷有天下、國家的社會責任感，正是泰州學派這一積極入世的風貌在很大程度上影響了何心隱的學說和行為，何心隱對友道的贊同與推崇達到了明末儒者友朋思想的高峰，他的學說甚至影響到了清末一些學人的思想。譚嗣同認為「於人生最無弊而有益，無纖毫之苦，有淡水之樂」〔註279〕，唯有朋友。他說朋友關係一曰「平等」；二曰「自由」；三曰「節宣惟意」。曾子曰：「君子以文會友，以友輔仁。」朱熹注：「講學以會友，則道益明。」〔註280〕朱熹把「文」解釋為「講學」，錢穆注：「文者，禮樂文章。君子以講習文章會友。」無論與友講學還是講習文章，朋友切磋既可明道又能明德，五倫之中也只有朋友能完全做到這一點。

（三）朋友一倫擬「天地之交」

五倫之中，「昆弟非不交也，交而比也，未可以擬天地之交也。能不驕而泰乎？夫婦也，父子也，君臣也，非不交也，或交而匹，或交而昵，或交而陵、而援。八口之天地也，百姓之天地也，非不交也，小乎其交者也。能不驕而泰乎？」〔註281〕在何心隱看來，兄弟、夫婦、父子、君臣之間的關係都有明顯的弱點，如兄弟易比較、夫婦易匹敵、父子易親昵、君臣易欺陵與攀附，是「小乎其交者也」。若人際關係羈縻於「八口之天地」，社會將很難達到至善的境地，更談不上仁義的實現。朋友一倫因其比擬於「天地交」，「道而學盡於友之交」，能夠擔當起實現仁義的重任。

何心隱指出這四倫的缺點，並不是否定兄弟、夫婦、父子與君臣的關係，只是更加肯定了他對朋友一倫的重視。若這四倫能捨棄各自的短處，也是能為他所用的。「不落比也，自可以交昆弟；不落匹也，自可以交夫婦；

249 頁。

〔註278〕〔宋〕程顥、程頤：《二程集》，中華書局 2004 年點校本，第 16 頁。

〔註279〕湯仁澤編：《譚嗣同卷》，中國人民大學出版社 2015 年版，第 48 頁。

〔註280〕〔宋〕朱熹：《四書章句集注》，中華書局 2012 年第 2 版，第 141 頁。

〔註281〕容肇祖整理：《何心隱集》，中華書局 1960 年版，第 28 頁。

不落昵也，自可以交父子；不落陵也，不落援也，自可以交君臣。」〔註282〕
有學者認為「何心隱強調朋友一倫，乃是根植於他視人為獨立個體的觀點
上，他以人為社會的中心，而社會是人的集合體，社會關係則是以個體為基
礎所展開的關係，因此個體與個體之間皆為朋友，彼此平等而互相尊重，人
際關係應高於人倫關係的藩籬限制，即不致落於偏狹的關係中。」〔註283〕
在何心隱看來，朋友關係與天地之交相類，「法象莫大乎天地，法心象心
也……天地此法象也，交也，交盡於友也。友秉交也。」〔註284〕

（四）以師友為重

因師友能夠輔仁，師友關係為歷代學者所重視，何心隱認為實現孔子之
道需借助「師友」的力量。他以堯舜、文王與武王、武王與周公為例，指出
三代之前師友關係存在於君臣、父子與兄弟之間，「君臣相師，君臣相友，
堯舜是也。旨出於堯而宗於舜，不有二也。父子相師，父子相友，文武是也。
旨出於文而宗於武，不有二也。兄弟相師，兄弟相友，武周是也。旨出於武
而宗於周，不有二也。」〔註285〕他非常重視師道，認為師「惟大為泰」。

「師也，至善也。非道而盡道，道之至也。非學而盡學，學之至也。可
以相交而友，不落於友也。可以相友而師，不落於師也。此天地之所以為大
也。惟大為泰也，師其至乎！」〔註286〕道需借助「師」才能廣播天下，師
是至善。荀子說：「非我而當者，吾師也」，他主張「隆師而親友」，師法是
「人之大寶」，無師法是「人之大殃」。師法有助於人「隆積」，無師法則「隆
性」。韓愈在《師說》裏提到「古之學者必有師。師者，所以傳道授業解惑也
……弟子不必不如師，師不必賢於弟子，聞道有先後，術業有專攻。」〔註287〕

在傳統思想裏，師、友是儒家學者時常談論的話題。在《孟子》中有這
樣一段記載，魯繆公欲與子思為友，子思不悅，堅持因德居於被事之位。

> 繆公亟見於子思，曰：『古千乘之國以友士，何如？』子思不
> 悅，曰：『古之人有言：曰事之云乎，豈曰友之云乎？』子思之不悅
> 也，豈不曰：『以位，則子，君也；我，臣也。何敢與君友也？以德，

〔註282〕容肇祖整理：《何心隱集》，中華書局1960年版，第28頁。
〔註283〕張建：《何心隱的社會思想論析》，《史學集刊》1998年第1期。
〔註284〕容肇祖整理：《何心隱集》，中華書局1960年版，第28頁。
〔註285〕容肇祖整理：《何心隱集》，中華書局1960年版，第37頁。
〔註286〕容肇祖整理：《何心隱集》，中華書局1960年版，第27～28頁。
〔註287〕韓愈：《韓愈集》，山西古籍出版社2005年版，第132頁。

　　則子事我者也。奚可以與我友？』」

　　在子思看來，論地位，魯繆公與他是君臣關係，但論道德，魯繆公是向他學習的人。「依照當時的一般觀念，士和君主的關係可分為三類，即師、友與臣。」《白虎通・王者不臣》一章記載了「暫不臣者五」，因「尊師重道，欲使極陳天人之意」，王者暫不臣「授受之師」。《禮記・學記》稱：「大學之禮，雖詔於天子，無北面，所以尊師也。」〔註288〕尊師納入約定俗成的禮儀，君不臣師，既表明了國君對賢者的尊敬，也恪守了禮制。

　　《郭店楚簡》載：「友，君臣之道也。」王艮說唐虞君臣只相與講學，相與講學的君臣正是師友關係，何心隱對王艮的學說加以發展，他在《宗旨》中提到了「君臣相師，君臣相友」，後來黃宗羲在《原臣》篇指出臣「以天下為事，則君之師友也。」黃宗羲主張將「天下」作為根本的價值出發點來實現君臣之義，他「以天下為事」的思想與北宋士階層的共識是一致的。黃宗羲發揮了程頤君臣「同治天下」的思想，說「原夫作君之意，所以治天下也。天下不能一人而治，則設官以治之。是官者，分身之君也。」〔註289〕由此可知何心隱與黃宗羲等人都無一例外地繼承了郭店楚簡與孟子的友朋思想。

　　在宋明時期，師友是相當重要的一類社會關係。無論是朱熹、王陽明，還是泰州學派的王艮、顏鈞等人，他們所處的師友之間以道相交、「以友輔仁」。他們的交友事蹟所反映出的誠心、篤信之道，實為後世榜樣。朱熹對友道的重要性有明確的認識，他認為「朋友之於人倫，所關至重！」〔註290〕朱熹說：「朋友乃彝倫之一。今人不知有朋友之義者，只緣但知有四個要緊，而不知朋友亦不可闕。」〔註291〕

　　朱熹交友較廣，他與陳亮、葉適、辛棄疾、呂祖謙、張栻等人的交往事蹟更是傳為一代佳話。朱熹是陳亮的辯友，在學術上雖然他們有重大爭論，但彼此仍保持了良好的友誼，這是因為「責善，朋友之道也」。真正的朋友在治學等方面是可以相互批評的，並不會因此疏遠彼此的友情。朋友之間沒有任何強制性的權利和義務，只能靠「信」來維繫。朱熹經常提到「曾子三省」，他把「與人交，不信乎」作為每天自省的內容之一，可見信之重要。

〔註288〕〔清〕孫希旦：《禮記集解》，中華書局1989年點校本，第968頁。
〔註289〕〔明〕顧炎武著，孫衛華校釋：《明夷待訪錄校釋》，嶽麓書社2011年版，第21～22頁。
〔註290〕〔宋〕黎靖德編：《朱子語類》，中華書局1986年點校本，第234頁。
〔註291〕〔宋〕黎靖德編：《朱子語類》，中華書局1986年點校本，第234頁。

朱熹認為「信」出於人的內心，為「人心天命之自然」，他認為「信」是不變的定理。

　　王艮的弟子、顏鈞對朋友的真摯情感與親為之事則近於俠的行為，《明儒學案》記載王艮的弟子陶匠韓貞「遂以化俗為任，隨機指點農工商賈，從之遊者千餘。」〔註292〕顏鈞「以布衣講學，雄視一世而遭誣陷」，羅近溪講學於廣慧寺，「卒以一官不見容於張太岳」，何心隱「出頭償道而遭橫死」，李贄以異端入獄、「持刀自割其喉」，以上學者均以朋友為念、明理倡道，卻為世俗不容，明代末期這一歷史、文化現象的存在，不得不引起我們深思。

　　「近則正之，遠則稱之，樂則思之，患則死之」是《白虎通》提倡的朋友之道，也是中國古代朋友一倫的基本內容。顏鈞與朋友的交往可謂俠義之舉，「山農遊俠，好急人之難。趙大洲赴貶所，山農偕之行，大洲感之次骨。波石戰沒沅江府，山農尋其骸骨歸葬。頗欲有為於世，以寄民胞物與之志。」〔註293〕顏鈞入獄後，他的學生羅近溪「盡鬻田產」、「不赴廷試」，待顏鈞出獄後，親身侍奉左右。「山農以事繫留京獄，先生盡鬻田產脫之。待養於獄六年，不赴廷試。先生歸田後，身已老，山農至，先生不離左右，一茗一果，必親進之。諸孫以為勞，先生曰：『吾師非汝輩所能事也。』」〔註294〕

　　宋明時期師友的氛圍極濃，在一定程度上影響了何心隱友朋觀的形成。李贄在《何心隱論》借高心隱者的話語說：「凡世之人靡不自厚其生，公獨不肯治生。公家世饒財者也，公獨棄置不事，而直欲與一世聖賢共生於天地之間。」〔註295〕何心隱效法孔子之道，「以天下為家而不有其家，以群賢為命而不以田宅為命。」〔註296〕由於益友可以「證道」，因而師友為歷代學者所重視。

二、「君臣友朋，相為表裏」

　　縱觀中國古代思想史，君臣、友朋並提，不是何心隱首次談及，但「相為表裏」的論析卻是他友朋思想的鮮明特點。《論語》提到了君臣與朋友有著相似性，「事君數，斯辱矣；朋友數，斯疏矣」，君、友放在一起講，可見

〔註292〕黃宗羲：《明儒學案》，中華書局 1985 年版，第 720 頁。
〔註293〕容肇祖：《容肇祖集》，齊魯書社 1989 年版，第 379 頁。
〔註294〕黃宗羲：《明儒學案》，中華書局 1985 年版，第 761 頁。
〔註295〕〔明〕李贄：《焚書·續焚書》，中華書局 2009 年第 2 版，第 88 頁。
〔註296〕〔明〕李贄：《焚書·續焚書》，中華書局 2009 年第 2 版，第 88 頁。

此兩倫較為接近，「古稱此兩倫以人合」。郭店楚簡有時將友、君臣同舉，如「友、君臣，無親也」，「君臣、朋友，其擇者也」，但郭店楚簡還有一句論述引起了我的注意，「友，君臣之道」，在子思之儒看來，以友相待是處理君臣關係的準則。以「友」來規範君臣關係，是儒家友朋觀的一個新變化。龐樸先生在《三極：中國人的智慧》中說：「中國哲學家則似乎不願停留在不穩定的對立上，而總是更進一步，找到包含對立、超越對立、制約對立、代表對立的和諧，也就是在一、二之後找到三，以作為第一原則。這大概便是中國人的智慧所在。」〔註297〕由此來看，君、友、臣恰好構成了三者平衡之勢，從而實現了君臣關係的和諧，「友，君臣之道」無疑是「三極」說的例證之一。

孟子首提五倫：「人之有道也，飽食煖衣，逸居而無教，則近於禽獸。聖人有憂之，使契為司徒，教以人倫：父子有親，君臣有義，夫婦有別，長幼有敘，朋友有信。」〔註298〕在五倫中，何心隱非常重視君臣、朋友，他認為父子、昆弟、夫婦之道因君臣、朋友兩倫始明。他說：「達道始屬於君臣，以其上也；終屬於朋友，以其下也。下交於上，而父子、昆弟、夫婦之道自統於上下而達之矣。」〔註299〕

「君」有時特指諸侯，則「國君」一詞指代諸侯國的君。對「君」早期含義的瞭解，有助於我們理解有關史實的內涵。《禮記‧坊記》記載「禮，君不稱天，大夫不稱君」〔註300〕。此處的「君」指的便是諸侯。依禮，天子在，諸侯不得稱天；諸侯在，大夫不得稱君。「《春秋》不稱楚、越之王喪」為何？因楚、越為諸侯國，國君不得稱「王」，而天子可稱王。「擇日月以見君」、「君不與同姓同車」、「士受命於君」、「君命逆則臣有逆命」中的君也指諸侯。在《禮記》中，「君」作為專有人稱名詞，已經很明顯了。《白虎通》稱：「王者不純臣諸侯何？尊重之，以其列土傳子孫，世世稱君，南面而治。」〔註301〕這句話明確指出了君為諸侯的代稱。「大夫去，君掃其宗廟，故服齊衰三月也」〔註302〕。此處大夫與君同時出現，表明大夫的職位次於君，也

〔註297〕龐樸：《三生萬物：龐樸自選集》，首都師範大學出版社2011年版，第138頁。
〔註298〕〔清〕焦循：《孟子正義》，中華書局1987年點校本，第386頁。
〔註299〕容肇祖整理：《何心隱集》，中華書局1960年版，第66頁。
〔註300〕〔清〕孫希旦：《禮記集解》，中華書局1989年點校本，第1283頁。
〔註301〕〔清〕陳立：《白虎通疏證》，中華書局1994年點校本，第320頁。
〔註302〕〔漢〕鄭玄注，〔唐〕賈公彥疏，王輝整理：《儀禮注疏》，上海古籍出版社2008年版，第948頁。

就是次於諸侯。

「三代以上，宗旨出於上，皇極之類是也。三代以下，宗旨出於下，人極之類是也。」〔註303〕三代以上，「宗旨出於上」，父子、兄弟、師友從屬於君臣，故「父子一君臣也，兄弟一君臣也，師友一君臣也」。君臣之道在實現仁政的途徑上有「用之而有功」的積極效用，何心隱指出「旨出於上，而下自宗之，不強用功而功無有不用也，用之而有功也」〔註304〕。由先秦時期的相關文獻可知，三代以上，君臣之道治民俗、傳教化，力主大道。「政者正也。君為正，則百姓從政矣。君之所為，百姓之所從也。」〔註305〕若政不行，則教不成。三代以後，宗旨歸於下，因而朋友是大道。

（一）友朋設教與君臣出政

在他看來，父子、昆弟、夫婦雖是天下達道，但不能統合天下。當君臣之道聚合天下之豪傑以行仁政，友朋之道集聚天下之英才以行仁教之時，天下才能通達太平。「《中庸》，象棋子也。《大學》，象棋盤也。對著是棋，於上惟君臣，堯舜以之。對著是棋，於下惟友朋，仲尼以之……惟君臣而後可以聚天下之豪傑，以仁出政，仁自覆天下矣。天下非統於君臣而何？故唐虞以道統統於堯舜。惟友朋可以聚天下之英才，以仁設教，而天下自歸仁矣。天下非統於友朋而何？故春秋以道統統於仲尼。」〔註306〕

傳統思想認為道統自聖王出，韓愈的道統論與《孟子》一書蘊含的道統基本一致，儒家之道在堯、舜、禹、湯、文、武、周公、孔子的譜系中一脈相承。何心隱在傳統道統說的基礎上認為三代以下，「宗旨出於下」，道統自「人極」的時代重新開啟，宗旨不出自最高的統治者，而是來自賢明的士階層。

何心隱認為君臣、朋友之間不是孤立的，而是「相為表裏」，「下交於上，而父子、昆弟、夫婦之道自統於上下而達之矣。」〔註307〕「君臣友朋，相為表裏者也。昔仲尼祖述堯舜，洞見君臣之道，惟堯舜為盡善矣。而又局局於君臣以統天下，能不幾於武之未盡善耶？此友朋之道，天啟仲尼，以止

〔註303〕容肇祖整理：《何心隱集》，中華書局1960年版，第37頁。
〔註304〕容肇祖整理：《何心隱集》，中華書局1960年版，第38頁。
〔註305〕〔清〕王聘珍：《大戴禮記解詁》，中華書局1983年點校本，第13頁。
〔註306〕容肇祖整理：《何心隱集》，中華書局1960年版，第66頁。
〔註307〕容肇祖整理：《何心隱集》，中華書局1960年版，第66頁。

至善者也。古謂仲尼賢於堯舜，謂非賢於此乎！且君臣之道，不有友朋設教於下，不明。友朋之道，不有君臣出政於上，不行。行以行道於當時，明以明道於萬事，非表裏而何？」〔註308〕在何心隱看來，三代之前，唐虞以道統統於堯舜，君臣力主大道；而三代以後，道統歸於孔子，友朋已統攝大道。友朋以君臣之道來教導士人，士人則依靠「君臣出政於上」來實踐人道。

實際上，先秦時期儒家思想的主要內容正是何心隱談論的君臣之道，君臣之道既是仁道，又是仁政。當何心隱看到道統在春秋時期已統於孔子時，他明確指出春秋以後友朋已統領大道，由於友朋之道離不開君臣施政，於是「君臣友朋，相為表裏」的觀點由此而生。

（二）「友」與統夫天下之會

在何心隱的理想社會裏，「老者相與以安，朋友相與以信，少者相與以懷」，天下自歸仁。為了實現這一理想抱負，何心隱提出了組「會」的學說。「會」為「取象於家，以藏乎其身」，「主會者，則取象於身，以顯乎其家」〔註309〕。身藏於會，如同身藏於家；參與「會」的個體彰顯其「會」，如同身彰顯於家。五倫之中，惟有友朋一倫最能在參與「會」的個體中間發揮作用。何心隱把朋友一倫置於父子、兄弟、夫婦關係之上，目的是要建立以師友關係為核心的「會」。在會裏，人們是朋友關係，上下級之間是師生關係。

「象物而象，形物而形者，身也，家也。心、意、知，莫非身也，本也，厚也。天下、國，莫非家也，厚也，本也。莫非物也，莫非形象也。」〔註310〕心、意、知屬「身」，天下、國屬「家」，王陽明曾說：「身之主宰便是心，心之所發便是意，意之本體便是知，意之所在便是物。」〔註311〕「心、意、知身乎身，身身乎家，家身乎國，國身乎天下者也。莫非身也，莫非物也，莫非形象也。天下家乎國，國家乎家，家家乎身，身家乎心、意、知者也。莫非家也，莫非物也，莫非形象也。」〔註312〕何心隱將身、家、國與天下緊密聯繫在一起，構築了個體與社會相互關聯的擴展體系。「乃若天下國之身之家

〔註308〕容肇祖整理：《何心隱集》，中華書局1960年版，第66頁。
〔註309〕容肇祖整理：《何心隱集》，中華書局1960年版，第28頁。
〔註310〕容肇祖整理：《何心隱集》，中華書局1960年版，第33頁。
〔註311〕〔明〕王陽明原著，〔明〕施邦曜輯評：《陽明先生集要》，中華書局2008年點校本，第36頁。
〔註312〕容肇祖整理：《何心隱集》，中華書局1960年版，第33～34頁。

之，可以顯可以藏乎其身其家者也。會豈小補於身於家已乎？」〔註313〕會是家、國、天下不同層次不斷延伸的社會模式，何心隱提出「會」的主張，目的在於在社會中為身、家找到實踐的天地。

顏鈞早年在家鄉創辦過萃和會，何心隱「謂大學先齊家，乃構萃合堂以合族，身理一族之政，冠婚喪祭賦役，一切通其有無，行之有見。」〔註314〕他將宗族編成一種組織，設率教一人，率養一人，輔教三人，輔養三人，維教養四人，共十二人。

實行宗族教育時，何心隱曾與永豐大尹凌海樓有過一番討論，何心隱推崇「出身以主大道」。何心隱把當時的官場比作「樊籠」，主張效法孔子，移風易俗、教化天下。他說「孔子之所以明大道者，亦惟出身於春秋以與國政，於朋友之交信也……如謀出身為隱士，而無補於朝政，是欺君矣。欺君之人，安能主明大道……出身以主朋友之大道，而繼孔子之賢於堯舜者也。堯舜，立政之盡善者也。孔子，設教之至善，而身不與政者也。不與政而賢於立政。然則出身以繼孔子，以主大道之宗，其於朝政豈小補哉？」〔註315〕前面提到何心隱對君臣一倫非常重視，在這裡他同樣認為出身做隱士對朝政無益，是「欺君」，「欺君之人，安能主明大道」，而何心隱認可的大道為「朋友之大道」。在他看來，孔子是「設教之至善」、「不與政而賢於立政」，是藏身顯家的先驅。

何心隱談到意與氣時，也表現了他對孔門師弟的頌揚，他說「孔門師弟之意之氣，相與以成道者也，其所落也大」，而「戰國諸公之意之氣，相與以成俠者也，其所落也小」〔註316〕。

何心隱「抱著極自由、極平等的見解，張皇於講學，抱濟世的目的，而以宗族為實驗，破家不顧，而以師友為性命」〔註317〕。何心隱的講學生涯，多在師友聖賢之間，何心隱在京師時，「闢各門會館，招來四方之士，方技雜流，無不從之。」〔註318〕王世貞說何心隱等人借講學而為豪俠之舉，恐言辭不當，何心隱是一個書生，他從事講學結友的活動實質上是為了主明孔

〔註313〕容肇祖整理：《何心隱集》，中華書局1960年版，第28～29頁。
〔註314〕黃宗羲：《明儒學案》，中華書局1985年版，第704頁。
〔註315〕容肇祖整理：《何心隱集》，中華書局1960年版，第73～74頁。
〔註316〕容肇祖整理：《何心隱集》，中華書局1960年版，第54頁。
〔註317〕容肇祖：《容肇祖集》，齊魯書社1989年版，第388頁。
〔註318〕黃宗羲：《明儒學案》，中華書局1985年版，第704頁。

子之道，只是他「出身以主大道」的行動是某些當政者所不許可的。

莊子說「處於材不材之間」〔註319〕、「為善無近名，為惡無近刑。緣督以為經，可以保身，可以全生，可以養親，可以盡年」〔註320〕。王艮倡「明哲保身」之學，他說「明哲保身者，良知良能也。知保身者，則必愛身；能愛身，則不敢不愛人……能知愛人，而不知愛身，必至於烹身割股，舍生殺身，則吾身不能保矣。」〔註321〕王艮的「明哲保身」說可從兩個方面著手分析，一方面，由保身到愛身，推出「不敢不愛人」的主張，因為「能愛人，則人必愛我」；另一方面，若知愛人，卻不知愛身，也不得保身。其實，「明哲保身」之學與先秦時期的政教、文化傳統有關，孔子說：「古之為政，愛人為大。不能愛人，不能有其身」〔註322〕。

何心隱堅持「出身」，積極從事社會講學活動，他的「有是理則實有其事」的實踐精神是難能可貴的。「中國的『士』……一方面承擔著建立和維持政治、文化秩序的任務，另一方面又發展了持『道』以議政的批評傳統」〔註323〕，沈德符說何心隱以講學自名、譏切時政，雖是譏諷之辭，但何心隱針砭時弊也是事實，「會邑令有賦外之徵，心隱貽書以誚之」〔註324〕。

通過上文我們瞭解到何心隱的友朋觀非常有特色，那麼它對前代的「友」觀念有哪些繼承與發展呢？

其一，「道而學盡於友之交」。曾子說「以文會友，以友輔仁」，無論君臣相友還是朋友切磋，歷代儒家幾乎都將「志於道」作為友道的重要內容。何心隱也看到了友朋所承擔的重要職責，他認為友朋承載了人道。

其二，「交盡於友」視朋友為五倫之最重。之前的一些思想家雖然看到了友朋的重要性，但並未把朋友一倫列為五倫之首。何心隱明確指出父子、君臣、兄弟、夫婦存在自身的缺點，如父子易親昵、君臣易欺陵與攀附、兄弟易比較、夫婦易匹敵，朋友不僅沒有以上缺點，而且擁有以道為追求的優勢，因此何心隱將朋友置於五倫首位，這一觀點是何心隱的獨創。

其三，以道統為準繩，提出「君臣友朋，相為表裏」。對於道統的傳承，

〔註319〕陳鼓應：《莊子今注今譯》，商務印書館2012年版，第579頁。
〔註320〕陳鼓應：《莊子今注今譯》，商務印書館2012年版，第113頁。
〔註321〕黃宗羲：《明儒學案》，中華書局1985年版，第715頁。
〔註322〕〔清〕孫希旦：《禮記集解》，中華書局1989年點校本，第1264頁。
〔註323〕余英時：《中國文化史通釋》，生活‧讀書‧新知三聯書店2012年版，第305頁。
〔註324〕黃宗羲：《明儒學案》，中華書局1985年版，第704頁。

何心隱提出了自己的看法，他認為「唐虞以道統統於堯舜」，而「春秋以道統統於仲尼」。既然三代以後，友朋設教以主大道，因此何心隱尤其重視師友，同時他也指出了「仲尼祖述堯舜，洞見君臣之道」，由此可見友朋設教的主要內容便是堯舜之道。雖然何心隱把當時的官場比作樊籠，但實際上他對君臣一倫也比較重視。他說友朋之道離不開君臣出政，「行以行道於當時，明以明道於萬事，非表裏而何」，可見君臣出政與友朋設教相為表裏。這一論點也是之前的一些思想家所未明確提到的。

其四，躬行實踐，出身設會。何心隱主張「出身以主朋友之大道」，積極從事社會講學活動。此外他還親自組會，實行宗族教育。

何心隱的友朋觀在明代儒者友朋思想中具有舉足輕重的地位，他的學說影響到了清末一些學人的思想，例如譚嗣同指出朋友「為四倫之圭臬。而四倫咸以朋友之道貫之，是四倫可廢也。」〔註325〕雖說「泰州之後……傳至顏山農、何心隱一派，遂復非名教之所能羈絡矣。」〔註326〕但就何心隱的友朋觀來看，他以實現仁義為理想，深諳師友之道，主張以友朋一倫統合社會英才、繼孔子之大道的實踐精神，實非其他儒者所能及。

第六節　黃宗羲的「友」觀念

黃宗羲（公元 1610 年～1695 年），字太沖，號南雷，世稱梨洲先生，浙江餘姚人。蔣維喬先生在其著述中說：「梨洲亦修慎獨之陽明學者」〔註327〕。黃宗羲曾說：「盈天地間皆心也」〔註328〕，此心「變化不測，不能不萬殊；心無本體，工夫所至，即其本體。故窮理者，窮此心之萬殊，非窮萬物之萬殊也……夫先儒之語錄，人人不同，只是印我之心體，變動不居」〔註329〕。黃宗羲認為萬物之萬殊歸於人心，窮理即是窮心，從根本上說先賢教論只是印我心體，故「修德而後可講學」。他還說：「學者當先窮經，然拘執經術，不足以經世，欲免為迂儒，必兼讀史」，他又說：「讀書不多，則無以證理之變化，讀書多而不求諸心，則又為俗學。」上述教誨給讀書之人指明了為學路

〔註325〕譚嗣同：《仁學》，華夏出版社 2002 年版，第 128 頁。
〔註326〕黃宗羲：《明儒學案》，中華書局 1985 年版，第 703 頁。
〔註327〕蔣維喬：《中國近三百年哲學史》，中華書局 2015 年版，第 18 頁。
〔註328〕黃宗羲：《明儒學案·明儒學案序》，中華書局 1985 年版，第 7 頁。
〔註329〕蔣維喬：《中國近三百年哲學史》，中華書局 2015 年版，第 19 頁。

徑，學者既須窮經，也須讀史，讀書多且「求諸心」可證理之變化，如此為學可以經世，並免為迂儒與俗學。三百年前，黃宗羲的見解已對學問之事有了深刻的認識，作為後人，我們應沿著先賢指明的道路繼續前行。

　　黃宗羲不落於抽象之論，「宗羲尤因精研史學，熟於古今治亂興亡之事蹟，議論尤有根柢。」〔註330〕黃宗羲的「友」觀念也建立在了史實之上，是具體的實際的論旨之一，他說：「以天下為事，則君之師友也」〔註331〕。黃宗羲著有《原君》與《原臣》等文，在這些文章中，他詳細論述了君臣關係以及君與臣的職責。

一、君臣「以天下萬民為事」

　　黃宗羲認為「古者以天下為主，君為客」〔註332〕，「天下」為君畢世而經營者。他說有生之初，君不以一己之利害為利害，而使天下受其利、釋其害，則君之勤勞必千萬於天下之人。「以千萬倍之勤勞而己又不享其利，必非天下之人情所欲居」〔註333〕，因而許由、務光「量而不欲入」，堯舜「入而又去之」。古者天下之人愛戴其君，可比之如父、如天。

　　後來「君為主，天下為客」，則「屠毒天下之肝腦，離散天下之子女」，以博君之產業，而設君之道已失。他指出天地間有兆人萬姓，不應獨私一人一姓。他批評小儒「以君臣之義無所逃於天地之間」而謂桀、紂之暴不當誅之，「如父如天之空名」已危害不淺。將天下作為君之產業，則人人慾得產業，一人之智力怎能勝天下欲得之者？君之職責乃使天下受其利、釋其害，而不以一己之利害為利害。明乎君之職分，則人人能讓；不明為君之職分，則人人慾得。

　　黃宗羲指出「視於無形，聽於無聲」、殺其身以事其君皆不是臣道，「出而仕也，為天下，非為君也；為萬民，非為一姓」〔註334〕才是為臣之道。

〔註330〕蔣維喬：《中國近三百年哲學史》，中華書局2015年版，第20頁。
〔註331〕〔明〕顧炎武著，孫衛華校釋：《明夷待訪錄校釋》，嶽麓書社2011年版，第15頁。
〔註332〕〔明〕顧炎武著，孫衛華校釋：《明夷待訪錄校釋》，嶽麓書社2011年版，第8頁。
〔註333〕〔明〕顧炎武著，孫衛華校釋：《明夷待訪錄校釋》，嶽麓書社2011年版，第8頁。
〔註334〕〔明〕顧炎武著，孫衛華校釋：《明夷待訪錄校釋》，嶽麓書社2011年版，第12頁。

　　蔣維喬先生指出黃宗羲所著《明夷待訪錄》,「以民利民福為主眼,以民本主義為政治之本質」〔註335〕。君為人民而設,若君「以我之大私為天下之大公」、圖謀自利,則天下之人視君如寇讎、獨夫,湯放桀、武伐紂即是為民誅獨夫。黃宗羲繼承了孟子的王道思想,並明確提出君臣皆以天下萬民為事。「彼之政治理想,全在三代之民本精神,故以孟子之王道為根據,專以民利為主眼」〔註336〕。

　　黃宗羲在《原法》篇中指出「三代以上有法,三代以下無法。」〔註337〕三代以上之法不為一己而立,而為天下大公;三代以下所謂法者乃一家之法,而非天下之法。三代之法「藏天下於天下者也」,而後世之法「藏天下於筐篋者也」。後世之法因君之私利而設,所謂非法之法也。

二、「以天下為事,則君之師友」

　　天下非一人所能治,而分治以群工。臣以天下為事,非其道,「君以形聲強我,未之敢從」、「立身於其朝,未之敢許」。「天下之治亂,不在一姓之興亡,而在萬民之憂樂」〔註338〕,治天下猶如曳大木,君與臣為「共曳木之人」,臣不可娛笑於君之前而荒曳木之職。

　　黃宗羲說「臣之於君,名異而實同」〔註339〕,這裡的「實」指的便是君臣有天下之責,以天下為事。無天下之責,則士與君為路人;出仕之臣,「不以天下為事,則君之僕妾」,以天下為事,則「君之師友」,官者乃分身之君。黃宗羲反對後世臣與子並稱,他說:「君臣之名,從天下而有之者」〔註340〕。以師友來定位君臣關係是黃宗羲「友」觀念的顯著特徵,他指出君應以禮待臣,他說:「古者君之待臣也,臣拜,君必答拜」。明神宗待張居正,其禮稍優,便被當時論者指謫其無人臣之禮,而居正之罪恰恰在於「正

〔註335〕蔣維喬:《中國近三百年哲學史》,中華書局2015年版,第20頁。
〔註336〕蔣維喬:《中國近三百年哲學史》,中華書局2015年版,第23頁。
〔註337〕〔明〕顧炎武著,孫衛華校釋:《明夷待訪錄校釋》,嶽麓書社2011年版,第16頁。
〔註338〕〔明〕顧炎武著,孫衛華校釋:《明夷待訪錄校釋》,嶽麓書社2011年版,第13頁。
〔註339〕〔明〕顧炎武著,孫衛華校釋:《明夷待訪錄校釋》,嶽麓書社2011年版,第14頁。
〔註340〕〔明〕顧炎武著,孫衛華校釋:《明夷待訪錄校釋》,嶽麓書社2011年版,第15頁。

坐不能以師傅自待，聽指使於僕妾」〔註341〕。

通過上文我們瞭解到了黃宗羲的臣為「君之師友」的思想，那麼它對前代的「君臣相友」思想有哪些繼承與發展呢？

第一，君臣「以天下萬民為事」，這個思想幾乎是歷代儒者的共識。《尚書·盤庚》已有「重我民」、「施實德於民」的思想，《尚書·酒誥》也稱「人無於水鑒，當於民鑒」。孟子說：「民為貴，社稷次之，君為輕」，「桀紂之失天下也，失其民也。失其民者，失其心也。」〔註342〕荀子說：「君者舟也，庶人者水也。水則載舟，水則覆舟」〔註343〕。君臣不以天下為事，則失其民心，進而失其天下。王者體天之道，亦與民同道，不能獨私一人，當與天下大同，與天下大同，則萬國咸寧。程頤說：「民以為王，則謂之天王天子；民不以為王，則獨夫而已矣。」〔註344〕黃宗羲說：「孟子之言，聖人之言也」，在遵循孟子王道思想的同時，黃宗羲明確指出了君臣當以天下萬民為事。

第二，以天下為事，則臣為君之師友。古時臣為君之師友，主要體現在君待臣以禮上。黃宗羲寫道：「古者君之待臣也，臣拜，君必答拜」〔註345〕，而秦漢以後，此禮廢而不講。丞相存，「天子御座為起，在輿為下」，丞相既廢，師友之禮不存，而百官皆為事君而設。黃宗羲指出明神宗待張居正其禮稍優，論者遂指斥張居正之受無人臣之禮，在黃宗羲看來，神宗待張居正之禮卻「於古之師傅未能百一」。黃宗羲說後世人臣，不以天下為事，不計「其禮之備與不備」，猶如君之僕妾，而「以天下為事，則君之師友也。」

第三，臣不與子並稱。黃宗羲指出「視於無形，聽於無聲，資於事父」〔註346〕並非為臣之道。父子之稱不宜比擬於君臣，君臣之名，因天下而得之。《郭店楚簡》曾稱「父無惡，君猶父也，其弗惡也，猶三軍之旄也，正也。所以異於父，君臣不相才（存）也。則可已；不悅，可去也；不義而加

〔註341〕〔明〕顧炎武著，孫衛華校釋：《明夷待訪錄校釋》，嶽麓書社 2011 年版，第 14 頁。
〔註342〕〔清〕焦循：《孟子正義》，中華書局 1987 年點校本，第 503 頁。
〔註343〕〔清〕王先謙：《荀子集解》，中華書局 2013 年點校本，第 642 頁。
〔註344〕〔宋〕程顥、程頤：《二程集》，中華書局 2004 年點校本，第 273 頁。
〔註345〕〔明〕顧炎武著，孫衛華校釋：《明夷待訪錄校釋》，嶽麓書社 2011 年版，第 23 頁。
〔註346〕〔明〕顧炎武著，孫衛華校釋：《明夷待訪錄校釋》，嶽麓書社 2011 年版，第 12 頁。

者（諸）己，弗受也。友，君臣之道也」〔註347〕，無論說「君猶父」，還是講「友，君臣之道」，實際上，這段話反映了君臣有序與「君臣相友」的傳統治道，其內容是全面和準確的。但從歷史上我們不難看到「君猶父」之稱危害不淺，小儒以「君臣之義無所逃於天地之間，至桀、紂之暴，猶謂湯、武不當誅之」〔註348〕。在批評君統的同時，譚嗣同也看到了三綱之名的危害，本來樣子的三綱主要強調的是人倫有序，並非力圖說明人與人不平等之事，而世俗卻以三綱之名戕害了正常的人際關係。

黃宗羲說父子不可變，臣之名則可屢變。「臣不與子並稱」擺脫了「君猶父」之稱的危害，由此，黃宗羲給君臣關係指明了健康的發展方向，這是黃宗羲對儒家君臣思想的一大貢獻。

由於黃宗羲的政治思想以人民為本位，與民主政治較為相似。近代之際，志士仁人曾經密印《明夷待訪錄》數十萬部，頒行全國，且大收其效。譚嗣同曾給予《明夷待訪錄》以極高評價。明清之際，諸多思想家都曾對傳統體制有過反思，顧炎武有「眾治」一說，王夫之提出「不以天下私一人」。到了近代，譚嗣同痛斥君統，在吸取前賢君臣「以天下為事」思想的基礎上，他說「君也者，為民辦事者也；臣也者，助辦民事者也。」〔註349〕「根據黃宗羲的學說和後來傳入的西學民主理念，譚嗣同提出當前的改革不是要『反滿』『反清』只和今天的統治者過不去，而是要根本改變幾千年以來的專制政治。」〔註350〕

另外，譚嗣同的友朋思想也頗具特色，它與黃宗羲的思想有相近之處，在此我們不妨瞭解一下。譚嗣同深諳儒家要旨，對黃宗羲和王夫之推崇有加，他說此二人的著述「於君民之際有隱恫」，黃宗羲、王夫之與孟子的君民思想有一致之處。譚嗣同對三綱持激烈的批判態度，他對業已形成的君主統治頗感不滿，「君統盛而唐、虞後無可觀之政」〔註351〕。生民之初，民擇君，有民而後有君，因此民為本、君為末。既然君為民共舉之，因而也可共廢之。君

〔註347〕劉釗：《郭店楚簡校釋》，福建人民出版社 2005 年版，第 208 頁。

〔註348〕〔明〕顧炎武著，孫衛華校釋：《明夷待訪錄校釋》，嶽麓書社 2011 年版，第 9 頁。

〔註349〕湯仁澤編：《譚嗣同卷》，中國人民大學出版社 2015 年版，第 40 頁。

〔註350〕秦暉：《從黃宗羲到譚嗣同：民本思想到民主思想的一脈相承》，《浙江學刊》2005 年第 4 期。

〔註351〕湯仁澤編：《譚嗣同卷》，中國人民大學出版社 2015 年版，第 39 頁。

為民辦事，臣助君辦事，事不辦則易其人，此天下之通義。

譚嗣同談論的「仁」非常有特色，原因在於他以「以太」的特質來詮釋「仁」的內涵，譚嗣同認為「學者第一當認明以太之體與用，始可與言仁。」〔註352〕譚嗣同在傳統「氣」論的基礎上，融納了西方的科學名詞「電」，提出了「電氣」的新概念。他說學者「當認明電氣即腦，無往非電，即無往非我」〔註353〕，若「妄有彼我之辨」，實屬不仁。「仁」作為倫理範疇，因譚嗣同以「電」、「以太」等概念闡釋仁，使「仁」有了可感與可觸性而變得更加形象，這是譚嗣同兼採眾學後對「仁」的全新闡釋。以太「通天地萬物人我為一身」、「仁不仁之辨，於其通與塞」，「仁」的重新闡釋為他的政治、社會主張奠定了思想基礎。他怒斥世俗妄生分別，「但求利己，不恤其他」。在天地皆仁的基礎上，他主張「沖決倫常之網羅」，實現無網羅可沖決、以致「循環無端，道通為一。」朋友為「四倫之圭臬」的論點，正是在「沖決倫常之網羅」的過程中提出的實踐理想。

譚嗣同認為中國遍受三綱之名的桎梏，那麼怎樣改變不平等的人際關係呢？他指出世俗囿於體魄，知親疏、遠近而未視朋友。他尤為重視朋友關係，或許與他年少時的經歷有關，譚嗣同在《仁學·自敘》中說：「吾自少至壯，遍遭綱倫之厄，涵泳其苦」〔註354〕，譚嗣同對現實中的綱常儡人有切膚之痛，少年時他的母親染病去世，在以後的日子裏他遭到了父親及繼母的虐待。譚嗣同給予朋友一倫以高度的讚揚，他認為「於人生最無弊而有益，無纖毫之苦，有淡水之樂」，唯有朋友。他說朋友關係「一曰『平等』；二曰『自由』；三曰『節宣惟意』。總括其義，曰不失自主之權而已矣。」〔註355〕朋友一倫體現了平等、自願精神與自由意志，彰顯了人的自主權利。因此，他主張以朋友之道「為四倫之圭臬。而四倫咸以朋友之道貫之，是四倫可廢也。」〔註356〕「夫惟朋友之倫獨尊，然後彼四倫不廢自廢。亦惟明四倫之當廢，然後朋友之權力始大。今中外皆侈談變法，而五倫不變，則舉凡至理要道，悉無從起點，又況於三綱哉！」〔註357〕圭臬即標準，譚嗣同指出君臣、父

〔註352〕湯仁澤編：《譚嗣同卷》，中國人民大學出版社2015年版，第8頁。

〔註353〕湯仁澤編：《譚嗣同卷》，中國人民大學出版社2015年版，第8頁。

〔註354〕湯仁澤編：《譚嗣同卷》，中國人民大學出版社2015年版，第3頁。

〔註355〕譚嗣同：《仁學》，華夏出版社2002年版，第127頁。

〔註356〕譚嗣同：《仁學》，華夏出版社2002年版，第128頁。

〔註357〕譚嗣同：《仁學》，華夏出版社2002年版，第128頁。

子、兄弟、夫婦若都以朋友之道相處，四倫就可以廢止了，達到廢除四倫的目標後，朋友一倫的權力才能顯現，從而為變法改革拓出道路。在譚嗣同看來，兄弟之倫略次於朋友之倫，但君臣、父子、夫婦關係為三綱所蒙蔽，如同地獄一般。他認為孔教、耶教、佛教都包含「君臣朋友」、「父子朋友」、「夫婦朋友」、「兄弟朋友」的道理。譚嗣同的友朋觀與他的民主、平等思想密不可分，他把名教綱常稱為「網羅」，一種阻礙人與人平等交往的網羅。他明確提出了「沖決網羅，掃蕩桎梏」的口號，要求「廢綱常，行平等」。在譚嗣同的心目中，朋友關係無疑是最理想的人際關係。

明清時期的「友」觀念較先秦時期發生了重大變化，十六世紀以後，中國社會面臨著各類衝擊與變動的挑戰，人們的民主、自由意識逐步萌芽，何心隱與譚嗣同對朋友關係的重視達到了一定高峰。何心隱認為在君臣、父子、夫婦、兄弟、朋友五倫之中，朋友關係最似「天地交」。黃宗羲指出臣「以天下為事，則君之師友」，則反映了他限制過分的君權、追求政治平等的願望。譚嗣同認為「惟朋友之倫獨尊」。他們對朋友一倫的推崇反映了當時學者追求平等、自由的社會意願。

第四章　儒家友悌思想的現代價值

第一節　友悌的價值定位

　　今天，人們正在努力建設社會主義和諧社會，那麼什麼是和諧社會呢？和諧社會是民主法治、公平正義、誠信友愛、充滿活力、安定有序、人與自然和諧相處的社會，而且和諧社會的「和諧」是一種有層次的和諧，其核心層是人與人之間關係的和諧，可見人與人和睦相處是和諧社會的理想追求。中華民族擁有幾千年的文化發展歷程，無數人曾經來到過這個世界，又離開了這個世界。在真實的生活中，先人給後代留下了許多極其寶貴的精神財富，先賢曾書寫了哪些感悟？為了更好的生活，我們該如何學習與繼承？翻閱相關書籍後，令人欣喜的是，傑出的思想家們對人道談論較多，在和諧生活的知識方面我們盡可一飽眼福。

　　前面幾章主要談論了朋友、君臣、兄弟等幾類人際關係，探討了儒家對上述人際關係的相關看法。由於涉及到「友」的含義，除了朋友，前文對兄弟、長幼關係也作了一些研究，也許還會有人提出疑問，為什麼佔用比較多的篇幅在論述君臣關係？是不是偏題了？開始寫作時，筆者沒有關於君臣關係的寫作計劃，但隨著資料的豐富，筆者逐漸發現「友」與君臣存在微妙的聯繫，對於君臣這對人際關係難以迴避，不得已我將它們列在了提綱之中。根據上文人們已經瞭解到古代五倫中的三類人際關係，但我們的問題也隨之而來，時至今日它們的時代價值又在何處呢？

　　馮友蘭指出「傳統的五種社會關係：君臣、父子、兄弟、夫婦、朋友，其中有三種是家族關係。其餘兩種，雖然不是家族關係，也可以按照家族來

理解。君臣關係可以按照父子關係來理解，朋友關係可以按照兄弟關係來理解。在通常人們也真的是這樣來理解的。」〔註1〕這樣的理解正確嗎，恐怕不是完全正確。雖然君臣猶如父子，但「友」也為君臣之道。君子與人敬而無失、恭而有禮，雖四海之內皆兄弟，但我們也不能忽略朋友切切偲偲與兄弟怡怡的顯著區別。

現代社會的人際關係已比較複雜，但傳統的幾類社會關係依舊存在。古代朋友一倫與現今的朋友關係有些不同，通常我們把有來往的一些人稱為朋友，而錢穆先生說：「日常相交非友道」，那麼在古代什麼樣的人才稱作朋友呢？古時朋友常指志同道合之人，這裡的「志」與「道」有特定的含義，我們通常把它們理解為人道（性命之道、處世之道、安民之道）。看到這裡，人們不妨捫心自問：在諸多朋友中有誰與我能志同道合呢？若有，則人生有幸；若無，我們還須繼續尋求。

在現代人的思想中，朋友的外延顯然擴大了許多。為了論述的需要，有時筆者將日常交往的人群也看作朋友。人類是社會動物，需要幫助與分工合作；人類也是精神動物，需要他人的關懷與慰藉，而這些需要都離不開朋友。社會越是發展，人與人之間的聯繫越是緊密，交往之道就顯得尤為重要了。在現代社會中，80後、90後大多是獨生子女，家中兄弟姐妹濟濟一堂的現象已越來越少見，無血緣特徵的友道就承擔起了協調人與人之間關係的重任。

友道是一個既古老又鮮活的話題。在友道方面儒家學者已經做出了有成效的努力。交友首在擇人，孔子說同正直、誠實、博學多識的人交朋友會有益處，而與阿諛奉承、花言巧語的人打交道就有害了。既然交友意義重大，那麼人們就必須謹慎擇友了。正如孔子所說，益友須具備以下幾個特徵：直、諒、多聞，具備正直、信實、多聞品質的朋友便對人生有益了。孟子的友朋觀重德，品德是孟子衡量交往對象的唯一標準，在尊德的前提下他要求朋友之間平等往來，不可有所倚仗。荀子主張謹慎擇友，他認為好的朋友是成就德行的基礎。重道義是歷代儒家學者所共同倡導的交友之道，貪圖權勢的，若權勢沒有了，關係就疏遠了；貪圖富貴的，一旦遭遇窮困，人情就淡漠了。唯有建立在道義上的友情才是牢固和珍貴的。

《顏氏家訓》的作者對青年人的擇友十分重視，他認為人在少年時，因神情未定，極易受朋友的影響，「所與款狎，薰漬陶染，言笑舉動，無心於

〔註1〕 馮友蘭：《中國哲學簡史》，北京大學出版社 2013 年版，第 21 頁。

學，潛移暗化，自然似之」〔註2〕。與善人居，「如入芝蘭之室，久而自芳也」
〔註3〕；與惡人居，如入鮑魚之肆，久而自臭。

　　「悌」常與孝合併在一起作為孝悌之道。馮友蘭說，孝悌是人真性情的
流露，這種真情實感是自然的禮物。孔子認為它是人的根本，「仁」的基礎正
在於孝悌之心。孝悌反映了人的本質情感，《中庸》說：「仁者，人也，親親
為大。」孝悌自身所散發的敬與愛的感情，是面對他人時懷有善良、美好感
情的基礎。在家庭內「悌」表現為敬兄，而在社會中「悌」呈現為長幼有序
與敬老，在今天「悌」德仍具有重要意義與價值。

　　兄弟姐妹雖有親情維繫，但更應珍惜與愛護。《顏氏家訓》對兄弟友愛
作了細緻分析，家訓思想不同於經書所闡發的微言大義，它的內容簡潔、樸
實。顏之推在《顏氏家訓》中說「同言而信，信其所親；同命而行，行其所
服」〔註4〕。在現實中顏之推看到禁止童子之暴謔、凡人之鬥鬩，師友之誡
不如傅婢之指揮、堯舜之道不如寡妻之誨諭，因而他決定著書以訓誡後世子
孫。在《兄弟第三》篇中，作者詳細論述了兄弟之義。他說兄弟為分形連氣
之人，幼時父母左右提攜，「食則同案，衣則傳服，學則連業，遊則共方」
〔註5〕，莫不親愛。及其壯年，各有妻、子後，感情卻逐漸淡薄。面對上述
現狀，顏之推指出兄弟之情衰減的原因在於娣姒（妯娌）在節量親厚之恩，
妯娌為疏薄之人，怎可節量兄弟之義？若妯娌節量，其結果必然導致兄弟不
合。惟友悌至深，才能不為旁人所移。

　　他指出「兄弟之際，異於他人，望深則易怨，地親則易弭。」〔註6〕針對
這種特殊的情感需求，顏之推說要慎聽妻、子等人的言語，珍愛兄弟間的親
情，一有隔閡立即彌補。二親歿後，兄弟相顧應如形影、聲響，「愛先人之遺
體、惜己身之分氣」〔註7〕，情感不為旁人所動。即便有不好處，兄弟不要相
學、更不要埋怨，做到「己施之而已」。

　　兄弟不睦，則子侄不愛、群族疏薄。顏之推看到兄弟不睦、族群不親的
現象時，大發感慨：「人或交天下之士，皆有歡愛，而失敬於兄者，何其能

〔註2〕　王利器：《顏氏家訓集解》，中華書局2013年第2版，第154頁。
〔註3〕　王利器：《顏氏家訓集解》，中華書局2013年第2版，第154頁。
〔註4〕　王利器：《顏氏家訓集解》，中華書局2013年第2版，第1頁。
〔註5〕　王利器：《顏氏家訓集解》，中華書局2013年第2版，第27頁。
〔註6〕　王利器：《顏氏家訓集解》，中華書局2013年第2版，第31頁。
〔註7〕　王利器：《顏氏家訓集解》，中華書局2013年第2版，第31頁。

多而不能少也！人或將數萬之師，得其死力，而失恩於弟者，何其能疏而不能親也！」〔註8〕他再次指出妯娌如行路之人，處多爭之地，「當公務而執私情、處重責而懷薄義」〔註9〕，妯娌之間必生爭鬥與隔閡。消除隔閡的辦法是「恕己而行，換子而撫」。他提出事兄同事父，兄則愛弟如愛子，他希望兄弟二人皆能反求諸身而明理。顏之推的智慧在於深明兄弟之恩，同時他也看到了兄弟不睦的原因所在。

尋得原因後，顏之推提出了一些建議，希望人們遵循。接下來我們歸納一下增進兄弟友愛的有效辦法。第一，心中常感兄弟之恩。兄弟分形連氣，幼時無不親愛。不忘此恩，友悌深至，怎會為旁人所移？第二，兄弟主恩勿相猶。兄弟宜正己與友愛，不宜學不好。第三，不被妯娌離間，一有隔閡立即修正。第四，忠恕而行勿望深。望深則怨，怨則損恩。看到兄長愛其弟不如愛其子時，不應心生埋怨，這時更要反省自身是否能夠做到事兄如事父？待拋去私意、事兄如事父，何憂兄長不友？《顏氏家訓》記載江陵有「兄弟三人，特相愛友」，玄紹被敵兵圍困時，孝英、子敏二弟爭相為兄代死，未能消解厄運，於是共命而死。

在程頤看來，孝悌是神明之理，在孝悌中便可盡性至命。事兄當起敬起孝、盡至誠，不求伸己；與弟相處則要盡友愛之道。與君臣止其分相類似，兄弟彼此各遵其職，兄友弟悌的理想秩序就能實現。

兄弟友愛，朋友之間則要相互信任；在日常生活中，我們不僅要對年齡小的人加以關心與幫助，也要尊敬年長的人。整個社會是由許多家族構成的，在家庭內，慈孝友悌維繫著家族的和睦興衰；在社會中，人際關係的和諧離不開人與人之間的友愛與尊重。處朋友時需保有寬容、豁達的平和心境，既要「忠告而善道之」，有時也須「不可則止」。在現代精神文明建設中，實現人與人之間的和諧，要從孝悌之心出發，與朋友友好相處，良好、溫暖的人文與社會環境才有可能建成。

荀子說「入孝出弟，人之小行也；上順下篤，人之中行也；從道不從君，從義不從父，人之大行也。」朋友間的切磋鼓勵，有利於提高個人的道德素質並有助於道義，如果人們的行為都以道義為準則，那麼整個社會將會實現更高程度的道德提升。

〔註8〕 王利器：《顏氏家訓集解》，中華書局 2013 年第 2 版，第 33 頁。
〔註9〕 王利器：《顏氏家訓集解》，中華書局 2013 年第 2 版，第 34 頁。

第二節　友悌的時代內涵

一、友悌與社會

進入 21 世紀以來，人類的物質文明越是發達，若是缺乏必要的精神支撐，社會問題將會更加多變、複雜。尤其在中國，中國人沒有統一的宗教意識，也沒有偶像崇拜，伴隨著經濟發展，道德建設的重要性也顯現出來了。在古代，儒家的道德與禮制能夠規範人們的言行，而現在如果再不加強中華民族的傳統思想教育，社會將會繼續呈現難以調解的人際衝突與社會矛盾，從而嚴重影響文化進程與國家的長治久安。

和諧世界理念既是中國傳統思想文化的歷史傳承，又是現代社會文明建設的產物。中國文化自誕生之日起，就一直在譜寫和睦有序的精神篇章。友悌在構建社會主義核心價值體系中具有重要作用，它所提倡的兄友弟悌、誠信互助是和諧文化建設中必不可少的內容，友悌的普及和發揚主要通過道德教育、輿論倡導來啟迪人們自我覺醒和自覺實踐。

值得注意的是，「悌」作為一類倫理道德，它不僅是敬兄的言行規範，而且是重要的社會道德。對於「悌」在社會治理中的積極作用，先秦儒家已有較多論述。「弟」有次弟先後之義，「弟」引申為兄弟之弟，仍然有順序的含義，也有順從的道德內涵。孔子說「出則弟」時，「弟」也具有長幼有序的含義了。《孟子》談到兄弟一倫時，不講「兄弟有敘」，而是講「長幼有敘」，孟子將「長幼有序」看作五倫的內容之一。長幼有序擁有更加廣泛的社會價值，它已具備了尊重年齡和敬老的內涵。在《禮記》中，「悌」在社會中的應用變得更加廣泛，它幾乎涵蓋了所有依順序相處的人際關係，例如敬老與尊敬師長、官長等。

而今當我們重新反思傳統文化的價值時，「悌」仍然是重要的家庭與社會規範，除非現代人無視長幼，不需要敬老、「貴貴」與尊賢。在現代社會中，友悌的觀念一旦缺失，人們很可能會失去家庭的溫暖與朋友之間的友愛。只有認同了兄愛弟敬的傳統道德，家庭成員才能和睦相處，彼此也容易理解與溝通；實現了朋友間的誠信互助，社會秩序才能有序運行。在重建現代道德文化體系的過程中，對於國家與人民，友悌精神仍有不可估量的歷史意義與社會效用。

二、友悌與人生

改革開放以來，隨著經濟的發展，生產力得到了很大提高，但隨之而來的卻是越來越多的道德問題和家庭危機。道德衰微、人倫失義、綱常不紀，這些問題時而呈現在社會面前，意識形態與人類的交往方式發生了巨大變化。

改革開放三十年的變化，體現在人們思想的解放和行為的自主與自由，但是處於人群中的我們能真正自由嗎？其實天下沒有真正的自由，真正的自由也能變成真正的不自由。子貢曾經希望在人世間得到休息，他說：「賜倦於學矣，願息事君。」孔子說：「溫恭朝夕，執事有恪。」事君是件困難的事，事君怎麼能得到休息呢？隨後孔子接著說出了事親難、事妻、子也不容易，子貢又提出「然則賜願息於朋友。」孔子說：「朋友攸攝，攝以威儀。」與朋友相處是一件難事，恐怕難以得到休息！最後子貢憂愁地說：難道天下就沒有休息之處嗎？孔子回答：死亡時，君子息焉，小人休焉。既然活著無處休息，每個人都處於各類人際關係之中，只有遵循一定的道德與行為規範，人生才能完整。

通過前面的論述，我們瞭解到了友悌的重要意義與價值，那麼在具體的日常生活中，我們應該怎樣學習與遵守呢？王陽明的心學可以帶給人們一些啟示。王陽明認為交友之理存於心，朱熹說：「人之所以為學，心與理而已矣。心雖主乎一身，而其體之虛靈足以管乎天下之理。理雖散在萬事，而其用之微妙實不外乎一人之心。」（《大學或問》卷一）人們若能在此心上去人慾、存天理，發之交友即自然有「信」。「交友、治民不成，去友上、民上求個信與仁的理，都只在此心。心即理也」〔註10〕。交友重信的理存於人的心上，心無私欲遮蔽，便是天理，以天理之心「發之交友、治民便是信與仁」，而「於事事物物上求至善，卻是義外」〔註11〕。他舉孝親為例說「誠孝的心便是根，許多條件便是枝葉」〔註12〕，人們須以種根為先，枝葉便自然如此。同理可知，也須是有個誠信的心做根，交友才能進行。此做根的事業便是王

〔註10〕 〔明〕王陽明撰，鄧艾民注：《傳習錄注疏》，上海古籍出版社 2012 年版，第 8 頁。

〔註11〕 〔明〕王陽明撰，鄧艾民注：《傳習錄注疏》，上海古籍出版社 2012 年版，第 7 頁。

〔註12〕 〔明〕王陽明撰，鄧艾民注：《傳習錄注疏》，上海古籍出版社 2012 年版，第 9 頁。

陽明所孜孜追求的。

選擇朋友是交友的前提，雖然現代人交往日廣，不以名利交友仍是人們需要恪守的交友規範。即使以道義交友很可能一時遇不到真正的朋友，但我們也不要輕易放棄這一原則，有時以自然為友也好過虛偽之交、酒肉朋友。

悉心擇友後，處朋友時須是誠心待友，去除己心私欲後，交友之視聽言動方合天理。以下便是處朋友的具體「枝葉」了：「近則正之，遠則稱之，樂則思之」，朋友患難時應竭力救助；與朋友交往，平時要相互輔助與鼓勵；對待朋友的成功，要真誠地祝賀並分享喜悅；當朋友遇到挫折與傷害時，應力所能及地奉獻自己的關愛。同學、同事等人群則屬於較大的朋友範圍。在學校裏，我們應感謝老師的細心指引，與同學們團結互助；處同事時，加強彼此的溝通與暸解，多一份謙讓、少一些責怨。

而親人間的感情是樸素與自發的。兄弟姐妹自幼生活在一起，同氣之人，幾乎陪伴一生，這種情義是人世間珍貴的感情。在家庭中，對待兄長應有敬順的心態；兄弟姐妹要做到彼此友愛、和睦相處；對待物質利益時，要把兄弟姐妹的感情放在第一位。在社會交往中，要葆有真摯的心靈，以和為貴、真誠待人。與一般人群往來時，需敬而無失、恭而有禮，講求「退一步海闊天空」。要尊老愛幼，保持謙恭的態度並遵守與人交往的相關禮儀。

結　語

　　這篇論文的寫作使筆者獲益較多。通過相關資料，筆者不僅瞭解到了儒家的交友之道，也收穫了儒家提倡的「君臣相友」之道。君臣近似於朋友，甚至在一些時候君與臣也是朋友關係。由於「友」觀念與君臣之道存在密切聯繫，因此我特別留意到了「友，君臣之道」思想的繼承與發展。徐復觀先生說：「孔子奠定了儒學基礎，同時也就是創發了中國的自由社會」〔註1〕，「友」在君臣處所呈現的兩類內涵：尊賢良與「君臣相友」，都反映了人的自由權利，此處的「友」既是君臣之道，也是君臣之「義」。人的自由權利不僅體現在德與能的意志選擇上，而且需要體現在能夠擁有和德與能相襯的社會地位。在這一方面，孟子對君臣關係作了不少理性思考，首先，他主張有位者必有其德。孟子以仁義為道，靈活地把握了君臣之義，例如他認為棄仁義之君為一夫，而一夫可誅。其次，孟子還提出了有德者須有其位。他吸收了郭店楚簡的君臣之義與平等思想，孟子曾說賢士「樂其道而忘人之勢」，他確認了賢士與王公之間師、友、事三類關係的架構。荀子「從道不從君」與「上下易位然後貞」的思想也反映了儒家的君臣之義。

　　「道是每一個人所共同承認的，亦即是大家站在平等的地位所承認的」〔註2〕，道不僅置於君之上，也在臣之上，在志於道的前提下，「友」的內涵得以真正顯現，「君臣相友」便是遵從了君臣之義。黃宗羲不忘孟子言論，他說臣「以天下為事，則君之師友也。」譚嗣同則發揮了孟子與黃宗羲的政治倫理思想，繼承了他們的師友理論，提出了頗具影響力的民主、平等思想。

〔註1〕　徐復觀：《學術與政治之間》，九州出版社 2014 年版，第 268 頁。
〔註2〕　徐復觀：《學術與政治之間》，九州出版社 2014 年版，第 271 頁。

除了君臣有序，君與臣是朋友關係，是一種可以互相選擇的關係，君臣有義的表現之一便是「君臣相友」。

另外，不僅君臣有志於道，朋友也要以道義相交，否則「道不同，何以相友」？在擇友、處朋友方面，孔子與諸多思想家的交友思想也存在較多共通之處。孔子的交友觀奠定了儒家朋友一倫的基本內涵，「以友輔仁」是友朋之道的理想歸宿。《白虎通》提出的朋友之道：「近則正之，遠則稱之，樂則思之，患則死之」，則全面總結了中國古代的交友思想。

參考文獻

一、古籍注本

1. 〔清〕孫星衍：《尚書今古文注疏》，中華書局 1986 年點校本。
2. 〔清〕方玉潤：《詩經原始》，中華書局 1986 年點校本。
3. 〔清〕王先謙：《詩三家義集疏》，中華書局 1987 年點校本。
4. 程樹德：《論語集釋》，中華書局 1990 年點校本。
5. 錢穆：《論語新解》，生活·讀書·新知三聯書店 2005 年版。
6. 劉釗：《郭店楚簡校釋》，福建人民出版社 2005 年版。
7. 〔清〕焦循：《孟子正義》，中華書局 1987 年點校本。
8. 〔清〕王先謙：《荀子集解》，中華書局 2013 年點校本。
9. 陳鼓應：《莊子今注今譯》，商務印書館 2012 年版。
10. 〔清〕孫詒讓：《墨子閒詁》，中華書局 2001 年點校本。
11. 〔清〕王先慎：《韓非子集解》，中華書局 2013 年點校本。
12. 〔清〕孫希旦：《禮記集解》，中華書局 1989 年點校本。
13. 〔清〕王聘珍：《大戴禮記解詁》，中華書局 1983 年點校本。
14. 〔清〕孫詒讓：《周禮正義》，中華書局 1987 年點校本。
15. 楊伯峻：《春秋左傳注》，中華書局 1981 年版。
16. 〔西漢〕劉向集錄，范祥雍箋證，范邦謹協校：《戰國策箋證》，上海古籍出版社 2006 年版。
17. 徐元誥：《國語集解》，中華書局 2002 年點校本。
18. 許維遹：《呂氏春秋集釋》，中華書局 2009 年版。
19. 〔清〕陳立：《白虎通疏證》，中華書局 1994 年點校本。

20. 王利器：《顏氏家訓集解》，中華書局 2013 年第 2 版。

21. 楊明照：《抱朴子外篇校箋·上冊》，中華書局 1991 年版。

22. 〔宋〕張載：《張載集》，中華書局 1978 年點校本。

23. 〔宋〕程顥、程頤：《二程集》，中華書局 2004 年點校本。

24. 〔宋〕黎靖德編：《朱子語類》，中華書局 1986 年點校本。

25. 〔宋〕朱熹：《四書章句集注》，中華書局 2012 年第 2 版。

26. 〔明〕王陽明原著，〔明〕施邦曜輯評：《陽明先生集要》，中華書局 2008 年點校本。

27. 容肇祖整理：《何心隱集》，中華書局 1960 年版。

28. 張建業，張岱注：《續焚書注》，社會科學文獻出版社 2013 年版。

29. 〔明〕李贄：《焚書·續焚書》，中華書局 2009 年第 2 版。

二、今人著作

1. 童書業：《春秋左傳研究》，北京：中華書局，1982 年。

2. 呂思勉：《呂思勉讀史箚記》，上海：上海古籍出版社，1982 年。

3. 查昌國：《先秦「孝」、「友」觀念研究——兼漢宋儒學探索》，合肥：安徽大學出版社，2006 年。

4. 胡發貴：《儒家朋友倫理研究》，北京：光明日報出版社，2008 年。

5. 趙誠：《甲骨文簡明詞典——卜辭分類讀本》，北京：中華書局，2009 年。

6. 劉宗賢：《儒家倫理秩序與活力》，濟南：齊魯書社，2002 年。

7. 朱鳳瀚：《商周家族形態研究》，天津：天津古籍出版社，1990 年。

8. 梁韋弦：《儒家倫理學說研究》，長春：吉林人民出版社，1994 年。

9. 宇野精一：《中國思想之研究（一）儒家思想》，臺北：幼獅文化事業公司，1979 年。

10. 張岱年：《中國哲學大綱》，北京：中國社會科學出版社，1982 年。

11. 蔡元培：《中國倫理學史》，北京：商務印書館，1928 年。

12. 張岱年等著，苑淑婭編，《中國觀念史》，鄭州：中州古籍出版社，2005 年。

13. 梁書弦：《中國傳統倫理思想研究》，哈爾濱：黑龍江人民出版社，2007 年。

14. 季乃禮：《三綱六紀與社會整合——由〈白虎通〉看漢代社會人倫關係》，北京：中國人民大學出版社，2004 年。

15. 陳來：《古代宗教與倫理——儒家思想的根源》，北京：生活·讀書·新知三聯書店，2009 年。

16. 陳少峰：《中國倫理學史》，北京：北京大學出版社，1996 年。

17. 湯仁澤編：《譚嗣同卷》，北京：中國人民大學出版社，2015 年。

18. 張建業編：《李贄研究資料彙編》，北京：社會科學文獻出版社，2013 年。

19. 陳榮捷：《近思錄詳注集評》，上海：華東師範大學出版社，2007 年。

20. 徐復觀：《學術與政治之間》，北京：九州出版社，2014 年。

三、今人論文

1. 聶希：《夫婦與朋友——先秦兩漢儒家的視野》，西北大學 2010 年學位論文。

2. 查昌國：《友與兩周君臣關係的演變》，載《歷史研究》1998 年第 5 期。

3. 劉厚琴：《論儒學與兩漢的交友之道》，載《山東師範大學學報（社會科學版）》1993 年第 4 期。

4. 孫學功：《孔子的「友誼」思想和亞里士多德的「友愛論」比較》，載《西安交通大學學報（社會科學版）》2006 年第 7 期。

5. 邵郁，方翔：《朋友倫理與中古社會風尚探析》，載《牡丹江師範學院學報（哲社版）》2012 年第 2 期。

6. 葉平：《墨家學派的「朋友」倫理》，載《社會科學家》2010 年第 8 期。

7. 沈順福：《德性倫理抑或角色倫理——試論儒家倫理精神》，載《社會科學研究》2014 年第 5 期。

8. 汪文學：《論中國古代人倫中的朋友倫理》，載《江漢論壇》2007 年第 12 期。

9. 周玄毅：《跨文化倫理研究視域中的朋友關係——以先秦儒家和古希臘哲學為例》，載《武漢大學學報（人文科學版）》2012 年第 3 期。

10. 黃人傑：《中國傳統人倫思想與五倫的道德觀》，載《河北學刊》2005 年第 2 期。

11. 侯步雲：《論孔子的交友之道》，載《西北大學學報（哲學社會科學版）2008 年第 3 期。

12. 趙新，梁衛華：《「友道」的精神呈現——孟子「知人論世」說的新探討》，載《殷都學刊》2009 年第 4 期。

13. 呂娜：《簡論孔孟的交友觀及其比較》，載《西南農業大學學報（社會科學版）》2011 年第 8 期。

14. 張岱年：《中國古典哲學中若干基本概念的起源與演變》載《哲學研究》，1957 年第 2 期。

15. 馬婷婷：《論漢代交友之禮》，載《管子學刊》2007 年第 3 期。

16. 王漢苗：《儒家恕道思想研究》，曲阜師範大學 2010 年學位論文。

17. 龐樸：《本來樣子的三綱——漫說郭店楚簡之五》，載《尋根》1999 年第 5 期。

18. 吳克峰：《〈周易〉與儒家倫理的思維方式》，載《道德與文明》2006 年第 2 期。

19. 高建立：《從易經、易傳看先秦儒家倫理道德思想的衍生——以孔子倫理道德思想為中心》，載《江西師範大學學報》2006 年第 2 期。

20. 馬國華：《孔子與董仲舒倫理思想比較研究》，福建師範大學 2008 年學位論文。

21. 黃釗：《董仲舒以「獨尊儒術」為特徵的道德教化思想探析》，載《河南大學學報（社會科學版）》2004 年第 4 期。

22. 張濤：《〈白虎通義〉與易學》，載《周易研究》2004 年第 6 期。

23. 景海峰：《五倫觀念的再認識》，載《哲學研究》2008 年第 5 期。

24. 陳學凱：《孔子倫理思想的體系與結構》，載《西安交通大學學報（社會科學版）》2003 年第 2 期。

25. 黃玉順：《儒家的情感觀念》，載《江西社會科學》2014 年第 5 期。

26. 王利華：《周秦社會變遷與「友」的衍化》，載《江西社會科學》2004 年第 10 期。

27. 吳崢嶸：《「朋」與「友」的詞義發展》，載《信陽師範學院學報（哲學社會科學版）》2005 年第 2 期。

28. 顏炳罡：《依仁以成禮，還是設禮以顯仁——從儒家的仁禮觀看儒學發展的兩種方式》，載《文史哲》2002 年第 3 期。

29. 孫鍵：《義利觀影響下的朋友關係》，載《寧夏社會科學》2007 年第 6 期。

30. 郭守信：《「士有朋友」——古代社會人際關係初探（上）》，載《文化學刊》2007 年第 3 期。

31. 郭守信：《「士有朋友」——古代社會人際關係初探（下）》，載《文化學刊》2007 年第 4 期。